W0077862

Christian Fuchs

Paul Middelhoff

Das Netzwerk der Neuen Rechten

Wer sie lenkt, wer sie finanziert und
wie sie die Gesellschaft verändern

Rowohlt Polaris

3. Auflage April 2019
Originalausgabe
Veröffentlicht im Rowohlt Taschenbuch Verlag,
Reinbek bei Hamburg, März 2019
Copyright © 2019 by Rowohlt Verlag GmbH,
Reinbek bei Hamburg
Lektorat Frank Strickstrock
Umschlaggestaltung Hauptmann & Kompanie Werbeagentur, Zürich
Grafiken Jelka Lerche
Innentypografie Daniel Sauthoff
Satz Freight Text bei Pinkuin Satz und Datentechnik, Berlin
Druck und Bindung CPI books GmbH, Leck, Germany
ISBN 978 3 499 63451 2

Inhalt

Prolog

Die Brunnenstraße in Berlin-Mitte an einem Dienstagmorgen im Sommer 2017: Frauen mit Kopftuch schieben Kinderwagen über den Gehweg, ein älterer Herr mit Schnurrbart betritt den Supermarkt «Qadir Food» auf der Straßenseite gegenüber. Dort gibt es den Fünf-Kilo-Sack Reis für 7,50 Euro und die Dose Kichererbsen für einen Euro. Der «Technogrill» ein paar Meter weiter macht nie zu, verkauft auch morgens um halb fünf noch Pide, Teigschiffchen mit Schafskäse und Lahmacun, türkische Pizzen mit Salat. So sieht es eigentlich fast überall aus im Nordwesten der Hauptstadt.

Vor zwei Jahren aber, am 17. Juni 2017, war hier nichts wie sonst.

Hunderte Polizisten in dicken Schutzanzügen haben sich entlang der Brunnenstraße aufgestellt, rund um den nahe gelegenen S-Bahn-hof stehen hüfthohe Stahlgitter. Zwischen den Absperrungen warten knapp achthundert Demonstranten, die meisten von ihnen junge Männer, viele mit gegeltem Scheitel und ausrasiertem Nacken, manche tragen Sonnenbrille. Sie halten gelbe Fahnen in den Sommerhim-mel, darauf das griechische Lambda-Zeichen in Schwarz, und brüllen, immer wieder: «Heimat, Freiheit, Tradition, Multikulti Endstation.» Dann laufen sie los, zwischen sechsstöckigen Wohnhäusern hindurch, am «Qadir Food» vorbei in Richtung Innenstadt.

An der Spitze des Zuges, auf der Ladefläche eines Lkw, steht Martin Sellner mit einem Mikro in der Hand. «Wir haben es all denen gezeigt, die geglaubt haben, dass das rote Berlin keinen Platz für Identitäre hat. Im Gegenteil: Genau hier gehören wir hin.» Ein paar Leute klatschen. Sellner ruft «Wir sind das Volk!», und die Demonstranten stimmen mit ein. Ihre Sprechchöre dringen die Brunnenstraße hinunter. «Wir sind das Volk!»

Die Identitäre Bewegung hat zur Demonstration aufgerufen. Es sind die Monate vor der Bundestagswahl. Deutschland diskutiert über den Familiennachzug syrischer Flüchtlinge, das Für und Wider des Baukindergeldes und den schwächelnden SPD-Kandidaten Martin Schulz. Sellner, der Kopf der Identitären im deutschsprachigen Raum, steht in dieser Zeit hier, mitten in Berlin, zwischen arabischen Konditoreien und türkischen Gemüseläden, und beschwört die Revolution von rechts.

Noch bevor die Demo begonnen hat, ist am Morgen auf der Internetseite des Berliner *Tagesspiegels* eine kurze Meldung online gegangen. Sie trägt die Überschrift: «Maas verurteilt Demonstration der Identitären Bewegung.» Der damalige SPD-Justizminister Heiko Maas lässt sich mit den Worten zitieren, Sellner und seine Kameraden seien «keine Bewegung», sondern «eine extrem radikale und rassistische Minderheit».

Tatsächlich haben die Identitären ihre Route durch Berlin ganz bewusst ausgewählt: mitten durch einen Stadtteil, in dem viele Menschen wohnen, deren Eltern und Großeltern nicht aus Deutschland stammen oder die selbst erst seit kurzem hier leben. Noch am Abend der Demo veröffentlichen die Aktivisten auf ihrer Facebook-Seite eine Meldung: «Die Identitäre Bewegung demonstrierte heute in Berlin-Wedding, einem Stadtteil, in dem der Anteil von Ausländern und Menschen mit Migrationshintergrund nahezu 84,5 Prozent beträgt. Hier manifestiert sich der Große Austausch, der von den Etablierten geleugnet, aber immer sichtbarer wird.» Zwar ist die Prozentzahl falsch (sie liegt bei 50 Prozent), auch findet die Demonstration gar nicht im Wedding, sondern im Ortsteil Gesundbrunnen statt. Den Identitären aber ist das scheinbar egal, sie inszenieren sich als Pioniere eines Kulturkampfs: gegen den Islam, gegen Zuwanderer und gegen ein Europa der offenen Grenzen.

Zur Demo am 17. Juni ist die Führung der selbsternannten Identitären Bewegung nach Berlin gereist. Neben Sellner, der seine Jugend im Kreis österreichischer Neonazis verbracht hat, ist auch Mario Müller dabei. Er hält den Zipfel eines Transparents, auf dem in großen Buchstaben «Zukunft für Europa» steht, die grünblau tätowierten Arme stecken in einem grauen T-Shirt. Wie Sellner ist auch Müller früher mit Neonazis um die Häuser gezogen, jungen Männern aus dem Umfeld der NPD. Er ist wegen Körperverletzung verurteilt, mehrere Ermittlungsverfahren gegen ihn liefen damals noch. Heute ist Müller der Kopf der Aktivisten in Halle an der Saale, dort hat die Gruppe ihr Hauptquartier.

Neben Müller läuft Daniel Fiß, früher war er Mitglied der NPD, heute beantwortet er die Presseanfragen der Identitären, ein unscheinbarer Kerl mit kurzen Haaren und blassem Gesicht. Melanie Schmitz ist da, Müllers Freundin, die auf YouTube Chansons veröffentlicht, in denen sie das Staatsversagen beim Terroranschlag vom Berliner Breitscheidplatz besingt, und die als rechte Influencerin Kampagnen gegen sexuelle Übergriffe durch Muslime startet. Alex «Malenki» Kleine und Philipp Thaler, die in ihrem gemeinsamen Video-Blog das vermeintliche Meinungsdiktat des politischen Establishments beklagen. Sie alle marschieren an diesem Tag gemeinsam durch die Brunnenstraße und brüllen den Anwohnern am «Technogrill» ihre Parolen entgegen.

Aber es sind nicht nur Identitäre, die da im Demozug mitlaufen. Auch Mitarbeiter von AfD-Politikern sind dabei. Auf dem Wagen, von dem aus Sellner die Menge anstachelt, steht hinter zwei großen Lautsprechern auch Lutz Bachmann am Laptop und legt Rap-Musik auf. Bachmann hatte über Jahre die Auftritte der Pegida-Bewegung in Dresden organisiert, auf seine Einladung waren damals mitunter mehr als 20 000 Menschen in die Altstadt geströmt, um gegen die «Islamisierung des Abendlandes» zu demonstrieren. Nun gibt Bachmann auf der Identitären-Demo in Berlin den DJ, spielt Songs des rechten Rappers Komplott. Die Szene ist eng vernetzt.

Auch mehrere Beamte des Berliner Verfassungsschutzes sind im Juni 2017 vor Ort, als Zivilisten getarnt. Sie observieren, halten fest, wer angereist ist. Seit drei Jahren beobachtet der Nachrichtendienst die Identitäre Bewegung zu diesem Zeitpunkt schon. Müller, Sellner, Fiß und die anderen gelten als mögliche Gefahr für die innere Sicherheit der Bundesrepublik. Die Identitären sind nicht nur hochmotivierte Polit-Aktivisten. Sondern Rechtsextreme unter Beobachtung des Geheimdienstes.

Ihre Demo aber kommt nicht weit. Mehr als tausend Gegendemonstranten schneiden ihr schon nach wenigen hundert Metern den Weg ab, mit Sitzblockaden an allen umliegenden Kreuzungen. Die Polizei lässt die Identitären nicht weiterziehen, man befürchte gewalttätige Zusammenstöße, heißt es. Am Straßenrand, hinter gepanzerten Einsatzkräften, versammeln sich nun die Leute aus dem Viertel, Mütter mit ihren Kindern auf dem Arm, junge Männer mit getrimmten Bärten. Aus den Fenstern hängen Anwohner Türkei-Flaggen, Frauen schlagen mit Holzlöffeln auf Kochtöpfe, um den Lärm der Identitären zu übertönen. Irgendwann tritt ein junger, arabischstämmiger Mann vor, zieht seinen deutschen Personalausweis aus der Tasche, hält ihn den eingekesselten Identitären entgegen. «Und, was wollt ihr jetzt machen?», ruft er. Die Anwohner am Straßenrand johlen. Von Sellner und den anderen kommt keine Antwort. Wenig später löst sich die Demonstration auf.

Eigentlich wollten die Identitären bis zum Hauptbahnhof ziehen. Ihr Plan war, dass die Medien Bilder verbreiten, wie sie ein paar Meter vom Reichstag entfernt auftreten, ihre Agenda bis ins Herz der Hauptstadt tragen. Die Botschaft sollte sein: Die Identitären erobern Berlin. Doch daraus wird nichts. Die Berliner sind im Weg.

Gut drei Monate später gelingt einer anderen Gruppe, wozu die Identitären nicht in der Lage waren. Ende September zieht die Alternative für Deutschland (AfD) mit 12,6 Prozent in den Bundestag ein. 93 Abgeordnete aus ganz Deutschland richten kurz darauf ihre Büros in den Räumlichkeiten des Parlaments ein, mitten in Berlin. Sie bringen Referenten mit, wissenschaftliche Mitarbeiter und Berater. Und politische Ideen, denen auch Sellner, Müller und Fiß anhängen. Die AfD sitzt heute im Zentrum der Macht. Und sie ist eng verbunden mit einem politischen Milieu, das es so in Deutschland noch nie gab: der Neuen Rechten.

1. In Bewegung

«Das Milieu besteht aus Partei, Milieu-Medien, vorpolitischen Initiativen und aktivistischen Initiativen. Das ist wie bei einer fröhlichen Regatta, die Kriegsschiffe fahren nebeneinander her und man winkt sich von der Brücke aus zu.»

GÖTZ KUBITSCHEK, 2017

Etwas Neues entsteht

Alles begann am 30. August 2010. Damals veröffentlichte der SPD-Politiker und Ex-Bundesbank-Vorstand Thilo Sarrazin sein Buch «Deutschland schafft sich ab». Es wurde das meistverkaufte Sachbuch des Jahrzehnts in der Bundesrepublik. Darin behauptet Sarrazin, dass Deutschland seine Zukunft durch ungesteuerte Migration aufs Spiel setzen würde. Muslimische Einwanderer nähmen stärker als andere den Sozialstaat in Anspruch, sie seien krimineller und fordernder, und keine andere Religion sei so anfällig für Diktatur und Terrorismus wie der Islam. Wissenschaftler und Politiker werfen Sarrazin Rassismus und Islamfeindlichkeit vor und beschuldigen ihn, Statistiken manipuliert und absichtlich falsch interpretiert zu haben. Am riesigen Erfolg des Buches änderte das nichts. In vielen Haushalten in Deutschland steht der rote Band heute in den Bücherregalen, 1,5-millionenfach. Sarrazin hatte angesprochen, was in Teilen der deutschen Gesellschaft wohl schon länger Konsens war. Frust über Einwanderer und Flüchtlinge hatte sich angestaut. Es brauchte nur jemanden, der diese Themen offen ansprach, um die Büchse der Pandora zu öffnen. Thilo Sarrazin vereinfachte, spitzte zu und benannte die angeblich Schuldigen: den Islam und die Ausländer, die sich nicht integrieren wollen.

Götz Kubitschek, der Stratege der Neuen Rechten, sagte später über Sarrazin, er habe «unsere Themen nach oben gezogen». Bundesweit versammelten sich nun Menschen zu «Montagsmahnwachen». Und im Oktober 2014 brachte die bisher stille Angst vor einer «Islamisierung» erst nur einige hundert, nach zehn Wochen aber bereits 25000 Menschen auf die Straßen von Dresden. Die «Patriotischen Europäer gegen die Islamisierung des Abendlandes» (Pegida) machten den Protest zu einer Marke. In die Kritik an der Flüchtlingspolitik der Regierung mischten sich mit der Zeit immer mehr Pfiffe und «Merkel muss weg»-Rufe. Den Demonstranten ging es bald nicht mehr nur um das Thema Einwanderung, ihre Wut richtete sich jetzt auch gegen die Eliten in Wirtschaft, Politik und Medien. Diese Proteste und der nun öffentlich vorgetragene Vertrauensverlust in die demokratische Gesellschaft war der Moment, auf den die Strategen der Neuen Rechten bereits seit Beginn der zweitausender Jahre gewartet hatten. Endlich sprach das Land über seine Anliegen, sogar Familien aus der bürgerlichen Mitte der Gesellschaft stritten jetzt über den Islam und die Zuwanderung aus Nahost. Die vergangenen fünfzig Jahre war die Republik stark von linken Idealen geprägt worden, von der Idee offener Grenzen, der Umweltbewegung, Emanzipation, antiautoritärer Erziehung und Feminismus. Es war ein Gesellschaftsbild, das aus dem Geist der 68er-Bewegung erwuchs. Schlug das Pendel jetzt zurück, waren die Proteste gegen die «linksgrünversifften Eliten» der Anfang eines politischen Rollbacks? Die Publizisten, Intellektuellen und Aktivisten der Neuen Rechten nahmen sich der Wut an, die Sarrazin und Pegida losgetreten hatten, und setzten sich an die Spitze der neuen «Bewegung». Heute beraten die Protagonisten der Szene die Führung der AfD, bilden den Nachwuchs der Identitären aus, helfen im Hintergrund, Demonstrationen zu organisieren, oder sitzen selbst als Abgeordnete in den Parlamenten.

Vor fünf Jahren hat die Neue Rechte ihr Thema gefunden: die Einwanderung von Muslimen. Die Rechten zeichnen sie in Zeitschriften und Blogs wahlweise als Bedrohung für die europäische Kultur oder als feindliche «Invasoren.» Diese dystopische Erzählung trifft auf Menschen mit zügelloser Wut, die sich kulturell abgehängt fühlen und Probleme haben, das Tempo der Moderne mitzuhalten. Darum versuchen Vordenker wie Kubitschek, AfD-Politiker wie Alexander Gauland und Publizisten wie Jürgen Elsässer, ihre Ideologie mit diesem emotionalen Thema zu verknüpfen. Kubitschek und seine rechten Mitstreiter arbeiten daran, dass sich das Land polarisiert. Sie wollen, dass sich Bürger der gesellschaftlichen Mitte entsolidarisieren. Die Benachteiligten werden gegeneinander ausgespielt, Hartz-IV-Empfänger gegen Geflüchtete. Die extremen Vertreter der Strömung wollen die aufgeheizte Stimmung in der Gesellschaft nutzen, um Unterstützer für den lange vorbereiteten «Sturz des Systems» hinter sich zu versammeln. Sie zielen auf die Verunsicherung und Zerbrechlichkeit der Gesellschaft, die sich seit Jahren abzeichnet. Aus dem Chaos soll die Revolte hervorgehen. Führende AfD-Politiker rufen die Beamten der Bundespolizei öffentlich dazu auf, an der deutschen Grenze Befehle zu verweigern. Andere sprechen offen davon, «das Regime loszuwerden». So wie Götz Kubitschek, der sich schon länger in einem «geistigen Bürgerkrieg» wähnt. Er wolle nicht am Diskurs teilnehmen, schrieb er einmal, «sondern die Beendigung der Party». Als ersten Schritt dahin brauche es einen «Riss», der durch die Gesellschaft geht, sagte Kubitschek ganz offen bei einer Veranstaltung 2018 in Dresden. «Ich bin strikt dafür, dass der Riss noch tiefer wird, dass die Sprache noch deutlicher wird.»

Diese Entwicklung beobachten wir schon seit längerem. Wir, das sind Christian Fuchs und Paul Middelhoff. Wir haben beide die Henri-Nannen-Journalistenschule in Hamburg besucht, heute arbeiten wir als Reporter bei der Wochenzeitung *Die Zeit*. Wir schauen dorthin, wo Extremisten die Demokratie gefährden und Unternehmen Skandale vertuschen wollen. Auf unseren Recherchen begegnen uns Islamisten, militante Tierrechtler, Steuerhinterzieher und christliche Fundamentalisten. Wir haben uns in den vergangenen Jahren mit großen Konzernen angelegt und Lobbyisten auf die Finger geschaut, die Auswirkungen der industriellen Massentierhaltung recherchiert und die deutsche Beteiligung am Drohnenkrieg der US-Regierung öffentlich gemacht. George Orwell soll einmal gesagt haben: «Journalismus ist, zu veröffentlichen, was andere nicht gedruckt sehen wollen: alles andere ist Öffentlichkeitsarbeit.» So sehen wir es auch.

Seit 2015 aber gibt es für uns ein zentrales Thema: den Aufstieg der Neuen Rechten, ihre Ideologien und Finanziers, ihre Kontakte in deutschen Parlamenten und ihre Verbindungen ins Ausland. Denn diese Szene ist kein kurzfristiges Phänomen. Zu erfolgreich ist die AfD bei Wahlen, zu gut vernetzt sind die Protagonisten des Milieus, als dass die Gefahr, die vom rechten Rand der Gesellschaft ausgeht, in den nächsten Jahren wieder verschwinden könnte. Seit drei Jahren nun wühlen wir uns durch interne Dokumente, werten WhatsApp-Chats aus und lesen interne Mails. Wir sprechen mit Köpfen der Neuen Rechten, besuchen ihre Demonstrationen und Reden, sitzen bei Parteitagen auf der Pressetribüne. Wir sind mit einem AfD-Politiker auf seiner Reise nach Serbien unterwegs, besuchen eine dubiose Werbeagentur in der Schweiz und begleiten Donald Trumps Ex-Berater Steve Bannon auf seiner Tour durch Europa. Nach jeder Reise und jedem Gespräch tragen wir unsere Erkenntnisse in ein gemeinsames Recherche-Dokument ein. Gründet sich ein neuer Verein, Thinktank oder Verlag, nimmt die Staatsanwaltschaft Ermittlungen gegen einen Aktivsten der Identitären auf, lädt die AfD-Fraktion im Bundestag Rechtsradikale zum Vortragsabend ein, schreiben wir das in unsere Akte Neue Rechte. Auf diese Weise ist eine Art Protokoll des Aufstiegs der «Bewegung» entstanden. Es enthält die gesammelten Erkenntnisse unserer Arbeit der vergangenen drei Jahre und gibt den Blick frei auf ein engmaschiges Netz am rechten Rand der Gesellschaft. Es ist eine Gegenkultur entstanden, in der militante Neonazis mit Bundestagsabgeordneten der AfD verbunden sind, und sie weitet sich rasant aus. In diesem Buch wollen wir teilen, was wir über die «patriotische Parallelgesellschaft» erfahren haben.

Jenseits von Springerstiefel und Bomberjacke

Oft werden wir gefragt, was denn eigentlich der Unterschied sei zwischen den alten Neonazis der achtziger und neunziger Jahre und den sogenannten Neuen Rechten? Die Antwort fällt oft länger aus als erhofft.

Wer von Neonazis spricht, meint die Kameradschaftsszene, die Freien Netze, Wehrsportlager und Parteien wie die NPD. Sie entstammen einer Subkultur, deren älteste Mitglieder den Nationalsozialismus noch selbst miterlebt haben. Unter ihnen sind Holocaust-Leugner, Antisemiten und militante Terroristen wie die Mitglieder des selbsternannten «Nationalsozialistischen Untergrund» (NSU). Sie bewundern Adolf Hitler, Joseph Goebbels und Rudolf Heß. In den Sturmtruppen der SA sehen sie Helden der deutschen Geschichte, Uniformen und Waffen aus der Zeit des Zweiten Weltkriegs verehren sie wie kultische Reliquien. Das Dritte Reich ist für sie Sehnsuchtsort und historischer Fixpunkt. Der deutschen Mehrheitsgesellschaft galt die Szene deshalb jahrzehntelang als extremistisch, ewig gestrig und überholt.

Die Neue Rechte tritt anders auf. Die Strömung lehnt Hitler und seine Verbrechen ab, leugnet weder die Shoah noch die Konzentrationslager und gibt sich als Vertretung der «christlich-jüdischen abendländischen Tradition». Die Neurechten betonen die stolze, über tausendjährige Traditionslinie der Deutschen und wollen die deutsche Geschichte nicht auf die «schrecklichen zwölf Jahre» des Nationalsozialismus – einen «Vogelschiss der Geschichte», wie der AfD-Vorsitzende Alexander Gauland sie in einer Rede nannte – reduziert wissen. Sie empfinden die Leistungen Martin Luthers, Johannes Gutenbergs und Johann Wolfgang von Goethes durch die Erwähnung der Nazi-Zeit geschmälert. Die Deutschen müssten endlich wieder stolz sein dürfen auf ihr Land und seine Geschichte. Die Bundesrepublik müsse endlich, drei Generationen nach den Verbrechen in den Konzentrationslagern von Auschwitz, Buchenwald und Dachau, ihren «Schuldkult» überwinden, lautet eine gängige Forderung der Neuen Rechten. Deren Vertreter glauben, dass die Deutschen sich weltpolitisch unterjochen lassen würden, weil sie ihr Selbstbewusstsein, ihre Würde und ihre Souveränität gegenüber anderen Staaten geopfert hätten. Die Uniform der jungen Avantgarde der Neuen Rechten besteht nicht mehr aus Bomberjacke, Springerstiefeln und Hakenkreuz-Symbolik. Sie tragen Stoffturnschuhe, Vollbart, Jutebeutel über der Schulter und einen veganen Burger in der Hand. Schon vor Jahren schrieb das US-Magazin *Rolling Stone* darum über den neuen deutschen Nazi-Hipster, den Nipster. Die Intellektuellen, die Politiker und Vordenker der Szene inszenieren sich hingegen als konservative Bewahrer der guten alten Zeit und halten deutsche Traditionen und Tugenden wie Fleiß, Recht und Ordnung hoch. Gern glorifizieren sie ihr Leben auf dem Land, verbringen ihre Freizeit im mythischen deutschen Wald. Das Hipster- und das Bewahrer-Image sollen davon ablenken, dass auch Mitglieder der Identitären Bewegung, der AfD oder aus neurechten Denkfabriken früher in völkischen Ausbildungs-Camps geschult wurden, dass sie Menschen verprügelt und gegen Minderheiten gehetzt haben. Viele Vertreter der Neo-Rechten haben ihre Wurzeln in alten Neonazi-Strukturen: Sie waren bei der NPD oder deren Nachwuchsorganisation, den Jungen Nationalisten, aktiv, gehörten den mittlerweile verbotenen Vereinen «Heimattreue Deutsche Jugend» oder «Wiking-Jugend» an, waren Mitglieder bei den Republikanern, der Freiheit, Pro Deutschland oder dem III. Weg. Einige von ihnen entstammen auch der gewaltbereiten Kameradschaftsszene. Die Vertreter der neuen Strömung wollen jedoch nichts mehr gemein haben mit dem Ausländer jagenden Skinhead mit Baseballschläger und Molotow-Cocktail aus den neunziger Jahren. Doch diese Selbstdarstellung als gewaltlose Szene trügt.

Das alte Neonazi-Milieu wandte sich ausnahmslos gegen alle Ausländer in Deutschland, besonders verhasst waren ihnen Menschen mit Wurzeln in der Türkei oder vom Balkan. Die Todesopfer der ersten rassistischen Anschläge nach der Wiedervereinigung in Mölln und

Solingen waren türkische Einwanderer der ersten und zweiten Generation. Sie waren auch das Hauptziel der gefährlichsten Terrorgruppe nach der Wende, des «Nationalsozialistischen Untergrunds», der in 13 Jahren im Untergrund zehn Menschen tötete. Die Morde waren das Ergebnis der Überzeugung, dass die Menschen ausdrücklich ungleich sind. Diese Ansicht ist auch tief in der DNA des neurechten Denkens verwurzelt. Ungleichheit der Menschen wird als natürlich gegeben unterstellt und gilt als unveränderbar. Diese Überzeugung führt zur Abwertung des Fremden. Die Neuen Rechten richten ihren Hass jedoch nicht nur auf türkischstämmige Deutsche, sondern auf Muslime im Allgemeinen – und kaschieren diese Ablehnung mit dem Euphemismus «Islamkritik». Der biologische Rassismus der alten Neonazis hat sich weiterentwickelt zu einem kulturellen Nativismus, wie es die Extremismusforscherin Julia Ebner formuliert. Die Alten Rechten diskriminieren Menschen aufgrund einer vermeintlichen Rassenzugehörigkeit und sprechen ihnen das Recht ab, in Deutschland leben zu dürfen. Die Neuen Rechten sehen sich indes nicht als Fremdenfeinde, sondern inszenieren sich als Kämpfer für die in Deutschland geborene nationale Mehrheit.

Das Konzept dahinter nennen sie «Ethnopluralismus». Jedes Volk habe einen bestimmbaren Wesenskern und einen historisch zugewiesenen Raum. Staaten und Gesellschaften sollten darum «kulturell rein» sein, jede Ethnie in ihrem eigenen Staat leben. In Deutschland sei aus diesem Grund «kein authentischer Islam» möglich. Die Idee des «Ethnopluralismus» ist der Gegenentwurf zu einer multikulturellen Gesellschaft. Letztere bedroht in der Vorstellung der Neuen Rechten Identität, Tradition und Kultur. Es ist der alte rechte Inhalt im neuen Sound. Der stigmatisierte Begriff «Rasse» wird durch «Identität» ausgetauscht. Trotzdem ist das Konzept rassistisch und fremdenfeindlich, auch wenn die Ausgrenzung nicht mehr biologisch begründet wird. «Ethnopluralismus», zu Ende gedacht, läuft auf dieselbe alte Parole hinaus: «Ausländer raus!»

Neben dem neuen Antiislamismus ist auch der Antisemitismus

in Teilen des neurechten Milieus weiterhin erkennbar. Hantieren die alten Rechten mit der kruden Vorstellung von einer «jüdischen Weltverschwörung», so kommt der neue Antisemitismus subtiler daher. Wenn der Chefredakteur des neurechten *Compact*-Magazins, Jürgen Elsässer, vom «internationalen Finanzkapital und seinen Kriegsbrandstiftern in Washington, London und Jerusalem» schreibt, verstehen seine Leser diese Anspielung auf den rassistischen Stereotyp des Juden als globalen Strippenzieher. Ähnlich arbeitet der Autor eines neurechten Portals, der behauptet, der US-Milliardär George Soros wolle Europa mit Flüchtlingen «überfluten» und diktiere die Asylpolitik der Europäischen Union. Soros ist ein amerikanischer Jude mit ungarischen Wurzeln, seit den neunziger Jahren unterstützt er mit Hilfe seiner Nichtregierungsorganisation Open Society Foundations zivilgesellschaftliche Initiativen auf der ganzen Welt. Das in dem Text erwähnte Strategiepapier hatte seine Stiftung gar nicht finanziell unterstützt. Die Implikation des Artikels ist klar antisemitisch: Ein reicher Jude steuert das Weltgeschehen.

Sind die alten deutschen Neonazis größtenteils gesellschaftlich isoliert und haben sich mit ihrem Dasein als radikale Minderheit abgefunden, so streben die Neuen Rechten in die gesellschaftliche Mitte. Sie versuchen, auch jene Themen zu besetzen, die weite Teile der Alten Rechten ignoriert oder gar abgelehnt haben: Dazu zählt die ursprünglich linke Kapitalismuskritik oder die Ökologie («Umweltschutz ist Heimatschutz»). Die deutsche Szene ist damit Teil einer globalen Strömung, die auch die Alt-Right-Bewegung in den USA, den Bloc identitaire in Frankreich und die Casa Pound in Italien einschließt. Durch ihre internationalen Verbindungen sind sie besser organisiert und wirkmächtiger als die alten nationalistischen Rechtsextremen.

Zwischen der Bomberjacken-Welt der Alten Rechten und der Poloshirt-Welt der Neuen Rechten gibt es einige Schnittmengen. Beide Strömungen teilen die Vision eines absoluten Primats des Staates. Beide eint der Wunsch nach einem starken Mann an der Spitze, der das Land autoritär führt. Ihre Anhänger schauen voller Bewunderung auf Figuren wie Wladimir Putin oder Viktor Orbán. In der idealen Welt dieser Rechten gibt es keinen Widerspruch – sondern nur eine Meinung. Der Herrscher müsse diesen einen «Volkswillen» nur erkennen und ausführen. Diskussion und Debatte um das bessere Argument gelten als lästige Spielzeuge der Liberalen. Wenn erst einmal ein Volkstribun regiere, brauche es auch keine kritische Presse und politische Opposition mehr. Parlamentarismus und Parteiendemokratie sind in ihren Augen nur dekadenter Ballast.

Das Ziel der Neuen Rechten ist es, unsere pluralistische Demokratie ihrerseits wie eine Diktatur erscheinen zu lassen. So lässt sich die Bevölkerung zum «Widerstand» anstacheln. Die Szene streitet über die Frage, ob das derzeitige System nur reformiert oder gleich ganz abgeschafft werden müsse. Protokolle eines WhatsApp-Chats des AfD-Landesverbandes Sachsen-Anhalt, die 2017 geleakt wurden, offenbaren das fragwürdige Staatsverständnis eines Teils der Neuen Rechten: Nach der «Machtergreifung», so ist dort zu lesen, müsste «ein Gremium alle Redakteure und Journalisten überprüfen und sieben. Chefs sofort entlassen, volksfeindliche Medien verbieten.» In einem später bekannt gewordenen Nachrichtenverlauf auf Facebook formulierte es der damalige AfD-Landtagsabgeordnete Holger Arppe aus Mecklenburg-Vorpommern noch drastischer: «Wir müssen ganz friedlich und überlegt vorgehen, uns ggf. anpassen und dem Gegner Honig ums Maul schmieren, aber wenn wir endlich soweit sind, dann stellen wir sie alle an die Wand.» Parteilinie ist das zwar nicht. Aber es gibt zahlreiche Vertreter der Neuen Rechten, die so denken – bei der AfD, aber auch bei ihren Vorfeldorganisationen. Im Gegensatz zu Konservativen geht es ihnen nicht um Bewahrung, sondern um Zerstörung. Sie wollen die liberale Öffentlichkeit nicht erweitern, sie wollen sie abschaffen.

Dieses antidemokratische Denken stammt aus einem tiefen Unbehagen gegenüber der Aufklärung und den ständigen Veränderungen im postmodernen Alltag. Weil die Welt komplexer wird, sehnen sich die Anhänger der Neuen Rechten nach einfachen Lösungen, konstatieren die Publizisten Liane Bednarz und Christoph Giesa in ihrem Buch «Gefährliche Bürger». Und bekämpfen darum die offene Gesellschaft. Im Grunde wünschen sich weite Teile einen gern auch autoritär geführten Nationalstaat zurück, in dem alles seine Ordnung hat, die Effekte der Globalisierung eingehegt sind, niemand für die Emanzipation von Frauen und Homosexuellen streitet oder Gender-Debatten bei Quinoa-Salat und veganem Chai-Latte führt. Sie verklären die Vergangenheit und sehnen sich nach einem Deutschland, das es so nie gab. Eine Nation ohne Vielfalt, in dem alle Menschen einem dominanten, traditionsbewussten Lebensmodell folgen. Thomas Assheuer fasste es in der *Zeit* einmal treffend so zusammen: «Die Rechte träumt vom ethnisch homogenen Volk, vom organischen Staat und von seiner machtpolitischen Souveränität – ohne Rechtsgleichheit, ohne freie Gerichte, ohne Migranten, ohne ‹Vergangenheitsbewältigung› und ohne Einbettung in die Europäische Union.» Das käme einer kompletten Rückabwicklung aller Errungenschaften der modernen Gesellschaft gleich.

Alte und Neue Rechte verbindet auch ihre Ablehnung des Liberalismus und alternativer Lebensmodelle abseits der traditionellen Vater-Mutter-Kind-Kernfamilie. Den «westlich-dekadenten Liberalismus» lehnen sie ab, weil Nationalstaat und Völker angeblich an ihm zugrunde gehen. Liberalismus habe Religionen und Vaterländer zerstört, «er war die Selbstauflösung der Menschheit», wie Arthur Moeller van den Bruck, ein Vertreter der «Konservativen Revolution» in den zwanziger Jahren, schrieb. Die aktuelle Generation der Rechtsdenker sieht es ähnlich. In der liberalen Gesellschaft gibt es keine absoluten Wahrheiten und viele Grautöne – aber eben keine radikalen Lösungen. Vereinfachung und ein Denken in Freund-Feind-Schemata sind hingegen die Grundlage rechtsradikalen Denkens. Darum ist ihnen die plurale Gesellschaft so verhasst. Ihr Ziel ist ein homogenes Kollektiv. Liberale Medien, Intellektuelle, Politiker und Künstler werden verhöhnt, weil sie angeblich nicht dem Volk dienen, nicht dem geistigen

Wohl der Nation. Auf der Internetseite des «Seminars für rechte Metapolitik» heißt es: Um den Liberalismus zu überwinden, müsse sich «der rechte Akteur (...) im Volke bewegen wie der Fisch im Wasser, um das Fenster des Sagbaren erweitern zu können. Das ist das Konzept der Metapolitik.»

Metapolitik ist ein weiterer Kampfbegriff in der Neuen Rechten: Nicht allein die Parlamente sollen erobert werden, sondern auch die Zivilgesellschaft. Wer parteipolitisch noch ohne Einfluss ist, muss zuerst versuchen, das vorpolitische Feld der Kultur zu beackern. Für Götz Kubitschek beinhaltet das «den Bereich des Worts, des Gedankens, des Stils, der Bücher, Zeitschriften, Veranstaltungen, des Habituellen, der Aura». Mittels der Subkultur könnten «Informationen und Lebensgefühl durch ein ganzes Kapillarsystem» in die Mehrheitsgesellschaft «sickern», formulierte der neurechte Vordenker Karlheinz Weißmann. Die Neuen Rechten wollen den vorpolitischen Raum erobern und in viele gesellschaftliche Bereiche vordringen, um dort Plätze zu besetzen, die bisher nicht rechts waren: Parlament, Gewerkschaften, Kirchen, Bestsellerlisten und TV-Talkshows. Vor der Übernahme der Staatsgewalt steht die Eroberung der Kultur. Wenn dann das liberale System ins Wanken gerät, könne die rechte Saat auf fruchtbaren Boden fallen, schreibt Thomas Assheuer.

Dieses Konzept der «kulturellen Hegemonie» basiert auf den Ideen, die der italienische Marxist Antonio Gramsci in den dreißiger Jahren in seinen «Gefängnisheften» entworfen hat. Die Herrschaft der bürgerlichen Gesellschaft wird seiner Meinung nach nicht nur durch die Staatsgewalt etabliert, sondern auch durch den Konsens der Zivilgesellschaft. Während der Staat für die Unterdrückung zuständig ist, braucht es ein Korrektiv aus Popkultur und Massenmedien, das dagegenhält. Herrschende Klasse versus Volk. Die Veränderung der öffentlichen Meinung sei darum die Grundbedingung, um später die Gesellschaftsordnung zu verändern. Schlüsselrollen in diesem Prozess übernähmen vor allem Publizisten, Schriftsteller, Wissenschaftler sowie Kulturschaffende der nichtherrschenden Klasse. In dieser

Rolle sieht sich die Neue Rechte: als unterdrückte Klasse, die endlich Dominanz erringen will. Das eigentlich linke Theoriegebilde klingt wie eine Blaupause für viele der aktuellen Initiativen der Neuen Rechten. Es sind die Herausgeber von Zeitschriften, Verleger und Autoren, die den Ton in der Szene angeben. Der Kern ihrer Arbeit besteht im Verfassen und Veröffentlichen politischer Theorie. Aktivisten der Szene erwecken das Konzept der «kulturellen Hegemonie» zum Leben, in dem sie versuchen, jede Nische der Gesellschaft mit einem «patriotischen» Gegenangebot zu besetzen: Mit einer neugegründeten Arbeitervertretung drängen sie in die Betriebe. Mit rechter Rap-Musik gegen «Überfremdung» wollen sie in die Kinderzimmer und Musikcharts. Und die Trollarmee im Internet bekämpft politische Gegner in den sozialen Medien, um die Debatten im Netz zu bestimmen. Die Szene betreibt eigene Modelabels und Verlage. Mit *Arcadi* gibt es ein neurechtes Hipstermagazin, sogar eine eigene Biermarke ist auf dem Markt, das «Pils Identitär».

All die vielfältigen Versuche, die «kulturelle Hegemonie» zu erringen, verweisen auf ein grundlegendes Problem bei der Beschäftigung mit der Strömung, die wir als «Neue Rechte» bezeichnen. Denn: Die Neue Rechte gibt es eigentlich nicht. Einige Neue Rechte lehnen den Begriff sogar ab. Und tatsächlich ist es schwierig, AfD-Abgeordnete, erzkonservative Christen, radikale Publizisten und gewaltbereite Identitäre unter einem einzigen Sammelbegriff zusammenzufassen. Die Zuschreibung Neue Rechte aber hat den Vorteil, dass sie eine Entwicklung in der Gesellschaft benennt, die es so im Nachkriegsdeutschland noch nie gegeben hat: ein gewaltiges Bündnis am rechten Rand, das kein Dasein in der Schmuddelecke mehr führt, sondern die Gesellschaft im Kern verändert – flankiert von einer stetig wachsenden Partei, die es innerhalb von nur fünf Jahren in alle Landesparlamente und in den Deutschen Bundestag geschafft hat.

Und trotzdem herrscht in der Szene ein großer Binnenpluralismus: Das Milieu reicht von ultrakonservativen Marktliberalen bis hin zu völkischen Antisemiten, von Radikallibertären bis hin zu verschwörungstheoretischen Rechtspopulisten. Es gibt Nationalrevolutionäre, Muslim-Hasser, soziale Nationalisten, Nationalkonservative und paneuropäisch-soziale Kapitalismuskritiker. Wieder andere verstehen sich als weiße Suprematisten – eine rassistische Ideologie, die auf der vermeintlichen Überlegenheit der weißen Rasse basiert. Manchmal widersprechen sich die Konzepte und Lebenseinstellungen sogar. Den Begriff «Neue Rechte» benutzen darum auch wir kritisch. Wir haben uns dennoch für ihn entschieden, denn es ist dasselbe Leitbild, das die Szene eint: der Hass auf den Islam, die Kritik an Parteien und Eliten und die Sehnsucht nach einem starken Staat und einer homogenen, dezidiert-deutschen Kultur. Zeitschriften, Bücherreihen oder Debatten-Veranstaltungen sind zentrale Elemente des Wirkens der Neuen Rechten. Wir wollen der Diversität der Szene damit Rechnung tragen, indem wir die Orte, die entscheidenden Personen und ihre Netzwerke in diesem Buch vorstellen. Auf einer Reise zum rechten Rand der Republik.

Nach der Stunde null

Die Wurzeln der Neuen Rechten sehen Autoren wie Volker Weiß im Jahr 1950. Damals erschien das Buch «Konservative Revolution», das vom Schweizer Publizisten Armin Mohler herausgegeben wurde. Mohler versammelte darin rechte Denker der zwanziger und dreißiger Jahre wie den Antisemiten und Rassenideologen Hans F. K. Günther, aber auch konservative Gegner Adolf Hitlers und Antidemokraten wie Ernst Jünger und Carl Schmitt. Besonders der Staatsrechtler Schmitt zählt zu den wichtigsten Inspirationsquellen der Neuen Rechten. Der Antisemit war 1932 maßgeblich an der Umwandlung der Weimarer Demokratie in ein autoritäres Präsidialsystem beteiligt. Von ihm stammen Gedanken über die Besetzung des «Vorraums der Macht» durch ein Elitennetzwerk. Intellektuelle «Partisanen» sollten den

Feind durch Nadelstiche so lange reizen, bis die Zeit reif ist zur Übernahme der entscheidenden Stellen des Staates. Herausgeber Mohler wollte die Autoren der «Konservativen Revolution» nach dem Ende des Dritten Reichs rehabilitieren, sie vom Stigma des Nationalsozialismus befreien und so wieder gesellschaftsfähig machen. Tatsächlich gilt sein Buch bis heute als Grundlagenwerk fast aller neurechten Publizisten – und Mohler als der Begründer der Neuen Rechten. Zwei seiner Schüler, Karlheinz Weißmann und Götz Kubitschek, gehören heute zu den maßgeblichen Strippenziehern im neurechten Netz. Als Mohler 2003 in München starb, hielt Kubitschek die Grabrede.

In den sechziger Jahren entstanden aus völkischen Jugendorganisationen heraus erste neurechte Zeitschriften wie *Fragmente* und *Junges Forum*. In der ersten Ausgabe des *Forums* aus dem Jahr 1964 taucht auch erstmals der Begriff auf, der heute die Szene prägt: «Erste Nummer des ersten Blattes der Neuen Rechten». Sie wollten anders sein als die Altnazis und stammten doch aus ihren Reihen: Wilfried von Oven, ehemaliger Pressereferent von NS-Propagandaminister Joseph Goebbels, gab den Ton vor. In seiner Zeitung hieß es 1973: «Wir müssen unsere Aussagen so gestalten, dass sie nicht mehr ins Klischee der ‹Ewiggestrigen› passen (...) Der Sinn der Aussage muss freilich der gleiche bleiben.» Auch Mitglieder von Burschenschaften wie der Münchner Danubia wandten sich von den NS-orientierten Deutschnationalen ab. Die jungen Neurechten fuhren lieber zu Gleichgesinnten ins Zeltlager nach Frankreich. Hier bildete sich parallel zur linken 68er-Bewegung die «Nouvelle Droite», die Neue Rechte, um den Vordenker Alain de Benoist heraus. Die französische Strömung prägt die Theoriebildung der europäischen Neurechten bis heute.

In den siebziger Jahren setzte ein regelrechter Hype um die Neue Rechte ein, einige Strömungen bezeichneten sich nun selbst so, NPD-Dissidenten gründeten etwa die «Aktion Neue Rechte». In dieser Zeit veröffentlichte Armin Mohler regelmäßig in Caspar von Schrenck-Notzings Zweimonatsschrift *Criticón*, die zum Sprachrohr eines bewusst antiliberalen, demokratiekritischen Konservatismus wurde, wie Gideon Botsch schreibt. Zwar wurde die Zeitschrift später einge-stellt, die Arbeit von Schrenck-Notzing aber wirkt bis heute nach. Eine von ihm gegründete Stiftung betreibt heute die «Bibliothek des Kon-servatismus» in Berlin, vergibt den wichtigsten Journalistenpreis des neurechten Milieus und unterstützt wissenschaftliche Arbeiten.

Auch wenn die Dynamik der Neuen Rechten in den achtziger Jahren erlahmte, überlebte ein kleines Netzwerk aus Zeitschriften, Semina-ren, Salons, Burschenschaften und Denkfabriken, dessen Köpfe stetig weiter arbeiteten. Einige Neue Rechte gingen zu den Republikanern. Auch die bereits 1983 gegründete Wochenzeitung *Junge Freiheit* stand anfangs den Republikanern nahe. Mit der Wiedervereinigung gerieten die Denker vorerst in den Hintergrund, die rechte Szene wurde von gewaltbereiten Neonazis und nationalistischen Parteien dominiert. Sie nutzen die aufgeheizte Stimmung und das Chaos in den neuen Bundesländern, um Jugendliche um sich zu scharen.

Der harte nationalistische Rechtsextremismus auf der Straße war für sie attraktiver als Mohlers Theorien. Mit NPD, DVU und Repu-blikanern zogen rechtsextreme Parteien in die Landesparlamente ein. Neonazis griffen Ausländer und Andersdenkende an und beherrschten ganze Stadtteile und Regionen. Seit der Wende starben 169 Menschen durch rechtsextreme Gewalt. Die Neue Rechte konnte in diesem Umfeld schlecht reüssieren, fand keinen Anschluss an bürgerliche Schichten und arbeitete weiter im Hintergrund.

Im Jahr 2000 gründen Weißmann und Kubitschek die bis heute einflussreiche neurechte Denkfabrik, das Institut für Staatspolitik (IfS) im hessischen Bad Vilbel. Es sind die ersten Versuche des rechts-intellektuellen Milieus, in der breiten Öffentlichkeit für ihre Zwecke zu werben. Sieben Jahre später macht Kubitschek zuerst als Guerilla-Aktivist auf sich aufmerksam, als er mit der sogenannten «Konser-vativ-Subversiven Aktion» (KSA) einen Kongress linker Studenten, eine Lesung von Günter Grass und Veranstaltungen von Grünen und CDU stört – seine KSA ist eine Vorläuferin der Identitären Bewegung. Die große Zeitenwende im Auftreten der Szene folgt mit den Terroranschlägen vom 11. September 2001. Seit diesem Tag hat die Neue Rechte einen neuen Feind: den Islam. Hass auf Zuwanderer und rassistische Einstellungen lassen sich nun mit Hilfe der Angst vor einer «Islamisierung» und der «Invasion islamistischer Terroristen» kaschieren, stellt Julia Ebner in ihrer Studie «Wut» fest.

Die Strategien der Neo-Rechten

Einen entscheidenden Teil ihrer Arbeit sehen die Neuen Rechten in der «Kulturrevolution von rechts». Um die «kulturelle Hegemonie» in Deutschland zu erlangen, sollen die unterschiedlichen rechten Kräfte im Land zusammenarbeiten. In einer Rede gibt Philip Stein, ein junger Verleger des Milieus, den Kurs der Bewegung vor: «Was wir schaffen müssen, ist eine Mosaik-Rechte. Wir müssen es schaffen, nicht nur auf das Parlament zu setzen, nicht nur auf Kultur zu setzen. Das war der Fehler der letzten Jahre in der Bundesrepublik.» Der vorpolitische Raum und der parlamentarische Arm in Form der AfD müssten zusammenarbeiten wie Standbein und Spielbein, sagt Stein – nur so gelinge es, die Gesellschaft zu verändern. Für dieses Ziel nutzt die Neue Rechte verschiedene Taktiken. Drei grundlegende Strategien sind entscheidend.

Die wichtigste Strategie der Neuen Rechten ist die Diskursverschiebung. Begrifflichkeiten werden in den Szene-Medien, auf Protestbühnen und in den Theoriezirkeln erdacht und sollen im nächsten Schritt über etablierte Medien und Politiker in die Mehrheitsgesellschaft getragen werden. «Vom *Cicero* über *Achse des Guten* bis hin zur *Jungen Freiheit* findet über viele Pfade ein reger Ideenschmuggel ins Zentrum der Meinungsmacht statt», schreibt der Identitäre Martin Sellner. Bereits heute ist es der neurechten Strömung auf diese Weise subtil gelungen, neue Worte zu etablieren oder wiederzubeleben. Einige Beispiele: In seinem Interviewbuch «Nie zweimal in denselben

Fluss» spricht Björn Höcke, der AfD-Landeschef von Thüringen, vom «bevorstehenden Volkstod durch den Bevölkerungsaustausch». Auch eine Politikerin der CDU verbreite diese Verschwörungsideologie an ihre Anhänger. Die Theorie des «großen Austauschs» stammt aus dem Aufsatz des französischen Neurechten Renaud Camus mit dem Titel «Der Große Austausch oder: Die Auflösung der Völker» aus dem Jahr 2011. Camus behauptet darin, die Regierungen würden bewusst das eigene Volk durch Migranten austauschen, um es auszulöschen. Die deutsche Übersetzung des Werks erschien in einem Sammelband im Antaios Verlag von Höckes engem Weggefährten Götz Kubitschek.

Ein anderes Beispiel ist Armin Mohlers «Konservative Revolution». Der Ausdruck war lange nur Teilnehmern rechter Theoriezirkel geläufig, 1993 wird er von der *Jungen Freiheit* aus der Mottenkiste der Geschichte geholt, um mit dem Spruch «Jedes Abo eine konservative Revolution» neue Leser zu gewinnen. 2011 stellt Kubitschek die Sommerakademie seines Instituts für Staatspolitik unter dieses Motto und macht es zum Titelthema seiner Zeitschrift *Sezession*. Im Januar 2018 erreicht der Begriff dann die große politische Bühne. In einem Gastbeitrag in der *Welt* fordert der ehemalige Bundesverkehrsminister Alexander Dobrindt (CSU) eine «konservative Revolution der Bürger» – ohne auf die Herkunft des Terminus zu verweisen. Dobrindt hatte zuvor auch bereits die Formulierung «Anti-Abschiebe-Industrie» genutzt. Den sehr ähnlichen Begriff «Asylindustrie» hatte vier Jahre zuvor die Pegida-Mitgründerin Kathrin Oertel in ihren Reden bei den Großdemonstrationen in Umlauf gebracht, im Jahr darauf erschien ein gleichnamiges Buch im rechten Kopp-Verlag.

Die Medien spielen bei der Etablierung dieser politisch eindeutig konnotierten Begriffe eine entscheidende Rolle. Nutzen sie die Termini, transportieren sie peu à peu das ihnen anhaftende Gedankengut und tragen es in die Mitte der Gesellschaft. Der *Mitteldeutsche Rundfunk* kündigte 2018 zum Beispiel eine Talkshow mit dem Titel «Die Krise der Altparteien, der Erfolg der AfD» an. Auch der *Focus* nutzte den Begriff «Altparteien», um bei Twitter auf einen Text aufmerksam zu machen. Das Wort jedoch ist vorbelastet, bereits Joseph Goebbels nutzte es, um die NSDAP von den anderen Parteien abzugrenzen. Siebzig Jahre später verwendet auch die AfD den Begriff, um sich als Partei neuen Typs gegen die Etablierten zu positionieren. Einige AfD-Politiker sprechen außerdem von «Lebensraum», auch das ein Begriff aus der Zeit des Nationalsozialismus.

«Altparteien» und «Lebensraum» sind noch nicht fester Bestandteil des kollektiven Wortschatzes geworden. Andere Ausdrücke schon. Mit dem Wort «Lügenpresse» werden meist Qualitätsmedien beschimpft. Es entstammt den Sprechchören der Pegida-Demonstranten.

Kampfbegriffe der Neuen Rechten werden so schleichend mehrheitsfähig. Der twitternde Starpianist Igor Levit spricht in diesem Zusammenhang von «Konsensverschiebung»: Je weniger Menschen kommen, umso aggressiver behauptet die Neue Rechte die «Masseneinwanderung». Rechte Begriffe wie Obergrenze oder Forderungen wie die Verschärfungen des Asyl- und Aufenthaltsrechts würden heute bereits von der großen Mehrheit unhinterfragt als selbstverständlich hingenommen. Einer Minderheit kann es so gelingen, dass mit ihren «toxischen Interventionen das zivilisatorische Niveau einer ganzen Gesellschaft perforiert» wird, sagt der Soziologe Harald Welzer.

AfD-Politiker im Bundestag und in Landtagen sind ein wichtiges Sprachrohr und Teil der Diskursverschiebungsstrategie der Neuen Rechten. Sie stehen mehr in der Öffentlichkeit und sind bekannter als die «Vordenker». Durch ihre Präsenz im Parlament und Auftritte in Talkshows bringen sie die Ideen und Konzepte der Theoretiker in die breite Gesellschaft. Die Intelligenzija der Szene nennt das eine «Vergrößerung des Resonanzraums». Die Politiker infiltrieren die bürgerliche Mitte und verändern den Diskurs. Durch das stete Wiederholen von Ausdrücken stumpft die Wahrnehmung ihrer rechten Aufladung nach und nach ab, es entstehen Abnutzungseffekte. Irgendwann sinkt die Sensibilität, die Begriffe diffundieren in die Gesellschaft und setzen sich fest. Über die sozialen Netzwerke werden die Aussagen verbreitet. Beliebt sind Best-of-Zusammenschnitte von AfD-Reden, die auf Facebook tausendfach geteilt werden und so Hunderttausende Nutzer erreichen, wenn sie eine breite virale Wirkung entfalten können. Wurde die Partei vor wenigen Jahren noch als rechtsradikal und fremdenfeindlich kritisiert, wenn sie mit Ausdrücken wie «Asyl-Tourismus» oder «Anti-Abschiebe-Industrie» provozierte, so nutzen 2018 bereits der bayerische Ministerpräsident Markus Söder (CSU) und der Berliner CSU-Landesgruppen-Chef Alexander Dobrindt diese Termini. In einem Interview mit der Deutschen Presse-Agentur freute sich der AfD-Vorsitzende Alexander Gauland darüber, dass seine Partei damit die «Grenzen des Sagbaren» verschoben habe.

Die Begriffe, die seine Partei verwendet, kommen aus den Denkfabriken der Neuen Rechten. Das kündigte der Vordenker der Szene, Götz Kubitschek, im März 2016 sogar ganz offen an: Am Abend einer für die AfD erfolgreichen Landtagswahl sagte er auf der Wahlparty in eine Fernsehkamera, die AfD werde nun «sehr gerne den ein oder anderen Begriff, das ein oder andere Thema, die ein oder andere aufbereitete Expertise aus unseren Projekten übernehmen und politisch umsetzen».

Für AfD-Abgeordnete sind die Rednerpulte im Bundestag und in den Landtagen nicht nur eine Bühne, um den Diskurs zu verschieben, sie nutzen auch andere Möglichkeiten der parlamentarischen Demokratie. Zum Beispiel stellen sie Kleine und Große Anfragen an die Bundesregierung und die Regierungen der Länder. Eigentlich ist das ein Mittel der Opposition, um die Regierung zu kontrollieren. Die AfD benutzt das Verfahren aber auch, um Themen auf die Agenda zu bringen – denn die Antworten müssen teilweise in öffentlicher Sitzung im Parlament vorgetragen werden. So fragte die AfD: «Wie viele Sinti und Roma leben in Sachsen?» Zum einen wollte der Abgeordnete damit durchsetzen, dass Sinti und Roma überhaupt gezählt werden, zum anderen wollte er konkret wissen, wie viele Schüler dieser Bevölkerungsgruppe die Schulpflicht einhalten. Damit nimmt die AfD Bezug auf ein rassistisches Stereotyp, wonach Roma bildungsfern sein sollen. Die Partei verbindet die Wahrnehmung von Sinti und Roma in der Öffentlichkeit mit ihrem gezielten Spin. Zur Vorbereitung für solche Anfragen greift die AfD auch auf die Expertise von radikalen Aktivisten außerhalb der Partei zurück. Philip Stein vom rechten Verein Ein Prozent bestätigt uns, dass er bereits Material für eine Anfrage zum Thema «linke Förderstrukturen» für die Partei recherchiert hat.

Eine andere Methode der AfD ist es, neutrale Statistiken oder Meldungen aufzugreifen und mit Ideologie aufzuladen. Das ehemalige AfD-Mitglied Franziska Schreiber beschreibt die Taktik in ihrem Buch «Inside AfD» anschaulich an Beispielen. Sie war verantwortlich für Pressemitteilungen des Parteinachwuchses, der Jungen Alternative. Egal, ob es eine neue Umfrage über Ängste von Frauen gab oder Nachrichten über Schwarzarbeit und sogar die Vorstellung einer neuen Stechmückenfalle – jede Stellungnahme der AfD-Jugend, jedes Posting auf Facebook zu diesen Themen handelte am Ende doch wieder von Flüchtlingen und kriminellen Ausländern. Dies zeige, «dass sich wirklich jede Neuigkeit irgendwie mit Asylbewerbern in Verbindung bringen lässt», schreibt Schreiber. Ziel ist es, den Widerspruch zum System aufzuzeigen und ein öffentliches Zerrbild von Kriminalität und Chaos zu verbreiten. Durch das Fluten der Medienkanäle mit solchen Verzerrungen, Nonsens und Falschmeldungen soll die Glaubwürdigkeit der Medien angegriffen werden. Und durch das ständige Wiederholen sollen Vorurteile und Stereotypen aufgebaut und verfestigt werden. Diese «Gehirnwäsche» habe Angst und Ausländerfeindlichkeit produziert, resümiert die ehemalige AfD-Strategin.

Dem Milieu und seinem parlamentarischen Arm ist innerhalb kurzer Zeit gelungen, was bis dahin in dieser Dynamik noch keine politische Strömung in der Bundesrepublik zuvor erreicht hat: Sie bestimmen auf einigen Themenfeldern den politischen Diskurs, treiben die anderen Parteien vor sich her und haben es im hitzigen Sommer 2018 geschafft, die jahrzehntelange Liaison von CDU und CSU so zu zerrütten, dass die Regierung über die Frage, ob Geflüchtete bereits an der deutschen Grenze abgewiesen werden sollen, fast auseinandergebrochen wäre. Ihnen ist es gelungen, dass das Themenfeld Flüchtlinge alle anderen Großthemen aus dem öffentlichen Diskurs verdrängt hat. Erfolgreich haben sie ihr Thema gesetzt. Das ist erstaunlich. Denn die Neo-Rechten sind zahlenmäßig eine kleine Szene. Dadurch sind sie aber auch so wendig wie ein Speedboot, und es gelingt ihnen immer wieder, auf neue Entwicklungen aufzuspringen und sich an ihre Spitze zu setzen. Als der kleine Verein «Zukunft Heimat» im brandenburgischen Cottbus 2017 begann, asylkritische Demonstrationen zu organisieren, sprang das neurechte Kampagnen-Netzwerk Ein Prozent den unerfahrenen Veranstaltern zur Seite und eröffnete ein Jahr später zusammen mit dem lokalen Bündnis einen «patriotischen Infoladen» – um die rechten Strukturen in der Stadt zu festigen und einen Anlaufort für «besorgte Bürger» zu etablieren.

Am «patriotischen Infoladen» ist noch eine weitere Strategie der Neuen Rechten gut sichtbar. Immer wieder eignen sie sich Codes, Autoren und Aktionsformen der Linken an. Der Aktivismus wird oftmals nach dem Vorbild radikal linker Antifa-Gruppen organisiert. Vom Marxisten Antonio Gramsci war bereits weiter oben die Rede. Aber auch «Infoläden» oder «Hausprojekte» sind linke Konzepte, sie entstammen der Hausbesetzer-Szene. Ihr erstes Objekt in Halle an der Saale nennen die Bewohner der Identitären Bewegung bewusst «patriotisches Hausprojekt» – und versuchen damit Linke zu provozieren. Wenn sich die Identitären vor der CDU-Zentrale anketten oder auf das Brandenburger Tor klettern, um ein Plakat zu entrollen, dann zitieren sie damit Guerilla-Aktionen linker Gruppen und Vereine. Die Umweltschutzorganisation Greenpeace wurde bekannt, weil sich ihre Aktivisten von Kraftwerk-Kühltürmen abgeseilt haben, um Transparente zu hissen. Tierrechtler demonstrieren gegen das Töten von Schweinen und Kühen, indem sie sich vor Schlachthöfen anketten und damit die Fleischproduktion behindern wollen. Auch die Aktion «Defend Europe», bei der Identitäre mit einem gemieteten Schiff im Jahr 2017 Rettungsschiffe von Flüchtlingsorganisationen bei ihrer Arbeit stören wollten, wirkt wie eine Kopie der Aktionen des Greenpeace-Schiffes «Rainbow Warrior». Die Umweltschützer nutzen das

Schiff seit den siebziger Jahren, um Walfang-Kutter auf dem Meer davon abzubringen, die geschützten Meerestiere zu töten.

Über 130 Namen enthält unser Recherche-Dokument nach den vergangenen drei Jahren. Die meisten von ihnen haben sich in Sachsen-Anhalt, Berlin, Sachsen, Nordrhein-Westfalen und Hessen angesiedelt. Im Westen Deutschlands sitzen die Finanziers, alte konservative Denkfabriken und Verlage. In den neuen Bundesländern wurden vor allem neue Kampagnen-Plattformen und Zeitschriften gegründet. Auch die Aktivisten der Identitären Bewegung und der völkische Flügel der AfD sind hier stark vertreten. Dabei ist die Szene nicht groß: In den Hinterzimmern der Thinktanks, in den Parlamentsbüros, Kampagnen-Chaträumen im Internet und in den Zeitungsredaktionen sind nach unserer Schätzung insgesamt nicht mehr als 3000 Menschen aktiv. Gerade einmal knapp 50 Personen gehören zum Führungszirkel des Netzwerkes. Bei unseren Recherchen trafen wir oft auf die gleichen Aktivisten und sogenannten «Vordenker», die es geschickt schaffen, ihre kleinen Vereine und Gruppen nach außen hin wie mächtige Organisationen wirken zu lassen. Im Buch werden wir einige dieser Strippenzieher, meist sind es Männer, immer wieder treffen.

Das Netzwerk der Neuen Rechten
Die Bewegung

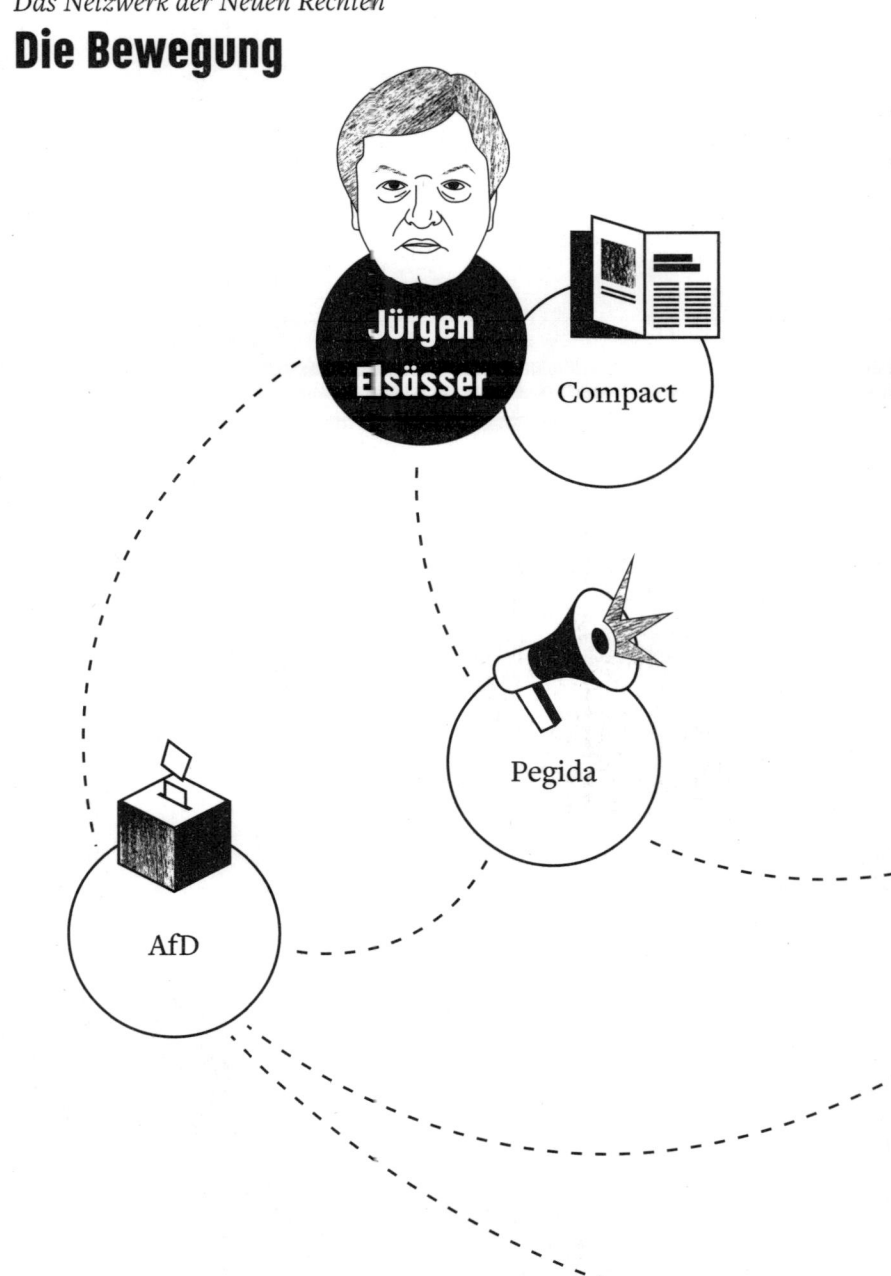

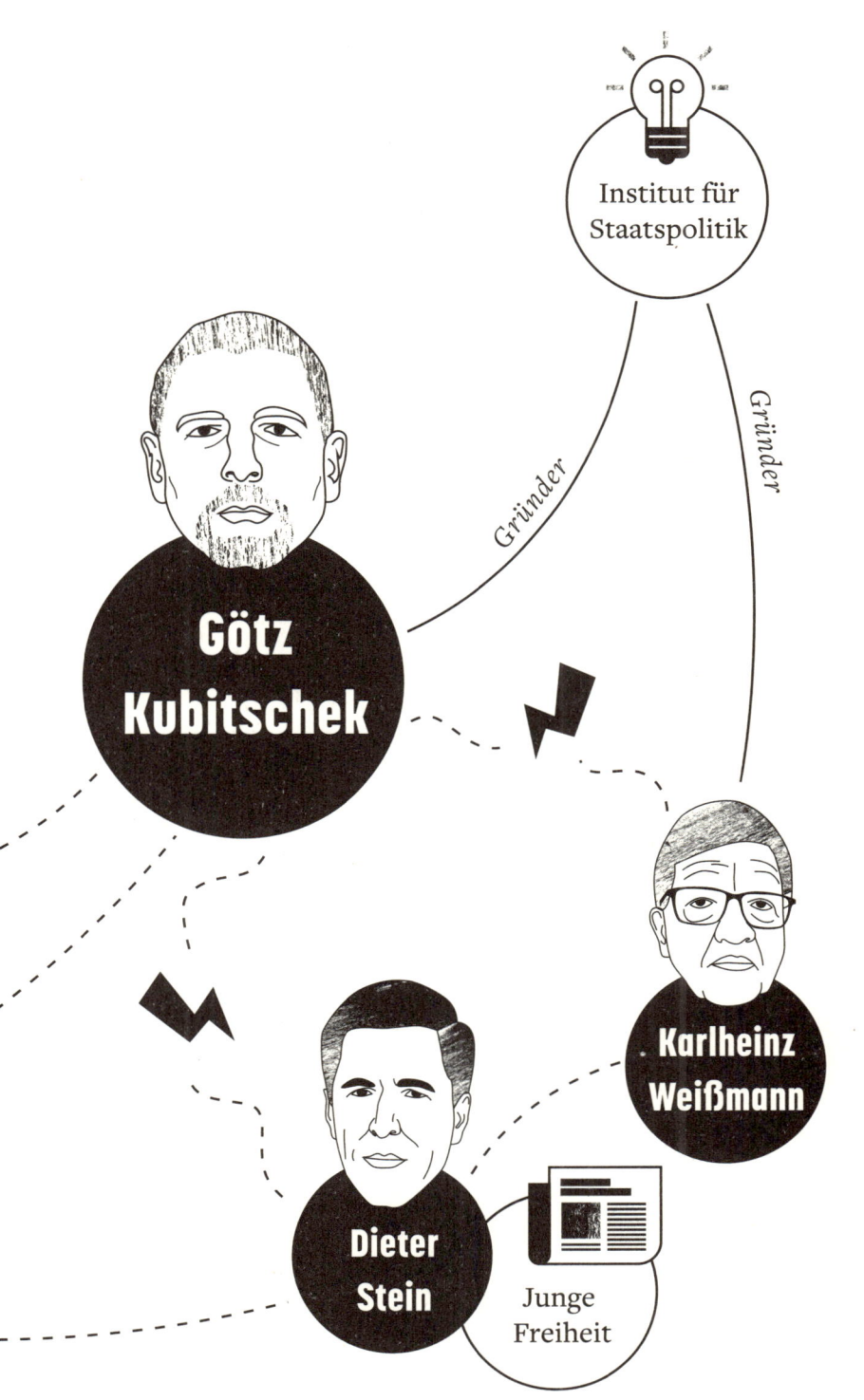

Institut für
Staatspolitik

Gründer

Gründer

**Götz
Kubitschek**

**Karlheinz
Weißmann**

**Dieter
Stein**

Junge
Freiheit

2. Im Rampenlicht

Es sind sehr unterschiedliche Menschen, die heute den Ton angeben in der Szene der Neuen Rechten. Sie unterscheiden sich nicht nur durch die pluralen Strömungen, die sie vertreten – sondern auch durch ihre Charaktere. Die meisten von ihnen arbeiten als Publizisten, Verleger und Autoren. Einige schrieben vor noch gar nicht langer Zeit als Journalisten für renommierte Verlagshäuser, andere sind tief in der rechten Szene verwurzelt und bereiten seit Jahrzehnten einen gesellschaftlichen Wandel und die «Gegenrevolution» vor. Wieder andere sind ehemalige Kommunisten, die sich dem neurechten Milieu selbst noch nicht lange zurechnen. Dass sie heute eine Phalanx bilden, die den politischen Diskurs in Deutschland maßgeblich beeinflusst, hätten einige von ihnen vor wenigen Jahren wahrscheinlich selbst noch nicht geglaubt.

Da sind die ideologisch geschulten Demagogen, die ihre Vordenker aus der Zeit der «Konservativen Revolution» sehr gut kennen, aber auch Marx lesen und die Diskurse am ganz linken Rand aufmerksam beobachten. Sie verfolgen seit Jahren die Strategie der «Metapolitik» und wollen ganz bewusst die gesellschaftliche Agenda verändern. Innerhalb der Szene gelten sie als die Intellektuellen. Zu ihnen gehören neben dem Verleger-Ehepaar Götz Kubitschek und Ellen Kositza (bürgerlich: Ellen Schenke-Kubitschek) auch Kubitscheks früherer Arbeitgeber, der *Junge Freiheit*-Verleger Dieter Stein, sowie Kubitscheks ehemaliger Partner Karlheinz Weißmann. In der jüngeren Generation gehören Felix Menzel dazu, der die Hefte *Blaue Narzisse* und *Recherche D* verlegt, und der Antaios-Lektor Benedikt Kaiser.

Die zweite Gruppe unter den neurechten Akteuren sind Menschen, die der frühe Kommunikationswissenschaftler Emil Dovifat, wohl als «publizistische Persönlichkeiten» eingestuft hätte. Sie handeln aus einer inneren Berufung heraus, haben oft eine schreiberische Begabung, die sie vor allem zur «Erziehung der Massen und deren Anleitung zum Tun und Handeln» einsetzen. Diese «Persönlichkeiten» treibt der unbedingte Wunsch nach Applaus – egal, aus welcher Ecke er kommt. Sie sind ideologisch offener und weniger theoriefest als die Intellektuellen. Damit bieten sie auch Anknüpfungspunkte für die extreme Linke und stoßen so die Türen auf für eine sogenannte «Querfront» gegen die offene Gesellschaft. Meist schreiben sie im simpleren Stil und argumentieren populistischer, um so die «Massen zu erziehen». Erfolgreichster Vertreter dieser Gruppe ist der Chefredakteur des Compact-Magazins, Jürgen Elsässer. Aber auch der Bestsellerautor Thilo Sarrazin, der Schriftsteller Akif Pirinçci oder der ehemalige Chefredakteur der Wirtschaftswoche, Roland Tichy, der heute das Heft Tichys Einblick verlegt, ist dieser Gruppe zuzurechnen.

Neben diesen Publizisten gibt es eine wachsende Anzahl meist jüngerer Aktivisten, die die Ideen der Intellektuellen auf die Straße bringen. Manchmal überschneiden sich publizistische und aktivistische Arbeit auch, so wie in der Person des Multifunktionärs Philip Stein. Er leitet nicht nur Vereine und Gruppen, sondern betreibt auch einen kleinen Theorie-Verlag und arbeitet als Autor. 2013 verfasste er zusammen mit Felix Menzel das Bändchen «Junges Europa». Darin schreiben sie, dass die Bücher der neurechten Autoren «jene intellektuellen Grundlagen» seien, «auf die der Praktiker seinen Aktivismus stützt und mit denen er ihn legitimiert». Neben Stein gehören auch die Führungsfiguren der deutschsprachigen selbsternannten Identitären Bewegung, beispielsweise Mario Müller, zu dieser Gruppe. Andere Aktivisten treiben die internationale Vernetzung voran, wie der Journalist Manuel Ochsenreiter vom Zuerst!-Magazin, oder bringen den Protest mit Pegida, «Frauenmärschen» der AfD und anderen Kundgebungen auf die Straße.

Die Gruppe, die den größten gesellschaftlichen Einfluss hat, sind die völkischen und rechten Politiker. Der radikalste unter ihnen in der AfD ist Björn Höcke. Aber auch der AfD-Vorsitzende Alexander Gauland versucht durch seine Reden innerhalb und außerhalb des Parlaments seit Jahren die Grenze des Sagbaren nach rechts zu verschieben. Ihm folgen Dutzende Landtags- und Bundestagsabgeordnete des «Flügels» der Partei. Sie alle unterhalten enge Verbindungen in die Szene. Auch als Mitarbeiter von Abgeordneten und außerhalb der Parlamente arbeiten AfD-Mitglieder etwa in Denkfabriken daran, die «kulturelle Hegemonie» zu erlangen oder über Stiftungen Projekte der Neuen Rechten zu finanzieren. Exemplarisch für jeden dieser Typen des Neurechten stellen wir hier fünf einflussreiche Köpfe vor.

Jürgen Elsässer – Der Populist

«Mein Name ist Jürgen Elsässer, ich bin Deutscher, und ich werde verhindern, dass unser Land vor die Hunde geht.» So oder ähnlich eröffnet der 62-Jährige gern in weichem Schwäbisch seine Reden. Er steht meist im schwarzen, schmal geschnittenen Anzug auf der Bühne, blond-graues gescheiteltes Haar fällt ihm ins Gesicht. Wütend spricht er dann von einem Völkervernichtungsprogramm zwischen Lissabon und Wladiwostok, wähnt Angela Merkel im Führerbunker und im «Erdodarm». Egal, ob er vor Pegida-Anhängern spricht, auf einer AfD-Wahlkampfveranstaltung oder auf Konferenzen und Seminaren seines eigenen Magazins Compact: Das Publikum, das oft aus wenigen Frauen und vielen Männern mit grauen Haaren oder Glatzen und Tattoos besteht, beklatscht ihn wütend. Elsässer hat die Menge sofort im Griff. Wo er auftritt, ist er meist der Star des Abends.

Jürgen Elsässer ist damit am Ziel seiner Träume. Er füllt Marktplätze, er hat ein publizistisches Sprachrohr, er treibt eine Bewegung voran. Mit Compact hat er ein Magazin nach seinem Abbild geschaffen: laut, schrill und immer in der Opposition. Er ist ein Dagegen-Populist, und *Compact* ist sein Dagegen-Magazin. Er hat es geschafft, wütende Bürger in Käufer zu verwandeln. Für sie ist das Magazin das letzte aufrichtige Medium, das mutig Skandale enthüllt, die von Regierung und etablierten Medien vermeintlich verschwiegen werden. Für alle anderen steht das Heft vor allem für plumpe Thesen und Verschwörungstheorien. Schon der Untertitel «Magazin für Souveränität» verweist auf die Behauptung, dass Deutschland kein souveräner Staat sei, sondern von den USA fremdbestimmt werde.

Das Magazin für alle Unzufriedenen hat Elsässer 2010 zusammen mit dem Verleger Kai Homilius gegründet – es entstand aus der erfolgreichen «Compact»-Buchreihe des Homilius-Verlags. Produziert wird das Heft zwar noch immer im Keller von Elsässers Haus in der brandenburgischen Provinz. Echte Redaktionsräume gibt es bis heute nicht. Trotzdem erreichte es mit Titeln wie «Genozid in Gaza», «Freiwild Frau», «Kalifat BRD» oder «Mutti Multikulti» schnell eine verkaufte Auflage von 40000 Exemplaren. Das sind zwar gerade einmal sechs Prozent der verkauften Auflage des *Spiegels*. Trotzdem ist dieser Erfolg beachtlich. «Wir sind klar die Nummer eins der oppositionellen Medien», triumphiert Elsässer, als wir ihn in einem seiner seltenen Interviews 2018 auf der Leipziger Buchmesse nach den Verkaufszahlen fragen. Und er fühlt sich zu noch Höherem berufen. In den USA wurde der Chefredakteur der beliebtesten rechtspopulistischen Webseite, *Breitbart*, unter Donald Trump ja sogar Chef-Berater des Präsidenten. Ist er also der deutsche Steve Bannon? «Na klar. Der ist mein Vorbild», sagt Elsässer. Später gibt er kleinlaut zu, dass die Auflage seiner Zeitschrift – im Gegensatz zu den Klicks auf *Breitbart* – seit 2015 nicht mehr weiter gestiegen ist.

Dafür hat Elsässer die Marke mittlerweile so professionell ausdifferenziert, wie es zuvor nur Großverlage etwa mit dem Abenteuer-Reportagen-Magazin *GEO* geschafft haben. Unter dem weißen *Compact*-Schriftzug vertreibt er nun auch monothematische Editionen («Schwarzbuch Lügenpresse»), Geschichtshefte und mit «Compact Pirincci» sogar ein Personality-Magazin von und über den Skandal-

Autor Akif Pirinçci. Den YouTube-Kanal des Heftes haben bis heute mehr als 15 Millionen Nutzer aufgerufen. Wöchentlich gibt es neue Videos, zu den Landtagswahlen in Sachsen-Anhalt produzierte *Compact* als erste Zeitschrift überhaupt eine eigene Wahlsendung live im Internet. Die Zugriffszahlen der Webseite haben sich seit Beginn der lauten Kritik an der Flüchtlingspolitik im Sommer 2015 verfünffacht. Die Steigerungsraten der Abonnenten bei Facebook sind im Vergleich zu anderen Medien enorm. Im Internetshop des Magazins können Unterstützer «Ami go home!»-T-Shirts für 25 Euro, das Konferenz-DVD-Set «Freiheit für Deutschland» für 49,95 Euro erwerben oder auch Taschen mit dem Magazin-Motto «Mut zur Wahrheit» bestellen – dem gleichen Slogan, den auch die AfD verwendet. Mehrmals schon hat *Compact* auf dem Titel AfD-Politikerinnen als die bessere Kanzlerin ausgerufen. Im Interview behauptet Elsässer, das Magazin habe der AfD bei der Bundestagswahl «sicherlich ein, zwei, drei Prozent gebracht». Sein Verhältnis zur Partei beschreibt er so: «Getrennt marschieren, vereint schlagen.» Er organisiert Leserreisen auf die Krim und die jährliche *Compact*-Konferenz an wechselnden Orten, mal in Berlin, in Leipzig oder in München. Dort treten neben AfD-Politikern wie Björn Höcke auch Vertreter der Identitären Bewegung und des rechten Kampagnen-Netzwerks Ein Prozent auf – auf derselben Bühne mit ehemaligen Rechtsextremisten und dem Pegida-Frontmann Lutz Bachmann. Auf den Pegida-Demonstrationen und Montagsmahnwachen sind die alarmistischen Heft-Cover («Merkel? Verhaften!») auch als Großplakate omnipräsent.

Als eine Art außerparlamentarischer Politiker hat Elsässer ein ausgeprägtes Sendungsbewusstsein und ein Gespür für Trends und politische Stimmungen. Neuen Entwicklungen passt er sich geschickt an, einen fixen politischen Kompass besitzt er nicht. In den letzten Jahrzehnten wechselte er mühelos Themen und Positionen. «Hauptsache, er bekommt Zuspruch und Wärme», sagt eine Ex-Freundin, die mehrere Jahre mit Elsässer zusammenlebte. «Jürgen möchte bewundert werden, dabei ist ihm egal, wer ihm zujubelt.» Darum provoziert er gern, denn Provokation bringt ihm Bewunderung. Er ist immer da, wo der Applaus ist. In der achtziger Jahren engagiert er sich zuerst bei den Grünen, dann beim Kommunistischen Bund (KB), schreibt für die linksradikalen Zeitschriften *Arbeiterkampf* und *Bahamas*. Schon damals habe er ein Talent zur Zuspitzung gehabt, sein Spitzname lautete «Der kleine Denker mit den großen Worten», erinnert sich ein KB-Weggefährte. Elsässer sucht Streit, er will eine Massenbewegung schaffen, eine Revolution starten. Mit der Wiedervereinigung wird er zum Mitbegründer der antideutschen Strömung innerhalb der radikalen Linken, sie richten sich gegen den neu erwachten deutschen Nationalismus. Noch 2005 sagt er stolz, dass die Idee, den Slogan «Nie wieder Deutschland!» auf Plakaten und Demos zu nutzen, von ihm kam.

In dieser Zeit startet er auch seinen Marsch durch die Redaktionen. Er kündigt seine feste Stelle als Berufsschullehrer in Pforzheim und zieht nach Berlin. Dort arbeitet er die nächsten Jahre eher kurz als lang für eine ganze Reihe linker Blätter wie *junge welt*, *Jungle World*, *konkret*, *Freitag* oder *Neues Deutschland*. Bei den Kollegen fällt er nicht nur wegen seiner Eigentumswohnung auf, sondern auch durch seinen notorischen Hang zur Selbstprofilierung. «Er ist ein radikaler Narzisst», sagt ein damaliger Freund, «Jürgen geht es immer nur um sich. Er giert danach, dass sein Name genannt wird.» Am besten gelingt ihm das, indem er sich gegen den jeweiligen Mainstream wendet. Inhalte und Themen sind ihm weniger wichtig. Schon damals sei sein Motto gewesen: «Lieber eine falsche steile These als gar keine These», sagt ein Herausgeber der *Jungle World* über ihn.

Während des Kriegs auf dem Balkan gräbt sich Elsässer in Recherchen über den Jugoslawien-Konflikt ein, ergreift früh Partei für den serbischen Präsidenten Slobodan Milošević, der später vor dem UN-Kriegsverbrechertribunal wegen Völkermord und Verbrechen gegen die Menschlichkeit angeklagt wird. Milošević lädt ihn zu sich ein. Plötzlich bewegt sich Elsässer auf der Bühne der Weltpolitik. In Serbien sieht er zum ersten Mal, wie Kommunisten und Faschisten zusammen regieren. Rechts und links sind dort keine Gegensätze. So wird Elsässer Anfang des Jahrtausends zum Querfrontler. Er selbst bezeichnet den 11. September 2001 als sein «Erweckungserlebnis», seitdem wolle er kein «uniformer Linker» mehr sein. In dieser Zeit verwirft er alte Überzeugen.

Im Jahr 1992 verfasste Elsässer noch ein Buch mit dem Titel «Antisemitismus – das alte Gesicht des neuen Deutschland», heute ruft er zum «Widerstand gegen das internationale Finanzkapital und seine Kriegsbrandstifter in Washington, London und Jerusalem» auf. 1997 schrieb er im *Neuen Deutschland* über Flüchtlinge: «Den Leuten dort bleibt gar nichts anderes übrig, als um ihrer Existenz willen nach Westen zu strömen.» Heute bezeichnet er Geflüchtete als «Migrationswaffe», die in «Wirklichkeit eine gesteuerte Invasion» der «globalen Eliten» seien. Ein «vieltausendköpfiger Lindwurm» wälze sich über den Balkan. Viele Gewalttäter kämen mit nur einem Ziel nach Deutschland. «Es geht um unsere Handys, unsere Brieftaschen, unsere Frauen, im Extremfall unser Leben», schreibt Elsässer 2016 bei *Compact* online.

1998 veröffentlichte er ein kritisches Buch über die rechtsextreme Partei DVU und forderte darin, Rechten mit Härte zu begegnen. Heute lässt er sich auf Pegida-Demos von NPD-Anhängern beklatschen.

In den Neunzigern schrieb er von der Angst vor dem Erstarken der völkischen Tradition in «Aufstand der Stämme», heute hofiert er den völkischen AfD-Politiker Björn Höcke. 2007 prangerte er den Antiislamismus noch als Vorwand der Neokonservativen an, «überall Bürger- und Freiheitsrechte abzuschaffen». Heute spricht er auf einer Demonstration vom Salafismus als «Islamofaschismus».

Früher lobte er den Antifaschismus der DDR, heute spricht er von der Antifa als «rot lackierte Faschisten». Früher war er ein Antideutscher, heute ist die Nation das Zentrum seines Denkens.

Wie sein Chefredakteur hat auch das *Compact*-Magazin schon einige thematische Kehrtwenden mitgemacht. Hatte das Heft zuerst die konservative Familie propagiert und gegen die «sexuelle Umerziehung unserer Kinder» angeschrieben, positionierte sich die Redaktion später gegen den Euro, um dann in der Ukraine-Krise Partei für Putin zu ergreifen. Dazwischen finden sich häufig krude Theorien zu den Taten des NSU, die im Magazin noch immer verunglimpfend «Döner-Morde» genannt werden. Seit 2015 dominiert jedoch ein Thema die Titelseiten: der Umgang mit den Flüchtlingen. Oder wie *Compact* schreibt: «Asylflut» und «Irrenhaus Bunte Republik». Daneben gibt es aber auch thematisch weitere Cover-Zeilen, die sich an Überwachungsgegner, Russland-Fans oder traditionsbewusste Leser wenden: «Stasi 2.0», «Patriot Putin» oder «Heimat tut gut». Mit jedem Thema erobert sich das Heft neue Zielgruppen. Es ist deshalb nicht nur rechtspopulistisch, sondern bleibt immer auch anschlussfähig zu allen Seiten – ein klassisches Querfront-Projekt. Der «*Compact*-Philosoph» Peter Feist rief tatsächlich einmal von einer Bühne: «Wir sind linke Patrioten.»

Die Zusammensetzung der Autoren des Blattes weckt jedoch Zweifel an dieser Aussage. Linke Publizisten arbeiten nicht für *Compact*. Neben der kleinen Redaktion schreibt Elsässer – unter einigen Pseudonymen – viele Texte selbst. Außerdem kommen Identitäre, Mitglieder des rechten Vereins Ein Prozent, Autoren der rechten Blätter *Junge Freiheit* und *Blaue Narzisse* wie auch Führungsfiguren des rechtskonservativen Thinktanks Studienzentrum Weikersheim zu Wort. Selbst AfD-Politiker und ein ehemaliger NPD-Landtagsabgeordneter veröffentlichen in dem Heft. Mittlerweile ist Jürgen Elsässers publizistisches Mini-Imperium zu einem Knotenpunkt im neurechten Netzwerk geworden. Mit Götz Kubitschek vom Antaios Verlag spricht sich Elsässer besonders eng ab. Kubitschek bedient die Akademiker, Elsässer den Rest. «Meine Zielgruppe ist die Friseuse», sagt er uns im Interview. Auch wenn sich das Publikum unterscheidet, eint die beiden ein gemeinsames Ziel – das zeigt sich mitunter sogar in denselben Formulierungen. «Der Riss, der sich in der CDU und den großen Medienorganen auftut, muss vertieft werden», sagt Elsässer. Die Metapher vom «Riss durch die Gesellschaft» hatte Kubitschek erst wenige Wochen zuvor öffentlich gebraucht. Schon vor Jahren schrieb Jürgen Elsässer einem Freund als Widmung in eines seiner Bücher: «Bis zur Revolution Bolschewismus, nach der Revolution Anarcho-Hedonismus.» Schon damals träumte er vom Volksaufstand. Heute redet er auf Demonstrationen, die «Reichstagssturm» heißen, und sagt öffentlich: «Wir müssen doch einen Weg finden, dieses Regime loszuwerden.» Als Unbekannte einen rassistischen Gewaltaufruf gegen Flüchtlinge in Briefkästen im brandenburgischen Nauen verteilten, fanden sich auf dem Flugblatt ganze Text-Passagen aus dem *Compact*-Magazin. Der Autor jenes Textes: Jürgen Elsässer.

Götz Kubitschek – Der Stratege

Der Mann, der den Riss in der deutschen Gesellschaft gern vergrößern würde, hat sich auf dem Land in einem vormodernen Leben eingerichtet. Aus den Besuchen von Reportern bei Götz Kubitschek im Dorf Schnellroda in Sachsen-Anhalt wissen wir, dass er seine Ziegen selbst melkt, seine Frau siezt und Bier aus einem Humpen mit einem Barbarossa-Bildnis trinkt. Vor dem Abendbrot lauscht Kubitschek mit gesenktem Haupt dem Tischspruch eines seiner sieben Kinder. Er und seine Ehefrau behaupten stets, den Dialog mit der Gesellschaft zu suchen. «Selbstverständlich laden wir (und luden wir stets) alle Gegner herzlich auf unsere Podien zum Reden ein. (...) Nur: Traut sich ja keiner!», schrieb Ellen Kositza 2018. Mit uns wollten Kubitschek und seine Ehefrau Ellen Kositza jedoch nicht sprechen.

Wir sind keine Gegner, sondern Reporter. Und zuerst sagt Kubitschek auf unsere Anfrage auch grundsätzlich zu. Doch einige Tage später überlegt er sich es anders: «ich habe an einem gespräch kein interesse. gruß! Kubitschek.» Inhaltliche Fragen, die wir ihm per Mail zusenden sollen, sind bis heute unbeantwortet geblieben. Dabei hatten wir viele Fragen an den Mann, der gern schwarze Hemden und die Haare kurz geschoren trägt, den die Medien zum «schwarzen Ritter» geschlagen haben. Denn Kubitschek ist der Spiritus Rector der Nationalrevolutionäre in Deutschland. Er ist der «Vordenker der Neuen Rechten», ein Strippenzieher hinter der schleichenden «kulturellen Revolution von rechts». Seit zwei Jahrzehnten bereitet er die Eroberung der «kulturellen Hegemonie» mit seinem Institut für Staatspolitik vor. Er schreibt, redet, berät. Er entdeckt und fördert Talente. Er gründet Kampagnennetzwerke und betreibt Theoriearbeit. Und er erarbeitet Strategien für die Realpolitik der AfD, spricht vor Tausenden bei Pegida.

Wie sollen wir also über den Kopf der Szene schreiben, wenn der nicht reden will? Die Kubitscheks haben über die Jahre Dutzende Schriften verfasst. Wir lesen also, in seiner Zeitschrift *Sezession* und in Büchern seines Antaios Verlags, schauen Dokumentarfilme, sprechen mit Wegbegleitern und Mitarbeitern. Und wir beantragen Unterlagen, die uns Aufschluss geben über Kubitscheks Unternehmungen, Dokumente der Stiftungsaufsicht und des Registergerichts. Wir besuchen seine «Staatspolitischen Salons», schauen uns seine Auftritte an: in Schnellroda, Dresden, Leipzig und Magdeburg.

Kubitschek wächst in Schwaben auf, im Wendejahr 1990 geht er nach seinem Abitur zur Bundeswehr und bleibt der Armee nach dem Grundwehrdienst als Oberleutnant der Reserve erhalten. Während seines Lehramtsstudiums wird er Mitglied der Deutschen Gildenschaft, eines völkisch-nationalistischen Studentenbunds. Schon als deren Vorsitzender soll er sich dafür eingesetzt haben, dass das «Deutschlandlied» wieder in allen drei Strophen gesungen wird. In seinen Jahren bei der Gildenschaft lernt er Karlheinz Weißmann, Dieter Stein und Peter Felser kennen. Alle drei werden seine politische Entwicklung begleiten. Noch während seines Studiums wird Kubitschek Redakteur der von Stein gegründeten rechten Wochenzeitung *Junge Freiheit*. Mit dem Bundeswehr-Kameraden Felser, der damals den Republikanern nahesteht, publiziert Kubitschek sein erstes Buch, eine Reportagensammlung über ihren Bundeswehreinsatz in Bosnien.

Felser ist heute stellvertretender Fraktionsvorsitzender der AfD im Bundestag. Zur Jahrtausendwende gründet Kubitschek in hessischen Bad Vilbel zusammen mit seinem Gilden-Bundesbruder Weißmann das Institut für Staatspolitik. Seit 2003 sitzt das Institut in Schnellroda – zusammen mit dem angeschlossenen Antaios Verlag und der Zeitschrift *Sezession* (siehe Kapitel 4). Später entzweit er sich mit Karlheinz Weißmann. Auch zu Dieter Stein reißt die Verbindung ab, dessen Kurs erscheint Kubitschek mittlerweile nicht radikal genug. Während Stein daran arbeitet, die Auflage der *Jungen Freiheit* zu erhöhen und seinen Leserkreis auf bürgerliche Konservative auszuweiten, wird Kubitschek zum Aktivisten.

Mit der von ihm gegründeten «Konservativ-Subversiven Aktion» (KSA) übernimmt Götz Kubitschek 2008 die Guerilla-Taktiken der Linken und stört Veranstaltungen seiner Gegner. Dafür schart er eine Gruppe von Schülern und Studenten um sich. Schon damals halten sie ihre Aktionen in Videos fest. Eines zeigt, wie Götz Kubitschek mit einer Leiter auf den Balkon der Humboldt-Universität in Berlin klettert, ein Plakat befestigt und Flugblätter in eine Veranstaltung der Linksjugend wirft. Ein anderes Mal stürmt ein KSA-Anhänger im FDJ-Hemd die Sitzung des Chemnitzer Stadtrats und liest eine Erklärung vor. Die «rechte Kommunikationsguerilla» stört die Lesungen des Literaturnobelpreisträgers Günter Grass und des damaligen grünen Europa-Politikers Daniel Cohn-Bendit. Auf einem Foto von damals hält der *Blaue Narzisse*-Herausgeber Felix Menzel ein Plakat mit dem Aufdruck «Daniel redet vom Wetter. Wir nicht.» vor Cohn-Bendits Gesicht. Menzel ist auch dabei, als Kubitschek sich 2009 in der Kantine einer Berufsschule in Chemnitz verschanzt, um das Wandbild eines Schülers vor der Übermalung zu retten. Der junge Künstler hatte die *Blaue Narzisse* mitgegründet und engagiert sich heute in der rechten Wählervereinigung Pro Chemnitz. Das Video, in dem die Gruppe Stühle und Tische vor die Tür der Kantine schiebt und dann *Junge Freiheit* liest, bis die Polizei kommt, ist heute noch auf YouTube zu finden. In der Aufzeichnung dieser Aktion zivilen

Ungehorsams ist neben Kubitschek und Menzel noch ein dritter Mann zu erkennen.

Es ist Benedikt Kaiser, ein damals noch 22 Jahre alter Neonazi. Aus seiner Heimat in Bayern ist er fürs Studium nach Sachsen gezogen, hat sich dem «Nationalen Widerstand» angeschlossen, einer rechtsextremen Kameradschaft autonomer Nationalisten. Über die rechte Szene in Chemnitz lernt er Menzel kennen und besucht mit ihm eine Veranstaltung des Instituts in Schnellroda. Götz Kubitschek bietet ihm ein Praktikum an, Kaiser nutzt die Chance. Als eine Art Mentor macht ihn Kubitschek in vielen Gesprächen auf die Widersprüche in der Ideologie der Alten Rechten aufmerksam. So erzählt es uns Kaiser Jahre später. Immer stärker habe er damals an der Verklärung des Nationalsozialismus durch seine rechtsextremen Kameraden gezweifelt, Kubitschek habe ihm stattdessen die Autoren der «Konservativen Revolution» zu lesen gegeben. Irgendwann sei er nicht mehr zu Neonazi-Aufmärschen gegangen, sondern habe begonnen, selbst Aufsätze zu schreiben, über «Eurofaschismus und bürgerliche Dekadenz» etwa. Es ist ein leiser «Ausstieg» aus dem Extremismus, sagt Kaiser heute, ohne offensichtlichen Bruch, der nach außen hin sichtbar gewesen wäre. Manche seiner Positionen sind immer noch radikal. Im Gespräch mit uns relativiert er die tödliche Gefahr, die in Deutschland von rechts ausgeht. Ja, eventuell habe es seit 1990 fast 170 Opfer rechter Gewalt gegeben. Aber Linke würden auch Gewalt ausüben, psychische zum Beispiel, indem sie Personen in der Öffentlichkeit als Rechte outen würden. Heute ist Kaiser Lektor in Kubitscheks Antaios Verlag und gehört zu den wichtigsten Autoren der Szene. Anstatt mit seinen Kameraden durch die Straßen von Chemnitz zu ziehen, überlegt er jetzt, was die Neue Rechte von linken Autoren lernen kann; «Marx von rechts» heißt seine aktuelle Veröffentlichung. Kaiser engagiert sich auch beim Institut für Staatspolitik, organisiert heute selbst Seminare, Akademien genannt, publiziert und lädt zu Salons in ganz Deutschland. Wie würde er selbst seine Aufgabe bezeichnen?, fragen wir ihn. «Wie jeder andere Publizist im neurechten Milieu versuche ich als Influencer zu wirken», sagt er. Diese Karriere begann in der «Konservativ-Subversiven Aktion.» Die kleine Gruppe überraschte 2008 und 2009 mit plötzlichen Aktionen im öffentlichen Raum. Sie entrollte Plakate von Häusern, störte Veranstaltungen, filmte ihre Aktionen und stellte sie ins Netz: Genau diese Methode nutzt heute auch die Identitäre Bewegung, um mediale Aufmerksamkeit zu erlangen. Und obwohl die KSA nach zwei Jahren bereits wieder eingeschlafen war, hat Kubitschek damit die Vorlage für den neurechten Aktivismus von heute geschaffen. «Wenn die Identitären je meine Schüler gewesen wären, hätten sie mich längst übertroffen», sagt Kubitschek in einer Rede auf dem IB-Festival «Europa Nostra» in Dresden 2018.

Als Kopf der KSA offenbart Kubitschek noch eine weitere Fähigkeit: Früh erkennt er Talente und bildet sie aus. Nachdem Kubitschek eher zufällig Felix Menzel, den damals erst 20-jährigen Chefredakteur einer rechten Schülerzeitung, kennenlernt, lädt er ihn auf die Akademien seines Instituts ein und nimmt ihn als Mitglied in die KSA auf; heute ist Menzel ein relevanter Verleger des Milieus. Bei Philip Stein lief es ähnlich: Ihn entdeckte Kubitschek in den Reihen der Deutschen Burschenschaft (DB), heute leitet er das rechte Kampagnen-Netzwerk Ein Prozent. Martin Sellner, der prominenteste Identitäre im deutschsprachigen Raum, lernte er bei einem Besuch der génération identitaire in Frankreich kennen und lud ihn zu sich nach Schnellroda ein. Dort lebte der Österreicher einige Monate, um sich das Rüstzeug für den gemeinsamen politischen Kampf zu holen. Kubitschek hat viele heutige Funktionäre der Neuen Rechten auf diese Weise entdeckt. Die Saat der vergangenen Jahre geht jetzt auf. Die Aktivisten, die er geschult hat, besetzten nun Positionen bei der AfD und im vorpolitischen Raum, bei den Identitären, in Verlagen, bei einer rechten Gewerkschaft.

Als der riesige Erfolg von Thilo Sarrazins Buch «Deutschland schafft sich ab» fremdenfeindliche Vorurteile schürt und Tabus in der Gesellschaft bricht, erkennt Götz Kubitschek seine historische

Chance. «Sarrazin war ein Rammbock», sagt er. Zusammen mit einem Politiker der Republikaner veröffentlicht Kubitschek damals das Buch «Deutsche Opfer, fremde Täter» im eigenen Verlag. Fälle von kriminellen Ausländern werden darin zu einem «Vorbürgerkrieg» stilisiert. Es ist der Versuch, in Sarrazins Fahrwasser zu schwimmen. Kubitschek versteht es als einer der Ersten, die Stimmung im Land für sich und die Neue Rechte zu nutzen. Früh erkennt er, welche Themen massentauglich sind. Nach der Gründung der AfD, im März 2013, notiert Kubitschek, der Euro sei das «feine Thema, das Türöffner-Thema, und unsere Themen kommen hinterdrein gepoltert, wenn wir nur rasch und konsequent genug den Fuß in die Tür stellen». Heute berät Kubitschek einzelne Politiker der AfD und beeinflusst über den völkischen «Flügel» um Alexander Gauland, Björn Höcke oder Hans-Thomas Tillschneider massiv die Linie der größten Oppositionspartei im Land. Mit der «Erfurter Resolution» von 2015 hat diese Strömung ihr Programm für die AfD vorgestellt: weg vom «Technokratentum» der bürgerlichen Mitte, hin zur patriotischen «Widerstandsbewegung.» Radikal statt gemäßigt. Jeder Satz atmete den Geist von Schnellroda.

Auch wenn Kubitschek nicht mit uns redet; er und seine Leute beobachten genau, was wir tun. Das merken wir immer wieder an Details. Im Sommer 2018 treffen wir zufällig einen Mitarbeiter seines Verlags im Haus der Identitären in Halle. Nach einer Lesung unterhalten wir uns an der holzvertäfelten Bar des Salons. Im Kühlschrank steht «Pils Identitär», im Regal Kraken-Rum, aber alle im Raum trinken Mate-Tee aus Flaschen. An der Wand hängt ein Blatt Papier in einem Rahmen, auf dem in Runenschrift «Schutzraum» steht. Nach ein paar Minuten bekommen wir zu hören: «Sie sind doch auch so ein Linksextremist.» Wir sind überrascht, wie komme er denn darauf? Wegen unserer Artikel? Nein, die seien weitestgehend objektiv. Warum dann? Auf Twitter hatte einer von uns vor einigen Wochen in einem Foto das «Dokumentationsarchiv des österreichischen Widerstandes» verlinkt. Das Archiv ist eine staatliche Stiftung, die zu den Verbrechen des NS-Regimes forscht. Eine offizielle Bildungseinrichtung der Republik Österreich.

Dem Lektor gilt sie offenbar als linksextrem. Sein Chef Kubitschek scheint ähnlich empfindlich zu sein. Als wir ihn fragen, wieso er uns nicht empfangen will, schreibt er uns: «ich habe meine medienstrategie geändert. überprüfen Sie die wortwahl Ihres tweets über die afdveranstaltung am kommenden freitag in schnellroda.» Kubitscheks Verachtung der bürgerlichen Presse ist nicht neu. «Wozu sich erklären?», schrieb er bereits vor über zehn Jahren. «Wozu sich auf ein Gespräch einlassen, auf eine Beteiligung an einer Debatte?», heißt es in dem Bändchen «Provokationen». Und weiter: «Nein, diese Mittel sind aufgebraucht und von der Ernsthaftigkeit unseres Tuns wird Euch kein Wort überzeugen, sondern bloß ein Schlag ins Gesicht.» Das klingt radikal. An anderer Stelle wird er noch deutlicher. «Unser Ziel ist nicht die Beteiligung am Diskurs.» Er wolle nicht mitreden, nicht den «Stehplatz im Salon, sondern die Beendigung der Party».

Kubitschek schwebt keine Reform des Landes vor, sondern eine Restauration. Seine Vision von Deutschland lebt er mit seiner Familie bereits vor. Es wäre eine Gesellschaft, in der Kinder wieder altgermanische Namen tragen, in der Männerchöre altertümliche Volkslieder singen und die Männer abends in der Dorfkneipe in «herrlichen Kämpfen» ihre Kräfte messen. Anstatt in anonymen, liberalen Großstädten fände das Leben in bäuerlichen Selbstversorger-Gemeinschaften statt – ohne Migranten, ohne Flüchtlinge. Geführt würde Kubitscheks Land mit harter Hand. Von wenigen zwar, die aber verträten den vermeintlichen «Volkswillen», anstatt ständig in Parlamenten zu diskutieren. Mit diesen Vorstellungen ist Kubitschek ganz nah bei jenen Begründern der «Konservativen Revolution», die er so glühend verehrt. Sie seien «radikal und kompromisslos» gewesen, revolutionär und bereit für «einen Umsturz».

Als ein Fernsehteam des Senders *3sat* Kubitschek 2011 in seinem Büro besucht, steht auf seinem Schreibtisch ein schwarzer Gartenzwerg, der den Hitlergruß zeigt. In der *Sezession* verharmlost er den Nationalsozialismus, als er über Weltkrieg und Massenvernichtung lediglich lapidar schreibt, damals habe «man den Bogen überspannt». Damit relativierte er die deutsche Schuld an Massenmord, Weltkrieg und Holocaust. In seiner Bibliothek in Schnellroda stehen die Memoiren von Leni Riefenstahl, der Propagandafilmerin des Dritten Reichs, und ein Buch von Karl-Heinz Hoffmann, der in den siebziger Jahren eine rechtsextreme und dann verbotene Wehrsportgruppe aufgebaut hatte – so beobachtete es die *FAZ* bei ihrem Besuch. Der Biedermann kann aber auch Brandstifter. Bei Pegida rief er 2015 von der Bühne: «Es ist gut, dass es jetzt kracht!» Die Menge antwortete: «Widerstand!» Ein anderes Mal rief er zum gezielten Rechtsbruch auf, die Bürger sollten die Zufahrten zu Flüchtlingsunterkünften versperren und anfangen, «Grenzzäune» aufzubauen, um dem «Staat Beine zu machen». Kubitschek wähnt sich selbst in einem «geistigen Bürgerkrieg». Bürgerkrieg, das klingt nach Gewalt und Straßenschlachten. Damit offenbart er, dass er eben nicht nur Intellektueller ist, sondern auch militanter Aktivist. «Stoßtrupp oder Massenauflauf», alles andere sei hilflos, schrieb er einmal.

Philip Stein – Der Nachwuchs

Philip Stein sitzt im Büro seines Vereins Ein Prozent in Halle und überlegt lange. Er versucht sich und uns zu erklären, wie er so schnell zu einem prägenden Akteur der Neuen Rechten in Deutschland werden konnte. An einen Schlüsselmoment könne er sich nicht erinnern, sagt er schließlich, «da muss ich Sie leider enttäuschen». Das sei eigentlich «ganz banal» gewesen. Sein Aufstieg begann mit einem Praktikum vor fünf Jahren, als er für drei Monate nach Dresden kam, um bei der *Blauen Narzisse* mitzuarbeiten. Stein ist heute der unbekannteste Bekannte unter den Strippenziehern der Szene. Er hat schwarze Haare, trägt einen stets gegelten Seitenscheitel und getrimmten Vollbart, oft in Kombination mit Hemd und Sakko. Offiziell studiert er noch, doch er kommt in diesen Tagen selten dazu. Von Dresden aus, der «Hauptstadt des Widerstandes», organisiert er heute den außerparlamentarischen Protest im ganzen Land und unterstützt diverse rechte Projekte, die gesellschaftliche Nischen besetzen sollen: von Kundgebungen über eine rechte Gewerkschaft bis zu völkischen Rappern. Die Gegenrevolution will er mit Hilfe von besorgten Bürgern, Betriebsräten und Beats starten.

Der junge Stein (der nicht verwandt ist mit Dieter Stein) ist beides: Denker und Aktivist. Als Verleger von Mentoren der französischen Neuen Rechten sowie als Autor für *Sezession* und *Blaue Narzisse* leistet er Theoriearbeit. Als Vorsitzender des neurechten Kampagnen-Vereins «Ein Prozent für unser Land» sammelt er Geld für fremdenfeindliche Projekte (siehe Kapitel 4), besorgt Jobs und Mitarbeiter, verbindet die Szene ins Ausland. Obwohl Stein erst 28 Jahre alt ist, berät er mittlerweile sogar die AfD-Fraktion im Bundestag.

Philip Stein wächst in einem 500-Einwohner-Dorf in Nordhessen auf. Seine Eltern seien «ganz normale Durchschnittsbürger», ohne Parteibindung, über Politik diskutiert hätten sie eigentlich nie. Sein Vater ist Jazz-Musiker, der Sohn liest Bücher von Christian Kracht und hört gern Hip-Hop. Mit 16 Jahren gründet er eine Computerspiel-Mannschaft und nennt sich im Netz auf Spiele-Portalen «Germany PhiLLer». Mit «Zielstrebigkeit und Ehrgeiz» wolle er «mit anderen Gamern etwas auf die Beine stellen», heißt es auf der Seite der Gruppe. Während der Abiturphase an seinem Gymnasium in Fritzlar verfasst Stein einen Essay und schickt ihn an mehrere Zeitungen. Er bekommt keine Antwort. Nur die *Preußische Allgemeine Zeitung* meldet sich zurück. Der Text wird zwar nicht gedruckt, aber die rechtskonservative Redaktion erkennt sein Talent, so erzählt es Stein uns heute. Von nun an schreibt er als freier Autor für das Blatt – über die Frauenquote, «linke Hetzkampagnen» und die Medien, die Burschenschaften nur als «böse Rechte» darstellen würden. Zwar findet er die Wochenzeitung heute «brutalst langweilig»; und doch war die *Preußische Allgemeine* sein Einstieg in die Szene.

Nach dem Abitur zieht er nach Marburg, um Geschichte zu studieren. Dort wird er Mitglied der pflichtschlagenden rechten Burschenschaft Germania und zieht in deren Burschenhaus ein. Einige seiner damaligen Bundesbrüder stammen aus freien Neonazi-Kameradschaften, sie sind in der NPD-Jugend aktiv oder im rechtsextremen Jugendverband Junge Landsmannschaft Ostdeutschland. Als Student schreibt Stein lieber für neurechte Blätter, als sich um seine Hausarbeiten zu kümmern. Seinen Ehrgeiz lenkt er weniger auf die historischen Vorlesungen als auf das Verbindungsleben. Auf einem Foto aus dieser Zeit steht er im Kettenhemd mit dem schwarz-weiß-roten Couleur-Band seiner Burschenschaft neben einem blutüberströmten Fechter. Er wird zum Sprecher der Germania Marburg gewählt, organisiert Vorträge und leitet ab 2015 auch den bundesweiten Dachverband der rechten Studentenbünde, die Deutsche Burschenschaft. Dort strafft er die Organisation, wirbt neue Mitglieder und bringt den Bund auf strammen Kurs. Als Götz Kubitschek die Idee zum Kampagnen-Netzwerk Ein Prozent hat, fragt er Stein, ob er den Verein leiten möchte. Zusammen mit Jürgen Elsässer gründen sie den «Ein Prozent e.V.». Heute ist Stein der Kopf des Vereins. Als wir Elsässer fragen, wie seine Rolle bei dem angeblichen «Bürgernetzwerk» heute aussieht, gibt er zu, dass er von den aktuellen Aktionen nicht viel mitbekommt. «Wenn es was abzusprechen gibt, dann rufe ich den Philip an.»

Stein scheint der perfekte Mann für das Projekt zu sein. Kubitschek hat ihn «metapolitisch» geschult und ihm das Konzept der «kulturellen Hegemonie» nahegebracht. «Wir wollen die Gesellschaft mit unseren Werten prägen, wie die 68er», sagt Stein in einer Rede in Dresden im Sommer 2018. Weil Aufsätze dafür nicht reichen, gibt es Ein Prozent. Das Kampagnen-Netzwerk soll der Brandbeschleuniger sein, mit dem Graswurzel-Initiativen groß gemacht werden, um mit ihnen den vorpolitischen und kulturellen Raum zu erobern. Im März 2018 schreibt Stein im Rundbrief des Vereins: «Wie immer sind wir hinter den Kulissen schon zwei Schritte weiter und bereiten den nächsten

Angriff auf die Macht des Establishments vor. Stück für Stück werden wir uns unser Land zurückholen – in den Parlamenten, auf der Straße, in den Betrieben, Schulen und Universitäten, an jedem Ort.» Die Neuen Rechten werden nur mit einem «Mosaik des Widerstandes» erfolgreich sein, ist sich Philip Stein sicher. «Alle patriotischen, konservativen und rechten Kräfte zusammen gegen das liberale Establishment», erklärt er das Konzept auf dem «Europa Nostra»-Festival. Ein Mosaiksteinchen ist sein eigener *Jungeuropa*-Verlag. Hier bringt er seit 2016 rechte Vordenker der französischen Nouvelle Droite heraus, wie Alain de Benoist oder Dominique Venner, der Mitglied einer rechten Untergrund-Terrororganisation war. Auch ein Werk des Faschisten Pierre Drieu la Rochelle hat Stein in sein Programm aufgenommen. Ihn zitiert Stein gern mit den Worten «Wir wollen keinen Wahlsieg oder akademischen Erfolg: wir wollen die Revolution als Ereignis, bei dem sich das Denken und die Aktion vereinigen.» Die Bücher erscheinen in kleinen Auflagen, um die 1000 Exemplare, die laut Stein jedoch fast komplett abverkauft werden. Bisheriger Verkaufsschlager: Benoists Werk «Kulturrevolution von rechts».

Als Multifunktionär wächst Steins Einfluss ständig. Als die AfD 2016 in einen Landtag nach dem anderen einzieht, freut er sich mit einem alten Kameraden in einem Internet-Chat, den die *Kontext*-Wochenzeitung veröffentlichte: «Jetzt haben wir die Chance, da Leute zu platzieren (...) Götz sagt, du sollst ihm Bewerbung schicken.» Gemeint ist Götz Kubitschek. Wenig später wird Steins Bundesbruder, ein ehemaliger NPD-Landesvorstand, als Mitarbeiter der AfD-Fraktion in Baden-Württemberg eingestellt. Aber Stein organisiert nicht nur Jobs, er berät auch inhaltlich. So liefert er Informationen und Recherchen zu Kleinen Anfragen, die AfD-Politiker dann im Landtag einbringen. Der größte Coup gelingt Stein jedoch im Sommer 2018. Die AfD lädt ihn als Experten in den Bundestag ein, um zu beraten, wie man gemeinsam gegen Programme gegen Rechtsradikalismus vorgehen könne.

Aus seiner politischen Überzeugung macht Stein kein Geheimnis.

«Wenn der Begriff nicht so vorbelastet wäre und man nicht sofort an Skinheads denken würde, könnte man sagen: rechtsradikal.» Auf Bühnen spricht er vom «großen Umbruch», sieht das «Volk auf den Barrikaden». Den Deutschen, so sieht Stein es, mangele es an Stolz. Sie seien ein «kastriertes Volk ohne jegliche Selbstachtung» und irrten deshalb ziellos durch die Geschichte, sagte er in einem Interview. Solche Gedanken und Formulierungen könnten auch von Neonazis stammen. Stein sucht immer wieder ihre Nähe. Bei einem Lesertreffen des NPD-nahen Magazins *Umwelt & Aktiv* sprach er über das Thema «Überbevölkerung und Ökologie». Auch bei den Rechtsextremen der Casa Pound in Italien trat er schon auf und unterstützt mit Ein Prozent die rechtsextremen Identitären mit Spendengeldern.

Im Gespräch betont Stein stets, dass er Gewalt als Mittel der politischen Auseinandersetzung ablehne. Dabei ist er selbst in der Vergangenheit bereits gewalttätig geworden. Als sich im April 2017 die AfD-Jugendorganisation in Marburg traf, wollten Fotografen vor dem Gebäude das Treffen dokumentieren. Plötzlich stürmte eine Gruppe Vermummter aus dem Haus. Fünf Männer in weißen Hemden und Sturmhauben griffen die Journalisten mit Pfefferspray und Schlagstöcken an. Fotos im Internet zeigen, dass einer von ihnen Philip Stein war. Der politische Kurswechsel muss auf der Straße erzwungen werden, sagte Stein in einem Interview mit einer rechten italienischen Zeitung. «Notfalls auch mit Boykotten und zivilem Ungehorsam.» Bereits 2013 lässt er erkennen, dass sich Gewalt in seinen Augen durchaus politisch rechtfertigen lässt. Damals veröffentlicht er zusammen mit Felix Menzel ein Buch mit dem Titel «Junges Europa». Sie schreiben: «Die Ausweglosigkeit der Situation in Deutschland führt kritische Geister unweigerlich zu schweren Gewissensentscheidungen: Bleibt nur noch der Weg in die Illegalität?» Das klingt eher nach NSU oder RAF als nach politischer Teilhabe und Parlamentarismus.

Dieter Stein – Das Gehirn

Vom Maritim-Hotel in Köln sind es nur ein paar Schritte zur Deutzer Brücke, die über den Rhein zum Kennedy-Ufer führt. Einige hundert Meter entfernt liegt das Schokoladenmuseum, jedes Jahr kommen Zehntausende Touristen hierher. An diesem Wochenende im April 2017 aber sind die Straßen leer. Fast leer. Rund um das Maritim marschieren Hundertschaften der Polizei; Wasserwerfer und Räumpanzer stehen hinter Absperrungen bereit, in der Luft über der Kölner Altstadt kreist ein Hubschrauber. Drei Mal müssen wir unseren Presseausweis vorzeigen, müssen den Beamten erklären, dass wir keine Demonstranten sind, sondern zum AfD-Parteitag wollen, bis wir endlich in der Lobby des Hotels stehen. Morgen wird in dem Saal ein zweitägiger Streit um die Macht in der Partei beginnen, vor den Augen der versammelten deutschen Presse. Am Ende wird die damalige Vorsitzende Frauke Petry als Geschlagene und Alexander Gauland als Sieger dastehen. Aber so weit ist es noch nicht an diesem Freitagabend.

Die AfD hat zum Hintergrundgespräch geladen. In einem Séparée am Kopfende des Hotels hat sich der gesamte Bundesvorstand eingefunden, um im Vorfeld des Parteitags mit Journalisten über das Programm der nächsten beiden Tage zu sprechen. Was an diesem Abend gesagt wird, darf nicht zitiert werden – so sind die Regeln. In dem kleinen Raum gibt es Häppchen und Getränke, Frauke Petry steht neben ihrem Mann Marcus Pretzell und umringt von Journalisten an der einen Seite des Raums, an der anderen steht Alexander Gauland, auch er im Gespräch mit der Presse. Die beiden taxieren einander, wissen sie doch, dass der Richtungsstreit, der die AfD nun schon seit Monaten gefangen hält, an diesem Wochenende entschieden wird. Der Showdown um die Macht in der Partei hat begonnen.

Kaum jemand kennt den schwelenden Konflikt zwischen Petry und Gauland besser als Dieter Stein. Auch er ist an diesem Abend mit im Raum, ein schlanker Mann im Anzug und mit Seitenscheitel. Unter den Journalisten fällt er nicht auf, er ist einer von ihnen. Und gleichzeitig ist er es nicht. Stein ist Chefredakteur der Wochenzeitung *Junge Freiheit*, der wichtigsten nationalkonservativen Zeitung in Deutschland. Er hat den Aufstieg der AfD von Beginn an begleitet, nannte den Parteigründer Bernd Lucke einst «den Unverzichtbaren»; Petry war für ihn «die Kämpferin», Alexander Gauland «der Prinzipientreue». Die AfD ist für Stein nicht nur Gegenstand seiner Berichterstattung. Sie ist seine politische Hoffnung auf ein anderes Deutschland. Schon 2011 beklagte er in einem Interview, dass es keine politische Alternative «im weiten Raum zwischen der CDU/CSU und der NPD» gebe. Heute gibt es diese Alternative. Und Stein ist eng mit ihr vernetzt; ganz öffentlich, schließlich liegen seine Zeitungen auf fast jeder AfD-Veranstaltung aus, aber auch im Verborgenen.

Stein, Jahrgang 1967, ist in Freiburg im Breisgau aufgewachsen, damals wie heute eine linksalternative Insel im konservativen Baden-Württemberg. Sein Vater war Militärhistoriker und Oberstleutnant der Bundeswehr, seine beiden Schwestern, so erzählte es Stein einmal der *Zeit*, hätten sich früh bei den Grünen engagiert. Er jedoch trat schon als Schüler am Kolleg St. Sebastian der Jungen Union bei, diskutierte mit seinen Lehrern und Mitschülern über die Notwendigkeit der deutschen Wiedervereinigung und ärgerte sich über den Langmut seiner Schulkameraden in dieser Frage. Götz Kubitschek zitiert in seiner Festschrift «20 Jahre *Junge Freiheit*» aus einem Artikel, den Stein 1988 in der Abiturzeitung seines Jahrgangs veröffentlichte: «Ich hatte in den sieben Jahren am Kolleg keinen Geschichtslehrer, der nicht bestens die Interessen der die Teilung rechtfertigenden Mächte aufrechterhalten hätte. Schüchtern vorgetragene Fragen, wieso Deutschland geteilt ist, und was man für die Einheit tun könne, Fragen also, wie sie sich die Väter des Grundgesetzes wünschten, werden hohnlächelnd vom Tisch gewischt, die Fragestellenden bisweilen als naiv, blauäugig etc. lächerlich gemacht.» Schon damals, mit Anfang 20, beklagte der Abiturient Dieter Stein einen linken Mainstream, der die Denkfreiheit im Land bedrohte. Diese Ansicht legte Stein nie mehr ab.

Er trat der rechten Partei Die Republikaner bei, wechselte dann zu deren erfolgloser Abspaltung Freiheitliche Volkspartei und gründete eine Jugendzeitung: die *Junge Freiheit.* Das Blatt entwickelte sich über die Jahre zu einer zentralen nationalkonservativen Publikation, rechts der CDU und auch rechts der CSU – wobei Stein selbst, anders als rechtsextreme Autoren, stets darauf achtete, die Schuld Deutschlands am Holocaust anzuerkennen und klar zu verurteilen. Nicht alle Autoren der *Jungen Freiheit* folgten dieser Linie: etwa der Vertriebenenfunktionär Hans-Ulrich Kopp und der NPD-Mann Andreas Molau, die beide in den neunziger Jahren für Steins Zeitung schrieben. Zeitweise erwähnte der Verfassungsschutz das Blatt in seinen Berichten, weil sie «rechtsextremistischen Autoren weiterhin vereinzelt ein Forum» bot.

Wie tief die *Junge Freiheit* in der rechten Szene verankert ist, zeigt eine unserer Recherchen aus dem Jahr 2011 in Eisenach. Wir sind beim «Burschentag», dem Jahrestreffen der stramm rechten Deutschen Burschenschaft auf der Wartburg in Thüringen. Nach dem Festakt marschieren die Burschen mit ihren farbigen Schärpen um den Bauch zurück ins Hotel. Das Bier fließt in große Gläser, auf der Terrasse des Hotels brennen Fackeln, auf dem Grill liegen Steaks und Bratwurst, die Stimmung ist gelöst. Zwischen den feiernden Burschen liegen stapelweise Zeitungen auf den Bierbänken aus. Es ist die *Junge Freiheit.* Titelstory: «Der Kampf um Berlin».

Jahrelang fristete die Wochenzeitung ein Dasein in ebendieser Nische: zu weit rechts für den Massenmarkt, zu nationalistisch, zu verbohrt. Seit Anfang der 2000er Jahre aber steigt die Auflage der *Jungen Freiheit* konstant, heute liegt sie bei knapp 30000 verkauften Exemplaren – doppelt so viel wie noch vor gut zehn Jahren. Voller Euphorie begleiteten Stein und seine Redakteure die Gründung der AfD: konservative Akademiker – das Milieu, aus dem sich die Leserschaft der JF speist –, die schon wenige Monate nach ihrem Zusammenschluss bei der Bundestagswahl 2013 mit ihrer Kritik am Euro 4,7 Prozent der Stimmen holten. Stein druckte seitenlange Interviews mit den Köpfen der Partei, kommentierte ihren Aufstieg mit Wohlwollen.

Und die AfD revanchierte sich. «Wer die Alternative für Deutschland verstehen will, muss die *Junge Freiheit* lesen.» Dieser Satz stammt von Alexander Gauland. Und er hat Gewicht. Er adelt die Wochenzeitung, macht sie zum Leitorgan des Milieus und Stein zu ihrem Chefkommentator. Mitarbeiter der *Freiheit* bauen regelmäßig Stände auf AfD-Veranstaltungen auf und verteilen kostenlose Exemplare an die Mitglieder der Partei. Was Stein schreibt, wird in der AfD diskutiert. Der Gründer, Chefredakteur und Geschäftsführer Dieter Stein hat Zugang in die innersten Kreise der Partei; dass wir ihn auch beim Hintergrundtreffen am Vorabend des Kölner Parteitags antreffen, ist deshalb keine Überraschung.

Die publizistische Linie der *Jungen Freiheit* ist in Teilen ähnlich schrill und reaktionär wie die Aussagen der AfD. Ein Kommentar der Autorin Birgit Kelle zu einer Bildungsinitiative über sexuelle Vielfalt trägt den Titel «Das ganze Land umerziehen». In einem Kommentar über eine kontroverse Aufführung türkischstämmiger Schulkinder in einer Moschee in Herford nannte Stein selbst die Integration in Deutschland eine «Farce», der evangelischen Kirche warf er vor, durch ihre ablehnende Haltung gegenüber der AfD ihren «christlichen Missionsauftrag» zu «opfern». Es ist dieser Ton, der dafür sorgt, dass Stein in der Partei gefeiert wird. Gleichzeitig sanktioniert Stein die fremdenfeindlichen und geschichtsrevisionistischen Aussagen auch prominenter AfD-Mitglieder. Als sein Fürsprecher Gauland auf dem Bundeskongress der Parteijugend im Juni 2018 sagte: «Hitler und die Nazis sind nur ein Vogelschiss in über tausend Jahren erfolgreicher deutscher Geschichte», nannte Stein seine Worte «eine verstörende Entgleisung». Auch plädiert er seit jeher für den Parteiausschluss des baden-württembergischen Landtagsabgeordneten Wolfgang Gedeon, der trotz seiner antisemitischen Thesen noch immer Mitglied der AfD ist. Stein ist gleichzeitig Fan und Mahner.

Und nicht nur das. Die Symbiose zwischen dem Chefredakteur und der Partei ist noch enger als bisher bekannt. Zwar sagte Stein einmal, dass es die *JF*-Redaktion nicht begrüße, «wenn unsere Mitarbeiter Mitglied bei der AfD sind». Wir konnten jedoch in den vergangenen Monaten interne Mitgliederlisten der AfD einsehen. Und darin taucht auch Steins Name auf, unter dem Eintrag mit der Nummer 10815. Er ist dort mit seiner privaten Adresse unter der Kategorie «Förderer» im Landesverband Berlin gelistet. Auf Anfrage bestreitet Stein, Parteimitglied zu sein, bestätigt uns jedoch, bisher insgesamt 400 Euro an die AfD gespendet zu haben. Der Chefredakteur, der der Partei publizistisch so eng verbunden ist, unterstützt diese also auch finanziell.

Auch ist Stein längst nicht mehr nur Übervater der von ihm gegründeten Zeitung, deren Redaktion in einem Bürokomplex im Westen Berlins ihren Sitz hat. Seine Verbindungen ins Milieu gehen tiefer. Seit 2007 leitet er die Förderstiftung Konservative Bildung und Forschung, die wiederum die Bibliothek des Konservatismus in Berlin betreibt (siehe Kapitel 4). Er unterhält Kontakt zu den großen Spendern der Szene (siehe Kapitel 8), verlegt das nationalkonservative *Cato*-Magazin, das seit September 2017 erscheint (siehe Kapitel 7), und ist Mitglied des rechten Studienzentrums Weikersheim, einer Denkfabrik der Neuen Rechten. Als journalistische Autorität der Szene zeichnet er mit dem Gerhard-Löwenthal-Preis alle zwei Jahre Autoren aus, die sich in seinen Augen um die konservative Publizistik verdient gemacht haben: Kubitscheks Frau Ellen Kositza bekam die Auszeichnung im Jahr 2008, der ehemalige Republikaner und heutige AfD-Pressesprecher Michael Paulwitz drei Jahre später. Andere Preisträger arbeiten heute in führender Position bei den neurechten Zeitschriften *eigentümlich frei* und *Cato* oder engagieren sich als Aktivistinnen bei sogenannten «Frauenmärschen» auf der Straße. Stein ist einer der Veteranen der Bewegung: Kaum jemand ist so lang dabei wie er. Und kaum jemand ist so gut vernetzt.

Wir sind in Erfurt, auf dem Domplatz, im Januar 2016. Trotz eisigen Regens haben sich über 2000 Menschen hier eingefunden, über ihren Köpfen wehen Flaggen mit dem preußischen Reichsadler, manche halten Kerzen in den Händen. Der Dom liegt im Dunkeln. Wie immer, wenn die AfD zu ihren Demos in die Innenstadt einlädt, hat das Bistum die großen Strahler abgeschaltet. Als uns ein Ordner eine Kerze anbietet und wir ablehnen, wirft er uns böse Blicke zu. Inmitten der wütenden Demonstranten trauen wir uns nicht, den Schreibblock aus der Tasche zu holen und uns als Journalisten zu erkennen zu geben. Ohne die paar Tassen Glühwein wären wir wohl bereits erfroren, noch bevor Björn Höcke überhaupt die Bühne betritt.

Sechs Redner sind vor ihm dran. Dann steigt Höcke aus einer schwarzen Limousine und stellt sich mit einer in Plastikfolie verpackten Deutschlandfahne in der Hand ins Dunkel neben die Bühne. Stahlblaue Augen, kurz gehaltenes Haar. Von der Bühne aus wird er angekündigt wie ein Boxweltmeister, einer, der «Hermann dem Cherusker» gleiche. Hymnische Musik ertönt, «Wir sind wir» von Paul van Dyk und Peter Heppner, das Publikum ruft: «Höcke, Höcke, Höcke!» Der Star des Abends steigt die Stufen hinauf ins Licht. Beim Reden zieht er die Wörter lang, wird laut, wenn er über «diese bösartige Frau» spricht und damit Angela Merkel meint, die er am liebsten in einer «Zwangsjacke aus dem Kanzleramt» abgeführt sähe. Seine Rede steigert sich zur Tirade, er schwitzt, er schreit. Fordert die Bundespolizei dazu auf, sich an den deutschen Außengrenzen ihren Dienstanweisungen zu widersetzen. Beschimpft Journalisten als «geistig-moralisch kastrierte Schreiberlinge». Dass wir den Block in der Tasche gelassen haben, war eine gute Idee; das Publikum um uns herum tobt.

Björn Höcke ist der Chef der AfD in Thüringen, das ist seine offizielle Position. Er hat aber auch noch einen anderen, inoffiziellen Posten: Höcke ist die Galionsfigur der Ultrarechten und Völkischen in der Partei, er ist Chefdemagoge und Vorkämpfer all jener, die im

Gedenken an NS-Zeit und Holocaust eine Fessel sehen, die es abzu-
werfen gilt, und Muslime für feindliche Invasoren halten, die die westliche Zivilisation bedrohen. Wegen seiner rassistischen Thesen wollte
ihn Frauke Petry aus der Partei werfen. Vergeblich. Höcke ist noch da.
Er hat sich festgesetzt am rechten Rand der Rechtspartei.

Aufgewachsen ist Höcke in Neuwied am Rhein, mit Blick auf den
Westerwald. In einem Fernsehinterview erzählt er einmal, dass er in
der Schule ein Einzelgänger gewesen sei, lieber Zeit im Grünen verbracht habe und die 15 Kilometer von der Schule nach Hause gelaufen
sei. Sein Berufswunsch damals: Gärtner, wie sein Opa. Höcke spricht
über das «riesige große Bett», in dem er bei Besuchen zwischen Oma
und Opa lag, und von deren Erzählungen «aus der alten Heimat».
Gemeint ist Ostpreußen, Kaliningrad, heute Teil von Russland. Oft
wird bei den Höckes über Politik diskutiert. Die Erinnerung an die
verlorene Heimat – und der Schmerz über die Vertreibung – werden
über die Jahre wohl nicht weniger. Als sein Vater und seine Großmut-
ter sterben, schmückt das Wappen der Landsmannschaft Ostpreußen
die Todesanzeigen. Der Vater, ein Lehrer wie später auch Björn Höcke
selbst, hatte eine Zeitschrift abonniert, die Hitler-Porträts und Hitlers Landschaftsmalereien auf dem Titel druckte. Ihr Name: *Die Bau-
ernschaft*. Das Heft war in den neunziger Jahren ein auflagenstarkes
antisemitisches Hetzblatt. Und es war verboten. Auch die *Junge Freiheit* gehörte zum Lesekanon der Familie. In einer Kondolenzliste für
einen rechten Publizisten, die 2005 im Verlag der *JF* erscheint, taucht
der Name von Höckes Vater auf. Ein paar Zeilen weiter auch der von
Martin Hohmann. Der Bundestagsabgeordnete wurde 2004 aus der
CDU ausgeschlossen, weil er eine Rede gehalten hatte, die damals
viele seiner Parteikollegen als antisemitisch kritisierten. Einer der
Unterzeichner des Solidaritätsaufrufs für Hohmann war Vater Höcke.
Hohmann sitzt heute für die AfD im Bundestag. Höcke junior führt die
Fraktion im Thüringer Landtag.

Björn Höcke studierte erst Jura, dann Sport und Geschichte auf
Lehramt. Er wird Oberstudienrat in der osthessischen Provinz, in

Bad Sooden-Allendorf. In dieser Zeit lernt er Götz Kubitschek auf der Gründungsveranstaltung des Instituts für Staatspolitik kennen, berichtet Melanie Amann in ihrem Buch «Angst für Deutschland». Bis heute sind die beiden enge Duzfreunde. Es ist Höckes erster Kontakt mit der Neuen Rechten – zehn Jahre bevor die AfD gegründet wird. Im März 2007 trifft Höcke auf einer Konferenz konservativer Publizisten in Fulda Dieter Stein, den Chefredakteur der *JF*. Damals fragt er ihn, ob er unter Pseudonym für dessen Zeitung schreiben darf.

Bei seinen Schülern ist Höcke beliebt, wird sogar zum Vertrauenslehrer gewählt. Niemand weiß zu dieser Zeit, dass er sich bereits in rechtsextremen Kreisen bewegt. Am 65. Gedenktag der Bombenangriffe auf Dresden im Februar 2010 nimmt er an einem Neonazi-Aufmarsch teil. Er schreibt einen Leserbrief an die Regionalzeitung mit revisionistischem Inhalt. Nie zuvor seien so viele Menschen umgebracht worden wie bei der Bombardierung Dresdens 1945. Zitat: «Es ging darum, bis zum Kriegsende eine möglichst große Zahl deutscher Menschen ... zu töten.» Wenig später wird er selbst politisch aktiv – lange bevor er als Politiker an die Öffentlichkeit tritt. 2011 gründet er mit 20 Gleichgesinnten die «Deutsche Patriotische Gesellschaft». Wir treffen einen Teilnehmer von damals. Er erinnert sich, dass der Kreis «patriotische Verbindungen schaffen wollte», parteiunabhängig und im vorpolitischen Feld. Höcke pflegt ein Netzwerk mit Rechtsintellektuellen, besucht Vorträge und Kundgebungen und tauscht sich privat im Internet mit Gleichgesinnten aus. Mit Frau und Kindern zieht Höcke in das einstige Pfarrhaus in Bornhagen nach Thüringen. «Hier ist die Welt noch weitestgehend in Ordnung», schreibt Höcke im Herbst 2014 in einem Abschiedsbrief an seine Kollegen an der Rhenanus-Gesamtschule.

Das Haus der Höckes liegt an der «Deutschen Wurststraße». Oberhalb: die Ritterburg Hanstein, tausend Jahre deutsche Geschichte aus Stein. Unterhalb: das Wurstmuseum, dreihundert Jahre deutsche Geschichte aus Fleisch. Schmiedemeister, Bienenlehrpfad, Schäferhunde bellen und Hähne krähen. Er fährt gern mit seinem Rennrad durch das Eichsfeld oder joggt durch die Wälder. Der Wald, dieser deutscheste aller Sehnsuchtsorte, hat es ihm angetan. Ein Lehrerkollege erinnert sich später an den Satz von ihm: «Ich gehe gerne mit meinen Schülern in den Wald, weil sie da ihre Wurzeln spüren können.» Höcke lebt in genau jenem deutschen Idyll, das er in seinen Reden immer wieder beschwört. Wären da nicht die Flüchtlinge: Sechzig Syrer, Iraker, Albaner und Kosovaren leben zwischenzeitlich im Asylheim in Bornhagens Ortskern. Vom Fenster aus schaut Höcke den Fremden zu dieser Zeit in den Hof. In seinem Dorf gibt es weder Graffiti noch Schmierereien. Nur an ein paar Verkehrsschildern finden sich Aufkleber, die niemand im Ort zu stören scheinen; «FCK RFGS» («Fuck Refugees») ist darauf zu lesen. Angesichts der massenhaften Einwanderung und der niedrigen Geburtenrate im Land, so wird Höcke 2015 vor der AfD-Parteijugend klagen, «stelle sich zum ersten Mal nach tausend Jahren die Frage nach dem Finis Germaniae».

Mit dem AfD-Gründer Bernd Lucke kann Höcke nicht viel anfangen, der Wirtschaftsprofessor ist ihm zu spröde, zu sehr auf das Thema Eurokritik beschränkt. Höcke tauscht sich in den Anfangsjahren der AfD rege mit einem alten Freund über die Entwicklungen in der Partei aus: Götz Kubitschek. Dieser rät Höcke dazu, die nationalen Kräfte in der AfD zu bündeln, und entwirft ein Grundsatzpapier, um das sich wenig später die völkischen Nationalisten in der Partei scharen werden. Kubitschek gehörte nie der AfD an, er und seine Frau Ellen Kositza wurden als Mitglieder abgelehnt. Mit Höckes Hilfe jedoch gelingt es dem Verleger, bis in die Tiefen der Partei vorzudringen. So kann er seine Ideen in den rechten Parteiflügel einpflanzen.

Anfang 2016 bringt der Soziologe Andreas Kemper Höcke in Erklärungsnot. Auf seinem Blog vergleicht der Wissenschaftler Reden des AfD-Politikers mit Texten eines gewissen Landolf Ladig, der in NPD-nahen Magazinen im NS-Duktus eine «identitäre Systemopposition» herbeiwünscht. Kemper kommt zu dem Schluss, dass sich Höckes Reden und die gedruckten Texte in weiten Teilen ähneln. Herausgeber der Magazine, in denen Landolf Ladig publiziert hatte, ist: Thorsten Heise.

Heise ist Mitglied im NPD-Bundesvorstand und eine Führungsfigur der militanten Neonazi-Szene. Er wurde bereits mehrfach verurteilt, unter anderem wegen Körperverletzung, Nötigung sowie Volksverhetzung, und saß mehrmals Haftstrafen im Gefängnis ab. Er zählt auch zum Unterstützerumfeld der rechten Terrorgruppe, die sich «Nationalsozialistischer Untergrund» nannte. Heute engagiert sich Thorsten Heise als rechtsextremer Verleger und Veranstalter von Neonazi-Musikfestivals wie dem «Schild & Schwert» in Ostritz 2018. Heise ist ein paar Jahre vor Höcke aus den alten Bundesländern nach Thüringen gezogen. Beim Einzug der Höckes 2008 half er ihnen, die Möbel zu schleppen. Heises ehemaliges Gutshaus in Fretterode liegt nur sechs Kilometer von Höckes Haus entfernt. Nach eigenen Aussagen kennen sich die beiden Männer über Schulfeste in der Region, weil ihre Kinder dieselbe Schule besuchten. Darüber seien sie ins Gespräch gekommen, sagte Höcke einmal. Und Heise ließ ausrichten, dass er es «bedauerlich finde, dass er [Höcke] in der AfD ist und nicht bei uns». Käme heraus, dass Höcke tatsächlich in Heises Magazin rechtsextreme Schriften veröffentlicht hat, würde das wohl das Ende seiner politischen Karriere bedeuten. Doch Höcke bestreitet Kempers Analysen. Und Heise sagt, hinter dem Pseudonym Landolf Ladig verberge sich nicht Höcke, sondern eine «nette ältere Person». Eine eidesstattliche Erklärung will der Geschichtslehrer nicht abgeben.

Seine radikale Gesinnung aber hält Höcke nicht geheim. Im Januar 2017 nennt er das Denkmal für die ermordeten Juden Europas in Berlin ein «Denkmal der Schande», fordert eine «erinnerungspolitische Wende um 180 Grad» und löst damit einen Sturm der Empörung aus. Mehrfach ermittelt die Staatsanwaltschaft wegen Volksverhetzung, stellt jedoch alle Verfahren nach kurzer Zeit ein. Immer wieder dringt die damalige Parteivorsitzende Frauke Petry darauf, Höcke aus der Partei auszuschließen. Im Mai 2018 jedoch entscheidet das AfD-Schiedsgericht in Thüringen, dass Höcke vorerst in der Partei bleiben darf. Es ist eine Wegmarke in der Geschichte der jungen Partei: Ein Mitglied, das offen rechtsradikal auftritt, an der Seite von Neonazis demonstriert, in seinen Reden rassistische Stereotype verwendet und den Holocaust als Mittel politischer Provokation einsetzt, muss die AfD nicht verlassen. Im Gegenteil: Bis heute hält Höcke seine Posten als Chef von Landesverband und Fraktion.

Lange war darüber spekuliert worden, ob Höcke sich sogar zur Bundestagswahl 2017 aufstellen lassen würde. Es galt als Schreckensszenario, dass jemand wie er regelmäßig im Reichstag vor den Augen der Hauptstadtpresse ans Sprechpult tritt, dass es seine hasserfüllten Tiraden zur besten Sendezeit in die *Tagesschau* schaffen. Doch Höcke trat nicht an. Stattdessen schickte er zwei treue Emissäre: Jürgen Pohl und Stephan Brandner. Wir sind dabei, als die beiden Juristen auf dem Landesparteitag der Thüringen-AfD in Arnstadt Anfang 2017 ihre Bewerbungsreden halten. Sie klingen wie Liebesbriefe an den Parteichef. Brandner und Pohl schütten Lob über Höcke aus und lassen keinen Zweifel daran, dass sie ihm auch von Berlin aus treue Dienste leisten werden. Tatsächlich sitzen die beiden heute im Bundestag. Höckes Einfluss reicht längst über die Landesgrenzen von Thüringen hinaus. Noch vor der Bundestagswahl zwang die Causa Höcke jedes einzelne AfD-Mitglied zum Offenbarungseid: für oder gegen ihn? Soll er in der Partei bleiben oder ausgeschlossen werden? Moderat oder radikal? Heute stellt niemand mehr die Höcke-Frage, zumindest nicht öffentlich. Es ist der Sieg des Demagogen. Und ein eindeutiges Indiz für die Radikalisierung der Partei.

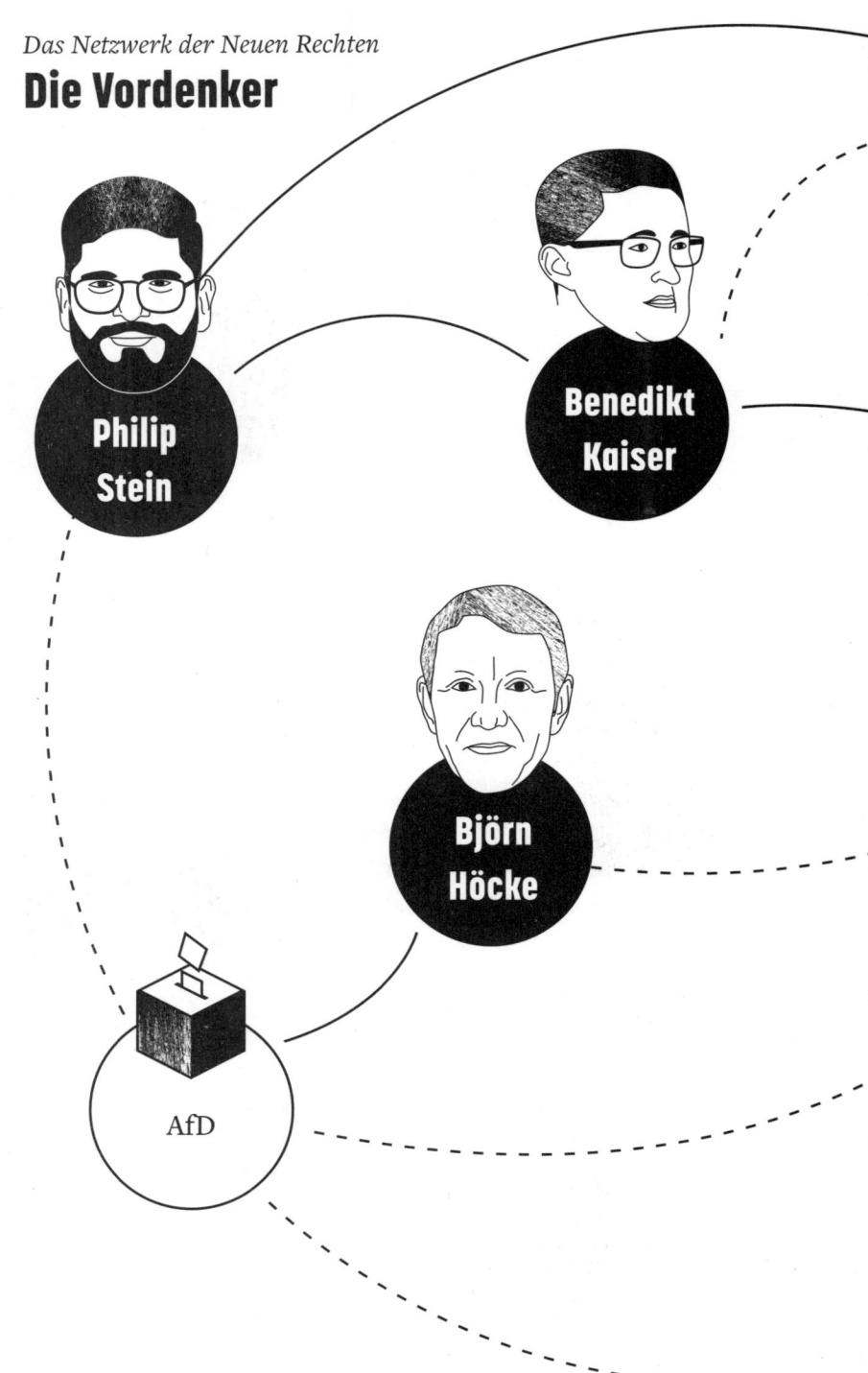

Das Netzwerk der Neuen Rechten

Die Vordenker

Philip Stein

Benedikt Kaiser

Björn Höcke

AfD

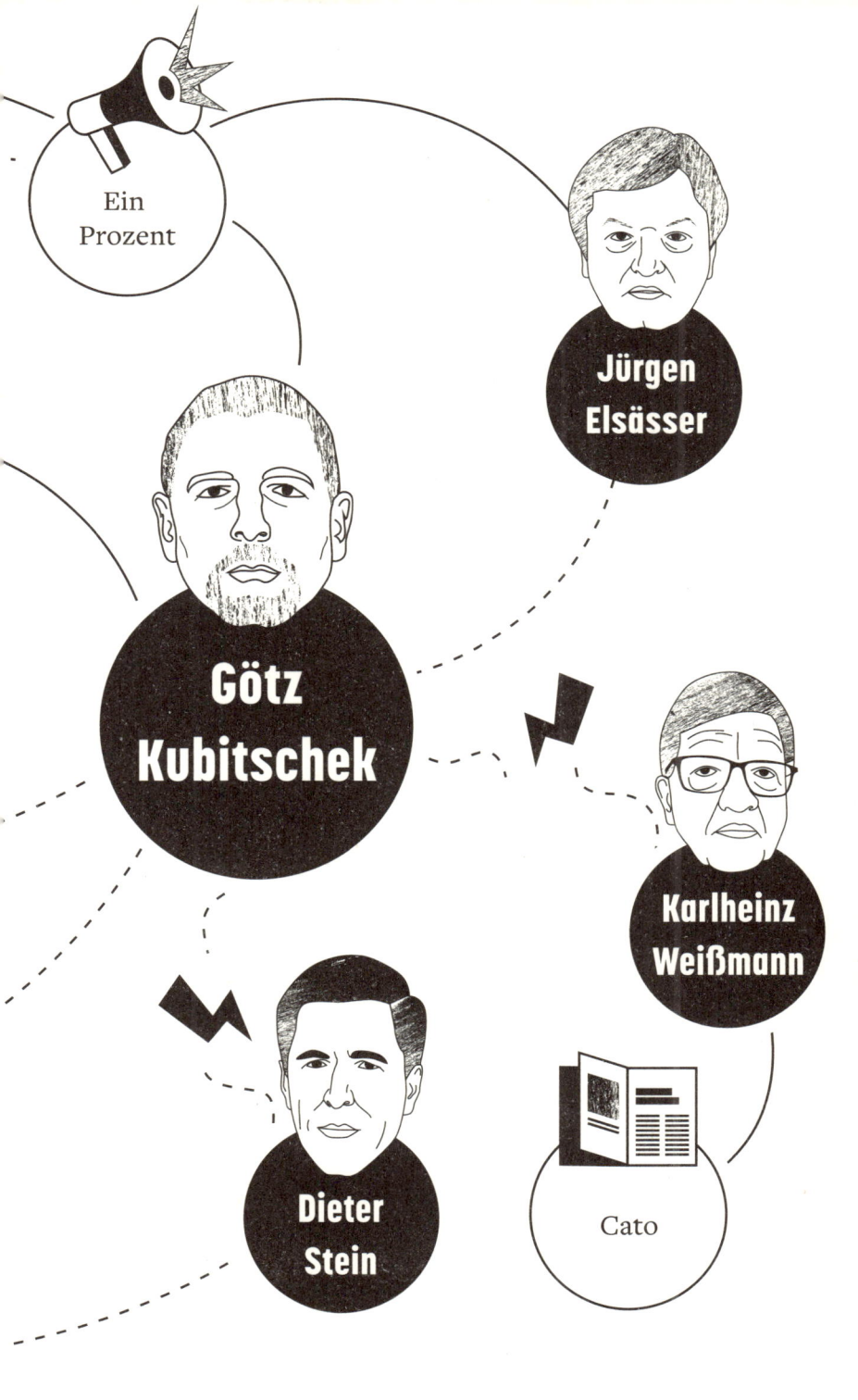

Ein
Prozent

Jürgen
Elsässer

Götz
Kubitschek

Karlheinz
Weißmann

Dieter
Stein

Cato

3. Auf der Straße

Die Wut des Ostens

«Ich habe Gänsehaut», ruft Lutz Bachmann von der Bühne in die Menge. Er sei aufgeregt wie nie zuvor. Niemals hätte er sich diesen Erfolg träumen lassen. Zum ersten Geburtstag von Pegida im Jahr 2015 sind 15000 Menschen auf den Theaterplatz in Dresden gekommen. Die Demonstration wird heute sogar live im Internet gezeigt. Die Protestierer schwenken Deutschland-Fahnen, halten ausgedruckte Titelblätter des *Compact*-Magazins in die Höhe, pusten in Trillerpfeifen. «Pegida wirkt», endlich würden neue Polizisten eingestellt, sagt Lutz Bachmann, die Behörden erfüllten damit eine Forderung der «bösen, bösen Nazis von Pegida». Immer wieder wird seine Rede von Sprechchören wie «Widerstand! Widerstand! Widerstand!» unterbrochen. Er erwähnt den damaligen Innenminister und nennt ihn spöttisch «Thomas de Malheur», die Menge antwortet mit «Volksverräter»-Rufen. Als er den öffentlich-rechtlichen Rundfunk anspricht, skandieren die Menschen: «Lügenpresse». Nach vier Pegida-Jahren klingen all diese Parolen fast schon wie das Klischee. Beim Anschauen der Videos von damals aber fällt auf: Die größte rechte Protest-Reihe, die es je in Deutschland gegeben hat, klang genauso.

Am selben Abend wendet sich der Gründer der Bewegung «Patriotische Europäer gegen die Islamisierung des Abendlandes» an all jene Politiker und Medien, die ihm und seinen Mitstreitern vorwerfen, «harte Rechtsextremisten» zu sein. Das werde er sich nicht mehr gefallen lassen, ab morgen antworte er darauf mit Strafanzeigen. Riesenjubel im Publikum. Erst eine Woche zuvor hatte ein Mann bei der Demo einen hölzernen Galgen getragen mit einem Schild am Seil, dieser Strick sei für Bundeskanzlerin Angela Merkel reserviert. Einige Zeit nach Lutz Bachmann tritt der Hauptredner des Abends, der Autor Akif Pirinçci, auf die Bühne. «Vulgär und voller Hass», wie *Spiegel Online* danach zusammenfasst, redet er über die Grünen als «Kinderfickerpartei», über Politiker, die eine vermeintliche «Umvolkung» in Deutschland betreiben würden, und Flüchtlinge, die als «Invasoren» alle «Ungläubigen mit ihrem Moslemsaft vollpumpen» wollen. Deutschland drohe, eine «Moslemmüllhalde» zu werden. Im Publikum wird die Wirmer-Flagge geschwenkt. Die schwarz-rot-goldene Fahne im Stil skandinavischer Länder soll von den Verschwörern vom 20. Juli 1944 um Claus Schenk Graf von Stauffenberg als Erkennungszeichen verwendet worden sein. Seit den neunziger Jahren verwenden Neonazis die Flagge auf ihren Demos. Sie soll zeigen, dass der Träger sich im Widerstand befinde, gleichzeitig aber Adolf Hitler ablehne. Götz Kubitschek hisst die Wirmer-Flagge gern in seinem Garten in Schnellroda.

Auch er ist an diesem Abend in Dresden. In der 3sat-Dokumentation «Die rechte Wende» von Katja und Clemens Riha ist zu sehen, wie er zaghaft an die Zimmertür in einem Dresdner Luxushotel klopft, draußen ist es bereits dunkel. Die damalige Pegida-Frontfrau Tatjana Festerling sitzt in dem Zimmer, Akif Pirinçci lümmelt auf dem Bett und raucht. Als Kubitschek in den Raum kommt, sagt Festerling: «Da sind ja jetzt alle Bösen zusammen.» Erst später am Abend wird Pirinçci mit seiner Rede für den Skandal sorgen, weil er andeutet, die Regierung würde das «eigene Volk» gern in Konzentrationslager verfrachten. Eine Verurteilung wegen Volksverhetzung folgt, sein Verlag kündigt ihm. Was nur wenige wissen, aber in dem Dokumentarfilm zu sehen ist: Schon vor Pirinçcis rassistischer Rede hat der Verleger Kubitschek einen seiner größten Coups an diesem Abend vorbereitet. Im Hotelzimmer stößt er mit Akif Pirinçci mit Weißwein an. Alle folgenden Bücher des einstigen Bestsellerautors erscheinen von nun an in Kubitscheks kleinem Antaios Verlag.

Zum ersten Mal kamen im Oktober 2014 Dresdner Bürger zu einer

Pegida-Demo zusammen, damals waren es nur 160 Leute. In einer geschlossenen Facebook-Gruppe hatte der Freundeskreis um Lutz Bachmann schon länger sein Unbehagen über die aktuelle Politik diskutiert.

Damals war ihr Frust noch diffus, er richtete sich gegen die etablierten Parteien, großen Unternehmen und Medien. Die ersten «Montagsspaziergänge» von Pegida bildeten noch eine «Zulaufgemeinschaft politischen Missbehagens», schrieb die *Zeit*. Die Teilnehmer kritisierten die angebliche «Frühsexualisierung» von Kindern, die Einwanderungspolitik und auch, dass die deutsche Geschichte immer nur auf die zwölf Jahre Nationalsozialismus reduziert würde. In den Profilen der Pegida-Keimzelle auf Facebook sieht man Urlaubsfotos von Reisen nach Ägypten, Bilder von Abenden mit viel Alkohol, Schnappschüsse mit Motorrad. Es sind Eindrücke aus einer kleinbürgerlichen Spaßgesellschaft von Kfz-Mechanikern, Finanzvertrieblern und Friseurinnen. Sie eint ihr Unbehagen an der Einwanderung, sie empfinden sich als zu kurz gekommen und in ihrem sozialen Status bedroht, von der hauptsächlich westdeutschen Politik nicht gehört und kulturell abgehängt. Im Herbst 2014 treten die Unzufriedenen erstmals gemeinsam in der Öffentlichkeit auf. Schon damals wähnen sich die Demonstranten von Pegida als Vertreter der unterdrückten Mehrheit.

Einige der Gründer haben Kontakt ins rechtsradikale Milieu. Siegfried Däbritz zum Beispiel, der bis heute zusammen mit Lutz Bachmann Pegida leitet. Wenige Wochen vor der ersten Kundgebung in Dresden ist er noch in einer anderen geschlossenen Facebook-Gruppe aktiv: Hooligans gegen Salafisten, «HoGeSa Osten», ein loser Zusammenschluss teils vorbestrafter Fußball-Prügler. Däbritz war als Teilnehmer zur HoGeSa-Demo nach Hannover gereist und fand in den Protesten ein Vorbild für Pegida. Der ehemalige FDP-Mann Däbritz gibt den anderen Mitgliedern der Facebook-Gruppe Tipps für den Umgang mit einem geschenkten Koran: «Bei Koranverteilungen Schweinefüße in die rausgerissenen Seiten einwickeln kommt hervorragend an.» Muslime sind für ihn wahlweise «bärtige Ziegenwämser» oder «Schluchtenscheißer». Und er outet sich als Mitglied der German Rifle Association, eines Zusammenschlusses von Waffenliebhabern. Lutz Bachmann, der sich in den Anfangstagen von Pegida noch öffentlich zurückhält, zeigt im Netz schon, was er wirklich von arabischen Einwanderern hält: Er nennt sie «Gelumpe», «Dreckspack» und «Viehzeug».

Schnell erkennt die organisierte Neue Rechte das Potenzial, das der emotionale Protest der zuerst Hunderte, später Tausende Demoteilnehmer in sich trägt. Bald laufen auch Funktionäre der Jungen Alternative mit, AfD-Politiker und rechte Intellektuelle. Kubitschek sagte einmal, dass er viel Zeit und Kraft in die Festigung dieser Bürgerbewegung gesteckt habe. Nach jahrelanger Theoriearbeit – quasi unter Ausschluss der Öffentlichkeit – bekommt er auf der Bühne von Pegida nun die Chance, Tausende mit seinen Überzeugungen vom «großen Austausch» und seiner Forderungen nach einem Umsturz des bestehenden Systems anzustacheln. Nach eigenen Angaben sei er gebeten worden, die Patrioten gegen die Islamisierung zu beraten. Der heutige neurechte Publizist Matthias Matussek beschrieb seine Pegida-Erfahrung einmal als «anrührendes Erlebnis, diese leisen Schritte der Menschen aus der Gesellschaft heraus». Und noch ein anderer Vordenker nahm früh an den Kundgebungen teil. Frank Böckelmann ist Verleger der neurechten Theoriezeitschrift *Tumult* und sagte dem *stern* auf einer Pegida-Demo: «In 50 bis 100 Jahren besteht die Gefahr einer Islamisierung Deutschlands. Ich möchte Widerstand dagegen leisten, dass sich Traditionen vermischen und keine Unterschiede mehr erkennbar sind.»

Auch die Aktivisten der Identitären Bewegung erkennen schnell das Potenzial und versuchen, die Veranstaltung für ihre Ideologie zu vereinnahmen. «Wir sehen Pegida als breite Massenbewegung, in der sich die Identitären wie ein Fisch im Wasser bewegen», zitiert später Thomas Wagner in seinem Buch «Die Angstmacher» den Leiter der IB Österreich, Martin Sellner. Eine Minderheit müsse auf der Straße eine Stimmung erzeugen, und sobald ein Autoritätsvakuum entstanden sei, könne die große Massenbewegung Veränderungen herbeiführen. Pegida sei «der Haupttrupp, wir sind die Avantgarde». Darum haben die Identitären die Proteste von der zweiten Veranstaltung an begleitet. Pegida war auch eine Zäsur für die Identitären selbst, sie wandelten sich von einem reinen virtuellen Internet-Phänomen zu einer «Guerilla»-Truppe auf der Straße. Diese Strategie bestätigte uns Felix Koschkar, einer der führenden IB-Kader in Sachsen, bereits nach den ersten Wochen von Pegida. Zusammen mit seinen Kameraden hatte er damals schon an vier Aufmärschen teilgenommen. Auf Fotos steht Koschkar Ende 2014 in Dresden mit dem heutigen AfD-Landtagsabgeordneten Hans-Thomas Tillschneider zusammen. Er ist Vertreter des völkisch-nationalistischen Flügels der AfD und gehörte damals zu den Gründern des Protest-Exports Legida in Leipzig. Auch durch den Einfluss dieser neurechten Aktivisten entwickelte sich Pegida innerhalb von Monaten von einem losen Zusammenschluss «besorgter Bürger» zuerst zu einer islamkritischen Demo und radikalisierte sich dann weiter. Heute steht das Akronym für eine Bewegung, die nicht einmal mehr versucht, ihren Fremdenhass zu kaschieren.

In anderen deutschen Städten adaptieren rechte Aktivsten ab 2015 bald das Pegida-Konzept. Kagida in Kassel entsteht, Bogida in Bonn, MVgida in Rostock, Bagida in München, Dügida in Düsseldorf, Wügida in Würzburg. Ableger in Braunschweig, Chemnitz, Saarbrücken, Suhl, Hannover, Kiel, und sogar für Ostfriesland gibt es zwischenzeitlich Pläne für eine Ogida-Demonstration. Auch wenn die Teilnehmer meist mittelalte Männer aus der bürgerlichen Mittelschicht sind, stammen die Veranstalter bisweilen aus der rechtsextremen Szene, aus Neonazi-Kameradschaften oder sind ehemalige NPD-Mitglieder. Die Veranstalter betonen immer wieder, keine Neonazis zu sein. Doch hinter den Kulissen wird der Zuspruch aus dem rechtsextremen Lager gern gesehen. Das zeigt eine Aussage von Pegida-Mitorganisator Siegfried Däbritz, die er bereits in den Anfangswochen 2014 im internen Facebook-Forum verbreitet: «Ob nun Identitäre Bewegung, German Defence League (GDL) oder HoGeSa, man ist näher beieinander, als man denkt, die ‹Grenzen› sind fließend.» Die GDL ist ein martialischer Zusammenschluss von Islamhassern, die sich nach dem Vorbild einer rechten Hooligan-Gruppe aus Großbritannien gegründet hat. Die GDL wird wie auch die Identitäre Bewegung vom Verfassungsschutz beobachtet.

Die Redner und der Ton bei Pegida werden über die Monate immer radikaler – und internationaler. Im April 2015 spricht der islamophobe Rechtspopulist Geert Wilders aus den Niederlanden in Dresden. Ein Jahr später steht Martin Sellner auf der Bühne. Lutz Bachmann begrüßt neben Vertretern der rechtsradikalen Partei Lega aus Italien sogar Mitglieder der britischen Neonazi-Bewegung English Defence League. Philip Stein von Ein Prozent darf auf der Bühne zur «Remigration» aufrufen. Der Begriff ist die neurechte Verbrämung für Abschiebung. Auf dem Leipziger Demoableger Legida tritt mehrfach die Hooligan-Band «Kategorie C» auf, die für ihre fremdenfeindlichen und vor allem gewaltverherrlichenden Texte bekannt ist. Mit einer Rede der damaligen Pegida-Anführerin Tatjana Festerling im Januar 2016 erreicht die Radikalisierung ihren traurigen Höhepunkt: Von der Bühne in Leipzig ruft sie, wenn die Mehrheit der Bürger noch klar bei Verstand wäre, würde sie «zu Mistgabeln greifen und diese volksverratenden, volksverhetzenden Eliten aus den Parlamenten, aus den Gerichten, aus den Kirchen und aus den Pressehäusern prügeln». Kurz danach schlägt eine Teilnehmerin einer MDR-Reporterin ins Gesicht.

Die Menschen auf der Straße in Dresden sind zum Gesicht der wütenden Masse geworden: meist männlich, AfD-nah und über die Jahre immer weniger ängstlich, sich klar fremdenfeindlich zu äußern. Unterstützt wird ihr Protest durch Auftritte prominenter AfD-Politiker wie Björn Höcke auf dem Domplatz in Erfurt, den Aufmärschen von «Zukunft Heimat» in Cottbus, den «Kandel ist überall»-Kundgebungen in der Südpfalz und den «Trauermärschen» von Chemnitz und Köthen. Wenn in Fernseh-Talkshows über den Protest auf der Straße gesprochen wird, sind damit jene Kundgebungen gemeint, die ihre Wurzeln in der geheimen Facebook-Gruppe von Bachmann und

Däbritz haben. Durch ihren radikalen Protest zwingen die Pegida-Macher der Mehrheitsgesellschaft die Auseinandersetzung mit ihren Argumenten auf. Flankiert von der AfD in den Parlamenten, ist es ihnen so innerhalb weniger Jahre gelungen, den Diskurs maßgeblich zu beeinflussen. Vier Jahre später diskutiert das Land über «Islamisierung», die Wiedereinführung von Grenzkontrollen und ob muslimische Fußballer in der deutschen Nationalmannschaft spielen dürfen. Pegida ist auch eine große Agenda-Setting-Maschine. Nicht nur die Pegida-Themen werden prominenter wahrgenommen. Für einige der Pegida-Gründer ist die Organisation der Demos selbst zum beruflichen Sprungbrett geworden. Das zeigt ein Beispiel aus dem AfD-Bundestagswahlkampf im Sommer 2017: ein Industriegebiet am Stadtrand von Dresden. Schon hundert Meter vor der Sachsenwerk Arena hat die Polizei Straßensperren errichtet. Dahinter: junge, breitschultrige Männer im Anzug, die jeden Besucher einzeln überprüfen, Handtaschen kontrollieren, mit einem Kopfnicken Einlass gewähren. Unter den Sicherheitsleuten ist auch Lutz Bachmann. Obwohl die AfD beschlossen hatte, keine gemeinsame Sache mit Bachmann und seinen Leuten zu machen, stört das hier offenbar niemanden. «Wir haben Pegida darum gebeten, unsere Veranstaltung zu schützen. Das ist der beste Sicherheitsdienst der Stadt», erzählt einer der Organisatoren. Die Partei bedenkt ihre Unterstützer mit Jobs, selbst jene, die wie Bachmann wegen Volksverhetzung verurteilt sind. Auch bei *Compact*-Konferenzen und rechten Kongressen im Ausland wird Lutz Bachmann mittlerweile als Gast eingeladen. Seit 2016 lebt der Verteidiger Deutschlands auf der spanischen Insel Teneriffa und fliegt nur noch zu Auftritten ein.

Pegida funktioniert heute als Transmissionsriemen: Die Köpfe der Demo stacheln die Menschen auf der Straße an, die AfD greift die Stimmen der Wütenden ab. Es ist diese Nähe, die dazu führt, dass einige Pegida-Aktivisten und Redner heute auch als Angestellte für AfD-Abgeordnete in Sachsen und Baden-Württemberg arbeiten. Als sich die Mitglieder des völkischen und nationalistischen «Flügels» der

Partei im Sommer 2018 erstmals unweit von Schnellroda trafen, reiste auch Lutz Bachmann zum «Kyffhäuser-Treffen» an. Beim «Trauermarsch» der AfD in Chemnitz im September 2018 läuft er ganz selbstverständlich neben Björn Höcke in der ersten Reihe mit. Gern würde Bachmann eine Rolle in der AfD spielen. Funktionäre der Partei haben ihn als Kandidaten für die kommende Europa-Wahl ins Gespräch gebracht. Als die AfD 2018 in Sachsen einen neuen Chef wählt, taucht Lutz Bachmann überraschend auf dem Parteitag in Hoyerswerda auf. Er klettert auf die Gästetribüne, macht ein paar Selfies und hält Hof. Die gesamte Aufmerksamkeit ruht in diesem Moment auf Bachmann. Er ist kein Mitglied, kann das aufgrund des offiziellen Kooperationsverbots mit Pegida auch nicht werden. Und doch gehört er zur Partei.

Deutsche Patriotinnen

Nicht nur die Partei nähert sich Pegida und seinen Machern an, auch die neurechte Intelligenzija gibt den Straßenprotesten Rückhalt. Mit der Online-Petition «Gemeinsame Erklärung 2018» solidarisierten sich im März des Jahres dreißig Verleger, AfD-Mitarbeiter, Schriftsteller, Wissenschaftler und ein Model mit den Demonstranten: «Mit wachsendem Befremden beobachten wir, wie Deutschland durch die illegale Masseneinwanderung beschädigt wird. Wir solidarisieren uns mit denjenigen, die friedlich dafür demonstrieren, dass die rechtsstaatliche Ordnung an den Grenzen unseres Landes wiederhergestellt wird.» Nach einigen Monaten hatten die Forderung nach Angaben der Initiatoren bereits über 160 000 Menschen im Netz unterzeichnet. Viele von ihnen und auch die meisten Erstunterzeichner sind Männer. Zu dieser Erklärung aufgerufen hat jedoch eine Frau: Vera Lengsfeld.

Die ehemalige DDR-Bürgerrechtlerin hat in den vergangenen drei Jahrzehnten einen außergewöhnlichen Lauf durch die Parteienlandschaft der Bundesrepublik absolviert. Nach Bespitzelungen durch das

Ministerium für Staatssicherheit, Stasi-Gefängnis und Ausweisung nach Großbritannien kehrt Lengsfeld am Tag des Mauerfalls zurück nach Ost-Berlin. Noch in der DDR tritt sie den Grünen im Osten bei und zieht nach der Wiedervereinigung für die Partei in den Bundestag ein. Danach driftet sie immer weiter nach rechts. Nach internen Kämpfen kandidiert sie später für die CDU. Seitdem sie 2005 nicht wieder in den Bundestag gewählt wurde, arbeitet sie als Publizistin, unter anderem für die neurechten Publikationen *Freie Welt.net* aus dem Imperium der von Storchs, für *Journalistenwatch* und *eigentümlich frei*. Als Agitatorin warnt sie vor der drohenden «Umvolkung» durch Migration und nennt Demokraten «Systemlämmer». Lengsfeld gehört heute zu einem kleinen Zirkel der Frauen innerhalb der Neuen Rechten.

Unter ihnen sind christliche Fundamentalistinnen, die gegen Abtreibung und die unterstellte «Frühsexualisierung» der Kinder im Schulunterricht demonstrieren. Junge Identitären-Aktivistinnen veröffentlichen auf Instagram, YouTube und in ihren eigenen Blogs Videos, in denen sie über sexualisierte Gewalt von Einwanderern gegen deutsche Frauen sprechen. AfD-Politikerinnen rufen zum «Marsch für die Frauen» vor dem Kanzleramt auf. Ehemalige DDR-Umweltaktivistinnen, erzkonservative Christinnen, rechtsextreme Hipstermädchen – auf den ersten Blick verbindet diese Frauen wenig. Sie eint jedoch die Strategie, vermeintliche Frauenthemen mit neurechter Ideologie aufzuladen. Damit soll die Neue Rechte auch für Frauen attraktiv werden. Die meisten der Aktivistinnen lehnen den modernen Feminismus ab. Sie kontern ihn mit einem traditionellen Familien- und Rollenmodell, in dem auch die emanzipierte Frau «mit Wurzeln und in Sicherheit» wieder «Mutter und Hausfrau» sein darf, sagt «Franziska», die ihren Namen geheim halten möchte, in einem Interview mit einer Szene-Zeitschrift. Die Betreiberin des neurechten Blogs *radikal feminin* feiert das Patriarchat, die MeToo-Debatte – über den Machtmissbrauch durch sexuelle Gewalt – laufe hingegen «in eine komplett falsche Richtung», sagt sie.

Die meisten neurechten Frauenrechtlerinnen können sich jedoch auf den islamkritischen Feminismus von Alice Schwarzer einigen. Die Publizistin Ellen Kositza wird in «Die Angstmacher» über Schwarzer zitiert: «Ich finde es sehr gut, dass sie (...) die Gefahr des Islamismus für ein selbstbewusstes, emanzipiertes Frauentum nie ausgeblendet hat.» Damit die Deutschen nicht aussterben, solle jedes Paar mindestens drei Kinder bekommen, forderte der AfD-Mann Björn Höcke einmal. Die deutsche Frau als Bollwerk gegen die «Islamisierung des Abendlandes». So wird jede Geschlechter-Debatte von den Frauen der Neuen Rechten am Islam oder an der in ihren Augen zu liberalen Gesellschaft ausgerichtet und für das eigene Milieu kompatibel gemacht. Geht es um Fälle von Vergewaltigung, sind immer Muslime die Täter. Liberale, Ärzte, Lehrer und Politiker hingegen wollen nur die traditionelle Familie zerstören. Die Aktivistinnen sind rechte Antifeministinnen. Sie sehen sich selbst als deutsche Patriotinnen.

Auch vor Sarrazin und dem Erstarken der AfD waren Frauen in der rechtsextremen Szene aktiv. Beate Zschäpe half Uwe Mundlos und Uwe Böhnhardt als gleichberechtigtes Mitglied der Terrorgruppe «Nationalsozialistischer Untergrund» bei der Vorbereitung von zehn Morden. Gitta Schüßler baute die bundesweite NPD-Frauenorganisation «Ring Nationaler Frauen» auf. Und auch der bekannteste Holocaust-Leugner des Landes ist eine Frau: die Rechtsextremistin Ursula Haverbeck. Zschäpe, Schüßler und Haverbeck sind jedoch Einzelfälle. Die alte Rechte ist so stark vom soldatischen und männerbündischen Charakter geprägt, dass Frauen selten wichtige Positionen innehaben. Ihre Rolle in dieser Szene sehen viele Frauen eher in der Erziehung der Kinder und dem Kuchenbacken für den NPD-Stand. Politik ist etwas für die Männer. Bis heute hält etwa die Deutsche Burschenschaft an dieser Tradition fest: Frauen können gar nicht erst Mitglied werden.

Dabei liegt bei den Frauen ein noch nicht aktiviertes Potenzial brach, auf das die Neue Rechte zielt. Seit einigen Jahren versuchen einige Aktivistinnen deshalb, vermeintliche Frauenthemen auf die Straße zu bringen. Eine von ihnen ist Hedwig von Beverfoerde. Unter dem Dach der Zivilen Koalition, eines Vereins von Beatrix von Storch, gründete die fundamentalistische Katholikin die «Initiative Familienschutz.» Auf Flyern und Plakaten warnt Beverfoerde vor dem «Genderwahn» und fordert, den Sexualkundeunterricht an Schulen zu stoppen, weil er «die Wertebasis der Familie systematisch zerstört». Ihre Initiative macht Front gegen angebliche «homosexuelle Lobbygruppen» und verteufelt die Abtreibung. Seit 2014 führt Beverfoerde regelmäßig Demonstrationen durch Stuttgart, Wiesbaden und Hannover. Stets läuft sie an der Spitze des Zuges hinter einem rosafarbenen Banner. Die Bürgerproteste wirken professionell vorbereitet. Die meisten Demonstranten halten einheitlich gestaltete offizielle Schilder in Rosa und Blau über ihre Köpfe in den Himmel, «Gender verschwendet Steuergelder!» ist darauf zu lesen oder «Ehe bleibt Ehe!».

Es sind vor allem erzkonservative Eltern und fundamentalistische Christen, die sich Beverfoerdes Protest anschließen. Mehrfach schon wurden ihre Demos aber auch von Aktivisten der Identitären Bewegung unterstützt.

Aus dem Umfeld der Alternative für Deutschland stammt noch eine zweite Bewegung, die den Protest der Frauen auf die Straße bringen will: der «Marsch der Frauen» in Berlin. Dieser Protest ist jünger, krawalliger und offen rassistisch. Die Veranstalter von Beverfoerdes «Demo für Alle» kritisieren alternative Lebensmodelle und sexuelle Orientierungen. Die Veranstalter des Frauenmarsches hingegen verdächtigen pauschal alle Muslime, Sexualstraftäter zu sein. Bereits mehrfach liefen gut 500 Menschen unter dem Motto «Wir sind kein Freiwild! Nirgendwo!» durch Berlin. Organisiert wird die Demonstration von Leyla Bilge, einer kurdischstämmigen Menschenrechtsaktivistin. Sie ist vom Islam zum Christentum konvertiert und arbeitet heute als Mitarbeiterin für den AfD-Bundestagsabgeordneten Ulrich Oehme, der dem völkisch-nationalen «Flügel» der Partei angehört. Auf AfD-Veranstaltungen und der *Compact*-Konferenz spricht Bilge vor allem über ein Thema: die «Islamisierung».

Bei ihren Auftritten erweckt sie den Eindruck, dass sich bald alle Frauen in Deutschland vollverschleiern müssen. Die «unkontrollierbaren muslimischen jungen Männer», sagt sie, kämen nach Deutschland, um zu «rauben, vergewaltigen und zu morden». Darum müssten alle Muslime rausgeschmissen werden, empfahl sie einmal. Sicher nicht ganz zufällig meldete Bilge ihren ersten Marsch in den Wochen an, als das Land im Rahmen der MeToo-Debatte über sexualisierte Gewalt gegen Frauen diskutierte. Das vermeintlich emanzipatorische Anliegen ihrer Demo war jedoch nur ein Vorwand. Denn Bilge und die AfD interessieren sich allein für die «gefährdete deutsche Frau». Eine Kundgebung für Frauenrechte, aufgeladen mit Islamhass und Rassismus. Als Leyla Bilge die letzten Male durch Berlin marschiert, folgen ihrem Frauenmarsch interessanterweise mehr Männer als Frauen. Einer von ihnen ist Lutz Bachmann. Vom Demowagen ruft der rechte Blogger David Berger: «Wir sind die wahren Feministen!» Auch in Delmenhorst und im Städtchen Kandel in der Südpfalz finden «Frauenmärsche gegen sexuelle Gewalt» statt. Wie in Berlin melden AfD-Politikerinnen die Proteste an, und es marschieren vor allem Männer durch die Straßen und skandieren Sätze wie: «Jetzt ist Schluss mit der Messerstecherei!»

Auch die Aktivisten der Identitären Bewegung versuchen einen Antifeminismus von rechts zu etablieren. Bei genauerer Betrachtung geht es neben der Sensibilisierung für Gewalt gegen Frauen immer auch um eine Aufwertung der weißen Frau und eine Abwertung des fremden Mannes. Das legitime Anliegen, über Vergewaltigungen durch junge Männer aus dem Nahen Osten aufzuklären, nutzen sie, um pauschal gegen die Gesamtheit der Muslime zu wettern und ganz bewusst die Zustände in der Gesellschaft zu verzerren. Die verbreitete häusliche Gewalt von Deutschen an Deutschen oder Sexualdelikte deutscher Männer an Frauen finden in ihren Kampagnen keinen Platz. In ihren Videos und Blogposts wird sexuelle Gewalt instrumentalisiert, um gegen Migranten und Flüchtlinge zu hetzen.

Obwohl die rechte Polit-Apo von Männern dominiert wird, schaffen es die Führer der Guerilla-Truppe, ihre wenigen Kameradinnen geschickt ins Rampenlicht zu stellen. Frauen wirken – so ihr Kalkül – harmloser und ansprechender als Bilder von aggressiven, betrunkenen Neonazis auf einem Rechtsrockkonzert. Martialische Kerle mit Stiernacken haben in der Vergangenheit nicht nur Frauen von der rechten Szene abgeschreckt. Heute ist das anders. Auffällig oft gehen jetzt junge Frauen bei den Demonstrationen der Identitären in der ersten Reihe des Protestzugs. Die als selbstbewusst inszenierten Poster-Girls der Identitären sind oft die Freundinnen der Chef-Aktivisten. Fast alle bekannten rechten YouTuberinnen und Instagram-Influencerinnen sind mit Führungsfiguren der Bewegung liiert. Die amerikanische Alt-Right-Aktivistin Brittany Pettibone etwa postete Ende August 2018 ein Foto mit dem Identitären-Chef Sellner im Arm und Ring an der Hand: «Happiest day of my life» stand darüber – offenbar haben sich die beiden Szene-Stars verlobt. Pettibone ziert auch das Cover der Erstausgabe des identitären Jugendmagazins *Arcadi* (siehe Kapitel 9). Die Titel der nächsten Ausgaben schmückte ebenfalls stets eine Frau aus dem neurechten Milieu. Nach unseren Recherchen liegt der Frauenanteil bei den Identitären in Deutschland bei gerade einmal 20 Prozent, es gibt also höchstens hundert weibliche Aktivistinnen bundesweit.

Eine von ihnen ist die Berlinerin Paula Winterfeldt. Das erste Mal sehen wir sie auf der Demonstration der Identitären in Berlin 2017. Sie trägt einen schwarzen Pony und ein T-Shirt des rechten Labels Phalanx Europa. Auf der Ladeklappe eines Lkw stehend, ruft sie ins Mikrophon: «Ich erinnere mich sehr, sehr gut an eine Zeit, in der Europa noch nicht von Terror und Massenvergewaltigungen heimgesucht wurde, (…) an eine Zeit, in der wir Deo statt Pfefferspray in unseren Taschen hatten.» Das Vorurteil, dass sich die deutsche Frau vor Fremden schützen müsse, durchzieht alle Aktionen der Identitären: Mal verteilen IB-Männer in Innenstädten Pfefferspray, um auf die Gefahren hinzuweisen, denen Frauen durch «importierte Gewalt» der «Multikultis» heute in Deutschland angeblich ausgesetzt seien. Ein anderes Mal tauchen Aktivistinnen als Flashmob an den Landungsbrücken im Hamburger Hafen auf. Eine von ihnen trägt eine schwarze Burka. Mit diesem drastischen Bild wollen sie ihre Dystopie von der angeblichen «Islamisierung» verbreiten. Solche Aktionen verfangen. In der Facebook-Gruppe «Identitäre Mädels und Frauen» sollen sich Hunderte Mitglieder ausgetauscht haben. Die erfolgreichste Frauen-rechts-Aktion der Identitären findet über Twitter und YouTube statt. Im März 2018 veröffentlichen sie ein Video, in dem junge Frauen ernst in die Kamera schauen. «Ich wurde in Kandel erstochen, ich wurde in Malmö vergewaltigt, ich wurde in Rotherham missbraucht», sagen sie zu melodramatischer Klaviermusik. Sie wollen auf die Gewalt durch Migranten hinweisen und behaupten, sie seien «der wahre Aufschrei gegen die wahre Bedrohung für Frauen in Europa». Mit dieser Initiative versuchten die Identitären, die feministischen Debatten #aufschrei und #MeToo zu kapern.

Auch wenn es Frauen waren, die sich hier öffentlich als Opfer inszenierten, so stehen hinter der Aktion doch wieder: Männer. Ein Mitglied des IB-Vorstands verantwortet die Webseite zur Kampagne, Martin Sellner hat die Aktion angemeldet. Ihre Gegen-Kampagne haben sie #120db getauft. 120 Dezibel ist die Lautstärke eines Taschenalarms, der angeblich mittlerweile «zur Grundausstattung der Handtaschen europäischer Frauen» gehört, wie Aktivistin Paula Winterfeldt im Video sagt. Neben dem Clip sollte der Hashtag #120db bei Twitter und Facebook etabliert werden. Die Aktion wurde parallel in mehreren Ländern gestartet. Das deutsche Video fand schnell über 100 000 Zuschauer. Auch diese Kampagne stellt Ausländer unter Generalverdacht und instrumentalisiert feministische Positionen für die Ablehnung von Fremden. Und es schwingt die identitäre Erzählung vom «großen Austausch» mit, der angeblich gesteuerten Überfremdung durch «Masseneinwanderung» von Muslimen.

Eine der prominentesten Polit-Aktivistinnen der Identitären ist Melanie Schmitz. Die Studentin der Kommunikationswissenschaft aus Essen beherrscht die große Inszenierung. Schmitz singt auf You-Tube Lieder über «Remigration», posiert für eine Foto-Kampagne der

IB, betreibt einen erfolgreichen Instagram-Account. Hier zeigt sie Bilder von sich im schwarzen Spitzen-Negligé, streckt der Kamera den Mittelfinger entgegen oder spaziert versonnen durch den Herbstwald. Mal zeigt sie sich im Hipster-Look mit Adidas-Trainingsjacke, mal ihren New-Balance-Sneaker mit einem Schokoladen-Nikolaus darin. Zwischen unverfänglichen Fotos von Avocados oder posend in der Badewanne tauchen auf ihrem Kanal aber immer wieder auch politische Botschaften auf. Mal trägt sie ein schwarzes T-Shirt, auf dem «Good night left side» («Gute Nacht, linke Seite») steht, ein abgewandelter Spruch von Linksradikalen, die «Good Night, White Pride» («Gute Nacht, weißer Stolz») skandieren. Auf einem anderen Bild sitzt sie in ihrem Zimmer, und über dem Bett hängt die Flagge von Casa Pound. Manchmal schreibt sie auch politische Botschaften, dann tippt sie: «Holen wir unser Land zurück.» Es ist eine wohlüberlegte, urbane Ästhetik, mit der Schmitz auch jene Followerinnen auf ihre Seite locken will, die sich sonst wohl nicht für die Identitären interessieren würden.

Andere Aktivistinnen versuchen, auf Instagram mit Fotos von Waldspaziergängen ihre Heimatliebe auszudrücken, oder sprechen familienbewusste Frauen mit dem «antifeministischen» Blog *radikal feminin* an. Dort finden Leserinnen Beiträge über die «Rolle als traditionelle Frau» und Bastelanleitungen für Adventskalender. Cupcakes, Naturbilder, Widerstand: Mit dieser Melange aus Heimeligkeit, cooler Social-Media-Selbstinszenierung und Fremdenhass werben die Frauen der Neuen Rechten um weibliche Verstärkung.

Jung, hip, rechtsextrem

Knapp sechs Monate nachdem die Identitären die Brunnenstraße in Berlin heruntermarschierten, sitzen wir Mario Müller in einem Haus in der Adam-Kuckhoff-Straße in Halle an der Saale gegenüber. Durch die gepanzerte Haustür und die verstärkten Fenster dröhnen Parolen von der Straße herein: «Es gibt! Kein Recht! Auf Nazipropaganda!» An Müller hechten junge Männer vorbei, die Treppen hinauf und hinunter. Im Erdgeschoss bauen sie Stühle auf, im ersten Stock feilen sie, über einen Laptop gebeugt, an einem Redemanuskript. In ein paar Minuten kommen die ersten Gäste. Vorausgesetzt, sie trauen sich durch die Polizeiabsperrungen vor dem Haus. Und an den Demonstranten vorbei.

Wer Müller nach den Zielen der Identitären Bewegung fragt, bekommt routiniert formulierte Sätze zu hören: «Ein Dreiklang aus sicheren Grenzen, Remigration und Hilfe vor Ort. Und dass das deutsche Volk wieder ein selbstbewusstes Verhältnis zur eigenen Identität entwickelt.» Was ist denn das, nichtdeutsch? «Das ist eine Frage der ethnokulturellen Identität.» Ein Sohn türkischer Eltern, der in Stuttgart geboren und dort zur Schule gegangen ist, seit Jahrzehnten in Deutschland lebt, kann der deutsch sein? «Nein, kann er nicht. Ich kann ja auch einen Hund nicht einfach Katze nennen.» Er sagt diesen Satz und wartet kurz ab, wie wir auf seine Provokation reagieren; er weiß, was er da sagt. Dann redet er weiter. Deutsch ist, durch wessen Adern deutsches Blut fließt. Und wer nicht deutsch ist, der muss gehen. Oder gegangen werden. So sehen es Müller und seine Kameraden. Und so sah es vor dreißig Jahren schon die NPD. Damals war von «Rasse» die Rede. Heute von «Identität».

In Halle hat der deutsche Ableger der selbsternannten Bewegung sein Hauptquartier eingerichtet. Aktivisten, Künstler und Politiker der AfD arbeiten hier am Aufbau eines «patriotischen Leuchtturmprojekts», das weit über die Stadtgrenzen von Halle hinauswirken soll, bis in deutsche Parlamente hinein. An diesem Abend findet im Erdgeschoss des Hauses ein Vortrag statt: «Braucht die patriotische Bewegung Gewerkschaften?» Draußen auf der Straße stehen Dutzende Mitglieder der örtlichen Antifa, sie wollen die Veranstaltung stören. Müller tritt hinaus auf die Straße, stellt sich hinter die Polizeiwagen, die vor der Tür des Hauses parken, und beobachtet das Treiben hinter den Absperrgittern. Mit den Händen formt er vor dem Mund einen Trichter, brüllt den Demonstranten etwas entgegen, doch der Lärm verschluckt seine Worte. Ein Polizist blafft ihn an: «Müssen Sie die denn auch noch provozieren?» Müller lächelt nur. Er ist der Hausherr in der Adam-Kuckhoff-Straße. Und er will sich von den Linken nicht die Show stehlen lassen.

Müller, 30, gebürtig aus Bremen, ist einer der prominentesten Köpfe der rechten Szene in Deutschland. In seiner Jugend bewegte er sich im Umfeld der Autonomen Nationalisten, einer Neonazi-Gruppe, später war er Mitglied bei den Jungen Nationalisten, der Jugendorganisation der NPD. In einem Gerichtsurteil aus dem Jahr 2014, das wir uns vom Amtsgericht Delmenhorst haben zuschicken lassen, steht über ihn: «Der Angeklagte wird wegen gefährlicher Körperverletzung zu einer Gesamtfreiheitsstrafe von sieben Monaten und zwei Wochen verurteilt. Die Vollstreckung der Gesamtfreiheitsstrafe wird zur Bewährung ausgesetzt.» Damals hatte Müller eine Gruppe linker Jugendlicher angegriffen, mit einer Stahlschraube, die in einem Kniestrumpf steckte. Er drosch mit dem sogenannten «Totschläger» auf seine Gegner ein und verletzte mindestens einen von ihnen schwer. So stellt es das Amtsgericht in seinem Urteil dar. Heute gehört Müller zu den Identitären. Und damit wie mehrere ehemalige Neonazis zu den Begründern eines neuen rechten Aktivismus.

Entstanden ist die Identitäre Bewegung Anfang der 2000er Jahre in Frankreich. Damals schlossen sich mehrere rechtsextreme Jugendliche zum Bloc identitaire zusammen, im Zentrum ihrer Debatten stand früh der Begriff «Ethnopluralismus». Was im ersten Moment harmlos klingt, entpuppt sich bei genauerem Hinsehen als Spielart des klassisch-biologischen Rassismus: Den Identitären geht es nach eigenem Bekunden nicht mehr um Rassen, sondern um Ethnien, die sie mit spezifischen Kulturen gleichsetzen. Der Kulturfremde stellt in den Augen der Identitären eine Bedrohung der heimischen Gesellschaft dar. Für Müller, den Österreicher Sellner und den Rostocker Daniel Fiß ist das heute vor allem der Islam. Sie zeichnen ihn als bösartige Terrorreligion, seine Anhänger als kulturfremde, barbarische Invasoren, die in einer reinen, europäischen Gesellschaft keinen Platz haben.

Bereits ein Jahrzehnt bevor sich in Frankreich die ersten Jugendlichen zur génération identitaire zusammenschlossen, gründeten italienische Aktivisten die Organisation Casa Pound, deren Mitglieder von sich selbst voller Stolz als «Faschisten des dritten Jahrtausends» sprechen. In ihrem Auftreten – nicht mehr in Springerstiefeln und Bomberjacken, sondern in Turnschuhen und Polohemden – sowie ihrem Bemühen um eine rechte Gegenkultur zum vermeintlich linken Mainstream dienten die Italiener den Identitären in Österreich und Deutschland bei deren ersten öffentlichen Auftritten als Vorbild. Heute dominieren die deutschsprachigen Identitären die Strömung. Wenn sie europaweit einladen, kommen Identitäre aus Tschechien, Österreich und die rechten nordamerikanischen Aktivistinnen Brittany Pettibone und Lauren Southern zum «Europa Nostra»-Festival nach Dresden.

In Halle ist der «Salon», wie Mario Müller die Veranstaltung nennt, gut besucht. An die 40 Gäste sind gekommen, vier von ihnen Frauen. Vorn am Stehpult wettert ein Redner gegen die IG Metall und den Deutschen Gewerkschaftsbund, wirft ihnen Korruption vor und Kungelei mit den Konzernchefs. Müller, Schnurrbart, Pomade im Haar, streift mit einer Kamera in der Hand durch die Sitzreihen, um Publikum und Podium zu fotografieren. Ein paar Dutzend Gäste im Raum, Zehntausende Follower im Netz. Etwa hundert aktive Identitäre gibt es in Deutschland, das haben unsere Kollegen von *Zeit Online* bei einer groß angelegten Recherche herausgefunden. Im Netz wirkt es jedoch häufig, als seien es hundertmal so viele. Die Kollegen nennen die IB deshalb zu Recht einen «Scheinriesen», in Anlehnung an Herrn Tur Tur, die Figur aus Michael Endes «Jim Knopf»-Kinderbüchern: Je näher man ihm kommt, desto mehr schrumpft er. Nur aus der Entfernung wirkt er riesig. Es ist dieses überdimensionale Echo, das den Erfolg der Gruppe ausmacht.

Denn die Identitäre Bewegung ist vor allem eines: ein Internet-Phänomen. In den ersten Jahren gab es die IB sogar ausschließlich im Netz: Auf Facebook diskutiert sie in Regionalgruppen über die Gefahr eines «großen Austauschs» und verbreitet Videos mit ihrer Kriegs-erklärung an die liberale Gesellschaft. Die Aktivisten von heute haben Aktionsformen der ihnen verhassten 68er-Bewegung gekapert, sie entrollen Transparente mit islamfeindlichen Botschaften an öffent-lichen Gebäuden, stören Theater-Vorführungen und Uni-Vorlesungen, verteilen Flugblätter und Jutebeutel in Fußgängerzonen. Um mit analogen Aktionen wie diesen großes Aufsehen zu erregen, sind sie jedoch zu wenige. Deshalb wird jeder Auftritt gefilmt, das Videomate-rial geschnitten und kurze Zeit später im Netz veröffentlicht. Auf Ins-tagram, Twitter und YouTube bringen sie es auf über hunderttausend Follower.

In Deutschland zieht die Gruppe im August 2016 die Aufmerk-samkeit der bundesweiten Medien auf sich. Damals klettert rund ein Dutzend Aktivisten auf das Brandenburger Tor und lässt ein Banner mit der Aufschrift «Sichere Grenzen, sichere Zukunft» von der Qua-driga herab. Das Video der Aktion taucht kurz darauf auf YouTube auf: Bilder in HD-Qualität, schnelle Schnitte, dramatischer Soundtrack. Innerhalb weniger Tage wird es tausendfach geklickt. Es ist der erste große PR-Erfolg der Gruppe. «Es war genial», schreit Sellner auf der Demo in Berlin-Mitte noch ein Jahr später ins Mikro, «damit habt ihr die IB in ganz Deutschland bekannt gemacht!»

Im Sommer 2017 chartern Sellner und seine Kameraden ein Schiff, die «C Star». Ihr Plan: Sie wollen auf dem Mittelmeer Nichtregie-rungsorganisation daran hindern, in Seenot geratene Flüchtlinge zu retten. Sie nennen ihre Aktion «Defend Europe». Täglich veröffent-lichen sie kurze Video-Podcasts, in denen sie in der Pose mutiger Ver-teidiger des Abendlandes über ihr Fortkommen berichten. Die Aktion aber scheitert. Es gibt juristische Schwierigkeiten beim Auslaufen in Nordzypern, technische Schwierigkeiten vor Libyen. Die angeheuer-ten Seeleute aus Sri Lanka gehen von Bord, einige beantragen Asyl in

Spanien – die Aktivisten der IB werden nun selbst der Schlepperei verdächtigt, gegen die sie eigentlich kämpfen wollten. Wenige Tage später ist alles vorbei. Zwar versuchen die Identitären noch auf ihren diversen Social-Media-Kanälen, die Aktion als Erfolg zu verkaufen. Statt Anerkennung bekommen sie aus dem Netz jedoch vor allem Häme und Wut zurück.

Der Habitus der Identitären ist für die rechtsextreme Szene ein Novum. Sie geben sich aktivistisch, Netz-affin, tragen Kleidung angesagter Modemarken wie New Balance, Fred Perry oder Adidas, feiern Filme wie die Comic-Adaption «300», in der eine kleine Gruppe mutiger Spartaner (Europäer) ein ganzes Heer persischer Eindringlinge (Muslime) abwehrt. Viele von ihnen sind Geisteswissenschaftler, schreiben Essays, Bücher und diskutieren im Netz über die Werke von Armin Mohler und Alain de Benoist. Es ist diese Kombination, die sie sowohl von den intellektuell oft dürftigen Neonazi-Kameradschaften der achtziger und neunziger Jahre als auch vom biederen Milieu der Burschenschaften unterscheidet – und das, obwohl viele der IB-Aktivisten ihre politischen Wurzeln in jenen Szenen haben. Auch unterscheiden sie sich dadurch, dass sie immer wieder auf das Prinzip der Gewaltlosigkeit verweisen. Sellner, Müller und Fiß präsentieren sich als Denker und Aktivisten, nie aber als Schläger. Doch dieses Bild trügt.

21. November 2017, Halle an der Saale. Immer wieder ist es hier in den vergangenen Monaten zu Zusammenstößen zwischen Identitären und Aktivisten der Antifa gekommen. Auch an diesen Abend stehen wieder Leute vor dem Haus in der Adam-Kuckhoff-Straße, brüllen Parolen, es fliegen Flaschen. Was dann geschieht, hat die Staatsanwaltschaft Halle dokumentiert: «Zwischenzeitlich kamen zwei Personen aus dem betroffenen Gebäude in der Adam-Kuckhoff-Straße. Sie waren maskiert, hatten Schutzschild, Schutzhelm sowie Baseballschläger bei sich und begaben sich zum nahe gelegenen Campusgelände. Zivile Polizeibeamte stellten die Männer im Alter von 27 und 29 Jahren. Einer von ihnen setzte Pfefferspray gegen die Beamten ein,

diese mussten ambulant behandelt werden.» Die Angreifer kamen aus dem Haus der Identitären. Der Staatsschutz ermittelt seitdem wegen gefährlicher Körperverletzung. Müller, damals 29 und wegen Körperverletzung vorbestraft, will dazu nichts sagen. Es gab mehrere Vorfälle, die ähnlich abliefen, in der Innenstadt von Halle, aber auch unter Beteiligung von Martin Sellner in Wien. Bei unserem ersten Besuch im IB-Haus in Halle entdecken wir Schlagstöcke in einem Gestell hinter der Haustür. «Selbstverteidigung», erwidern die Aktivisten, als wir sie darauf ansprechen. Tatsächlich lässt sich nicht immer klären, von wem die erste Provokation ausging.

In einem betongrauen Industriegebiet in Magdeburg arbeitet ein Mann, der versucht, genau diese Frage zu beantworten: Wie gefährlich sind die Identitären? Sein Name ist Jochen Hollmann, er ist Mitte 50 und leitet den Verfassungsschutz von Sachsen-Anhalt. Seine Beamten beobachten Islamisten, Scientologen, Linksextreme. Und die IB. Der Stützpunkt in Halle fällt in Hollmanns Zuständigkeit. Wir haben ihn für unsere Recherchen mehrfach besucht. Hollmann sagt: «Die Identitären sind zwar untereinander vernetzt, aber mitnichten eine Bewegung.» Und: «Einzelpersonen schätzen wir durchaus als potenziell gewaltbereit ein.» Wer vom Verfassungsschutz beobachtet wird, steht im Verdacht, die freiheitliche demokratische Grundordnung der Bundesrepublik nicht anzuerkennen. Die Identitären sind so ein Fall. Ihre Aktivisten, so sagte es 2015 auch der damalige Chef des Bundesamts für Verfassungsschutz, Hans-Georg Maaßen, diffamierten «Zuwanderer islamischen Glaubens oder aus dem Nahen Osten in extremistischer Weise». Seine Behörde hat die Befugnis, die Kommunikation der Gruppe abzuhören, sie zu beschatten und sogar V-Leute aus der Szene anzuwerben. Die Identitären wissen das. Unter ihnen kursieren Strategiepapiere, in denen nachzulesen ist, wie man sich bei einer Hausdurchsuchung der Polizei verhalten soll («Speicherkarten verstecken», «verlange einen Durchsuchungsbeschluss»), die Köpfe der Organisation warnen vor «Anquatschversuchen» durch den Verfassungsschutz und den «Spionagedienst der BRD». Immer wieder stoßen wir bei unseren Recherchen im Kreis der Identitären auf solche Dokumente. Sie sind der Beleg dafür, wie professionell die Aktivisten ihren Kampf gegen den von ihnen beschworenen «großen Austausch» betreiben, also die angebliche Verdrängung der weißen Mehrheitsbevölkerung durch Flüchtlinge und Zuwanderer. Die IB ist klein, aber gefährlich.

Und ihr Einfluss beschränkt sich längst nicht mehr nur auf das Internet. Die Organisation hat Verbündete auch in der realen Welt. Einer von ihnen ist Hans-Thomas Tillschneider. Er sitzt für die AfD im Landtag von Sachsen-Anhalt und gehört zum völkisch-nationalen Flügel seiner Partei. Zwischenzeitlich eröffnet er im Haus der Identitären in Halle ein Bürgerbüro. Und das, obwohl die AfD offiziell jede Zusammenarbeit mit Aktivisten wie Müller ablehnt. Tillschneider ist nicht der Einzige in seiner Partei, der so denkt. Sogar im Bundestag sitzen Unterstützer der Identitären: Thorsten Weiß zum Beispiel, damals Chef der AfD-Jugendorganisation Junge Alternative (JA) in Berlin, sagte dem *rbb*, es sei «überhaupt nicht verwerflich», dass Personen aus der AfD und der IB «Veranstaltungen gegenseitig besuchen oder gemeinsam an Demonstrationen teilnehmen», man ticke ganz ähnlich. Immer wieder haben Mitglieder der JA an Aktionen der Identitären teilgenommen oder sich mit ihnen fotografieren lassen. Petr Bystron, bis 2017 Vorsitzender der Bayern-AfD, forderte, die Partei müsse der IB als «Schutzschild» dienen. Der Abgrenzungsbeschluss der AfD ist löchrig. Die Kontakte der Identitären reichen bis ins Zentrum der Macht.

Und bis nach Schnellroda. Es ist das Jahr 2012, als Martin Sellner und Götz Kubitschek auf einer Konferenz der französischen Identitären in der Kleinstadt Orange im Rhonetal zum ersten Mal aufeinandertreffen. So hat es Sellner dem Autor Thomas Wagner für sein Buch «Die Angstmacher» erzählt: «Wir kannten ihn damals noch nicht persönlich, hatten Ehrfurcht vor ihm.» Fünf Jahre nach ihrer ersten Begegnung erscheint in Kubitscheks Antaios Verlag ein Buch: «Identitär! Geschichte eines Aufbruchs». Autor ist Martin Sellner. Die beiden arbeiten eng zusammen, der junge Aktivist tritt beim Institut für

Staatspolitik auf, schreibt Texte für die *Sezession*. Der Verleger ruft im Gegenzug nach der Besteigung des Brandenburger Tors dazu auf, die Identitären finanziell zu unterstützen (siehe Kapitel 8). Auch Mario Müller veröffentlicht ein Buch im Antaios Verlag, «Kontrakultur», eine Stilfibel für Rechtsradikale: Ein echter Mann trägt immer ein Messer in der Tasche und Pomade im Haar, ist darin zu lesen, er treibt Kampfsport und schaut den David-Fincher-Film «Fight Club». Quarzhandschuhe und Pfefferspray seien ganz nützlich zur Selbstverteidigung. Kubitschek bietet den Identitären eine Bühne. Und die Identitären nehmen sein Angebot dankbar an.

Die Straßenproteste

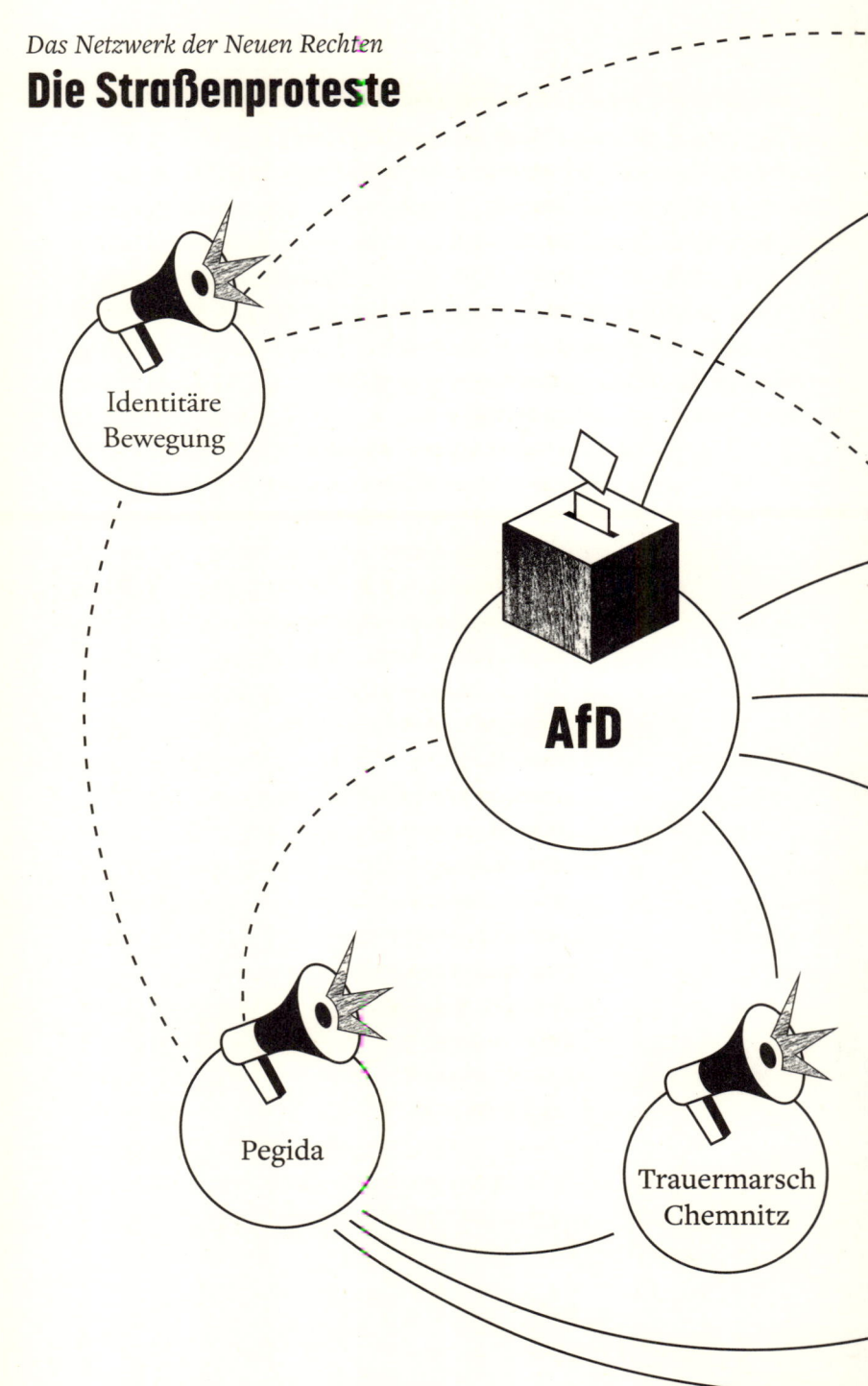

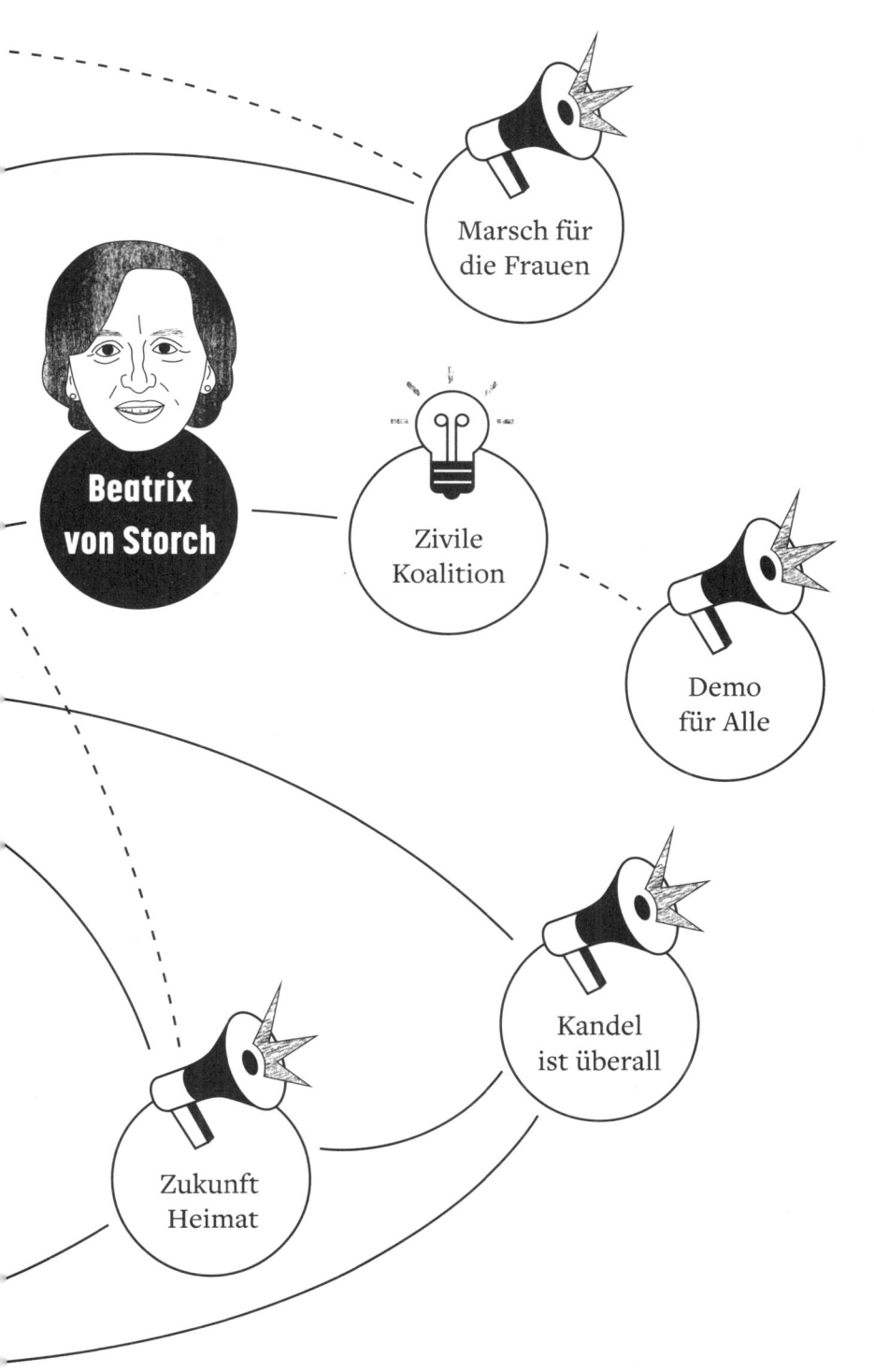

4. In den Köpfen

Ein Pilgerort in Sachsen-Anhalt

Auf der Suche nach demokratischen Vordenkern in Deutschland wird man in Berliner Kaffeehäusern fündig, im Zentrum der Stadt oder in einem Bau aus viel Glas gegenüber dem Deutschen Theater, in dem die Heinrich-Böll-Stiftung ihren Sitz hat. Oder in einem mächtigen Kubus am Berliner Tiergarten, in dem die Konrad-Adenauer-Stiftung residiert. Um die Vordenker der Neuen Rechten zu finden, muss man «Steigra» in Sachsen-Anhalt in sein Navigationsgerät eingeben. Dort, am Rand der Müchelner Kalktäler unweit des «Geflügelverkaufs» in der LPG-Straße und nur einige Meter entfernt vom Gasthof «Zum Schäfchen», liegt das sogenannte «Rittergut Schnellroda.» In dem gelb gestrichenen Häuschen lebt der Verleger Götz Kubitschek mit seiner Frau und den Kindern zwischen tief hängenden Holzdecken und alten Dielenfußböden. Hier in Schnellroda haben auch die Denkfabrik Institut für Staatspolitik (IfS), der Kleinverlag Antaios und die Theorie-Zeitschrift *Sezession* ihren Sitz. Kubitschek und seine Leute schreiben hier Aufsätze, arbeiten an Strategien und Kampagnen und bilden den Nachwuchs aus. Das Haus ist die intellektuelle Schnittstelle zwischen vorpolitischem Raum und der AfD. Es ist der wichtigste Thinktank der Neuen Rechten.

Der Ort ist wohlgewählt, denn er verkörpert Kubitscheks Gesellschaftsideal: Es gibt einen Gesangverein, einen Fußballclub und ein Kriegerdenkmal in der Kirche im Ortskern. Ein Flüchtlingsheim hingegen gibt es nicht. Männer laufen hier noch mit einem Weidenkorb zur Feldarbeit über die leere Dorfstraße. «Was ich in Schnellroda tun kann, wäre so im Westen nicht möglich», zitiert Melanie Amann in

ihrem Buch «Angst für Deutschland» Kubitschek: «Irgendeine Pasto-
rin, irgendeine Bürgerinitiative, irgendein hysterisches Lehrerkolle-
gium würde sich in meine Wade so verbissen haben, dass ich keinen
Schritt mehr gehen könnte.» Der Anteil der ihm verhassten «Gutmenschen» sei hier geringer als in den alten Bundesländern oder den Städten. Und wenn es doch einmal Kritik gibt, dann werden die Nachbarn
eben eingeschüchtert. Nachdem der *Mitteldeutsche Rundfunk* sich im
Juni 2016 im Dorf nach dem prominenten Bewohner umgehört hatte,
lud ein Flugblatt zu einem Diskussionsabend mit Kubitschek in die
Dorfkneipe ein.

Die Kubitscheks sprachen an diesem Abend all jene mit Namen an,
die sie kritisiert hatten. Als die Kritiker in der Diskussion widerspra-
chen, fuhren Kubitschek und Ellen Kositza ihnen über den Mund. Für
die Veranstaltung waren eigens Mitglieder der Identitären angereist,
sie beobachteten und filmten die Teilnehmer, schüchterten sie ein.
Eine Teilnehmerin erinnerte die Stimmung an den «Volksgerichtshof»
aus der Zeit des Nationalsozialismus, erzählte sie uns später.

Für Götz Kubitschek aber ist Schnellroda der «Knotenpunkt eines
konservativ-revolutionären Milieus». Schnellroda ist in seinen Augen
«zur Chiffre für diesen Geist geworden». Seitdem sich das Institut
und der Verlag hier niedergelassen haben, ist in den vergangenen fünf
Jahren in seiner Umgebung ein enges Netz aus neurechten Initiativen,
Medien und Strukturen des völkisch-nationalistischen AfD-Flügels
entstanden.

– Im nur 40 Kilometer entfernten Halle hat die Identitäre Bewegung 2017 ihr erstes «patriotisches Hausprojekt» in Deutschland
bezogen. Die Aktivisten sind eng verbunden mit der extrem rechten
Halle-Leobener Burschenschaft Germania, die sich vor einem Jahrzehnt wieder in Halle angesiedelt hat. Die Identitären leben Tür an
Tür mit Kubitscheks Kampagnen-Netzwerk Ein Prozent und einer
Außenstelle des Antaios Verlags.

– Im Jahr 2018 trafen sich die Rechtsaußen der Partei, der sogenannte «Flügel», nach Jahren in Thüringen, erstmals zu ihrem «Kyff-

häuser-Treffen» auf Schloss Burgscheidungen, einem malerischen Bau an der Unstrut. Bis nach Schnellroda sind es nur elf Kilometer. – Vor drei Jahren zog die Redaktion der rechten Hetzseite *Journalistenwatch.com* aus Berlin nach Naumburg. Auch Götz Kubitschek, andere Vertreter von Ein Prozent und den Identitären publizieren auf dem Portal. Naumburg ist nur eine kurze Autofahrt entfernt von Schnellroda. Die Verbindung zwischen dem Portal und Kubitschek scheint nicht nur geographisch sehr kurz zu sein (siehe Kapitel 6).

Die gesamte Region ist so über die Jahre zum Pilgerort der neurechten Gemeinde geworden. Kubitscheks Institut veranstaltet zwei Akademien im Jahr, eine im Sommer und eine im Winter. Die Veranstaltung dient als Kaderschmiede der Neuen Rechten. «An die 5000 Personen» hätten in den vergangenen zwanzig Jahren an den Seminaren teilgenommen, sagte Ellen Kositza der *taz*. In den frühen Jahren hat sich einmal ein *stern*-Reporter undercover in eine der Akademien eingeschleust. Er traf auf Studenten, Schüler, Juristen und einen arbeitslosen Maurer. Manche stammten aus dem Umfeld der NPD, aber auch CDU-Anhänger waren dort, einige lasen die *Junge Freiheit*, andere organisierten regelmäßig rechte Demos. Ein Referent bezeichnete damals die «Deutschenvertreibung von 1945» als die «größte ethnische Säuberung der Weltgeschichte». Nach den Kursen schlug ein Teilnehmer eine Schneeballschlacht vor: «Wir könnten doch Zweiter Weltkrieg spielen.» Zur Winterakademie 2018 unter dem Titel «Die Zukunft Europas und der Nationalstaat» reisten Nationalisten und Identitäre in New-Balance-Turnschuhen an, auch Frauen, notierte die *NZZ* überrascht. Nach den Vorträgen trafen sie sich abends zu Bier und Gesang.

Meldeten sich anfangs zu einer Akademie um die dreißig Teilnehmer an, sind es heute gut 150 Interessierte, die regelmäßig nach Schnellroda reisen. Weiter sollen die Teilnehmerzahlen aber nicht wachsen, damit das IfS ein exklusiver intellektueller Debattierklub der rechten Elite bleibt, erklärt uns ein Mitarbeiter. Das Ziel ist, «geistige Orientierung» zu bieten und «Einfluss auf die Köpfe» zu erlangen, hat

Karlheinz Weißmann, der zweite Initiator des Instituts, die Idee des Projekts vor fast 20 Jahren skizziert. «Und wenn die Köpfe auf den Schultern von Macht- und Mandatsträgern sitzen, umso besser.» Man müsse mit Personal intellektuell darauf vorbereitet sein, die herrschenden Eliten abzulösen, wenn Staat und Gesellschaft zerfallen seien. «Wir fördern die Kraft, widerständig zu sein», sagt Kubitschek über die Ziele des Instituts. Und offensichtlich hat er damit Erfolg. Der Samen, den er in den vergangenen zwei Jahrzehnten in den Boden gelegt hat, ist im fruchtbaren Boden aufgegangen.

«Schnellroda steht dafür, in der gleichgeschalteten Zeit unseren freien Geist zu bewahren», sagt Martin Sellner. Nach den Kursen «strömen wir wieder in unsere Städte, Gegenden, in unseren politischen Kampf, inspiriert und begeistert zurück.» Auch der Antaios-Autor Martin Lichtmesz (bürgerlich: Martin Semlitsch) ist begeistert. Es sei ein besonderer Spaß, sich die Mühe zu machen, «in den wilden Osten» zu fahren, «wo die wilden Kerle wohnen. Und dann trifft man so ein paar legendäre Neue Rechte oder Identitäre.» Die gesamte Führungsriege der IB im deutschsprachigen Raum, neurechte Verleger und der AfD-Nachwuchs der Jungen Alternative werden hier geschult. «Die Netzwerke im gesamten patriotischen Lager sind so straff, wir treffen uns alle zwei Mal im Jahr bei den Akademien des Instituts», sagt uns Simon Kaupert, ein Aktivist von Ein Prozent.

Die Lehreinheiten tragen Titel wie «Ist der Wettbewerb ein Naturgesetz?» und «Guerilla Marketing». Neben der Ausbildung und Vernetzung des «Lagers» ist Schnellroda vor allem zur Ideologie-Tankstelle geworden. Hier denkt Kubitschek nicht nur vor, seine Anhänger können auch ausprobieren, was öffentlich gesagt werden kann. Damit ist das IfS zu einem Baustein in der Strategie geworden, die eine Verschiebung des Sagbaren nach rechts zum Ziel hat. AfD-Parteichef Jörg Meuthen war bereits Gast einer Akademie, und mit Alexander Gauland trifft sich Kubitschek regelmäßig, sagte er der NZZ. Am engsten scheint jedoch sein Kontakt zu Björn Höcke, der in Schnellroda sein geistiges Rüstzeug erhält. Der Denker Kubitschek erhält so Einfluss auf den Macher Höcke. Der *Tagesspiegel* zeigt das an einem konkreten Beispiel: Zuerst schrieb Kubitschek, die soziale Frage sei das «Kronjuwel» der Linken, es könnte ihr durch «eine glaubwürdige und entschlossene AfD» abgejagt werden. Kurz darauf benutzt Höcke fast dieselben Worte in einer Rede und sagt: «Wenn wir als AfD glaubwürdig und entschlossen bleiben, dann können wir der Linken dieses Kronjuwel jetzt abjagen!» Für Höcke ist Schnellroda eine «Oase der geistigen Regeneration». Es sei jedes Mal «ein Labsal, wenn ich hier sein darf», lobt Höcke Schnellroda. Vielleicht hat er darum auch einmal seine Parteikollegen zu einer Klausurtagung der Thüringer AfD-Landtagsfraktion nach Sachsen-Anhalt eingeladen. Populärer wurde jedoch Höckes Besuch 2015, als er in seiner Skandalrede vom «lebensbejahenden afrikanischen Ausbreitungstyp» sprach.

Immer wieder ziehe er «geistiges Manna» aus Werken, die von dort stammen, sagte Höcke einmal über Schnellroda. Die Bücher des Antaios Verlags tragen Titel wie «Zurüstung zum Bürgerkrieg. Notizen zur Überfremdung Deutschlands», «Massenmigration als Waffe» oder «Gender ohne Ende». Der größte Erfolg war bisher Rolf Peter Sieferles «Finis Germania», ein Buch, das Kritiker als antisemitisch, revisionistisch und rechtsradikal bewerten. Die Polemiken-Sammlung aus dem Nachlass des Historikers dreht sich um die deutsche Vergangenheitsbewältigung und stieg in die *Spiegel*-Bestsellerliste ein. Als die *Spiegel*-Redaktion das Buch aus der Liste entfernte, löste das eine kontroverse Debatte aus. Der Name Antaios stammt von einem Riesen aus einer griechischen Sage, der seine Kraft aus der Erde zieht und aus den Schädeln seiner unterlegenen Gegner einen Tempel baut. Mit rund 150 verlegten Büchern ist Antaios zum Riesen des Milieus geworden. Neben den populären Sachbüchern und Romanen des Verlags publiziert das Institut auch wissenschaftliche Hefte, meist zu den Themen Zuwanderung oder Geschichtspolitik aus rechter Perspektive, um Argumente für die politische Auseinandersetzung anzubieten. Für diese Arbeit akquiriert Götz Kubitschek gern neue Mitarbeiter unter den Teilnehmern seiner Akademien. Einige der Identitären bleiben gleich auf dem «Rittergut», absolvieren wie Martin Sellner Praktika oder organisieren von hier aus Lesungen und «Staatspolitische Salons» des IfS in ganz Deutschland, wie Jörg Dittus. Der Österreicher arbeitete erst für den Antaios Verlag und wurde Ende 2018 Mitarbeiter der AfD im Landtag von Sachsen-Anhalt. Und obwohl sich Kubitschek stets von Neonazis und Nationalsozialisten distanziert, soll er laut Volker Weiß früher einen von ihnen in Schnellroda beschäftigt haben: Arne Schimmer, den späteren Landtagsabgeordneten der NPD. Er soll als Lektor für den Verlag gearbeitet und inkognito für die *Sezession* geschrieben haben. Die *taz* enthüllte später einen Chat von Schimmer, darin berichtet der NPD-Mann einem Bekannten, dass Kubitschek ihn eingeschworen habe. Seine Mitarbeit dürfe unter keinen Umständen bekannt werden, das «wäre unglaublich wichtig».

Das Dagegen-Start-up

«Wir haben die Pressekonferenz kurzfristig angesetzt, weil die Lage jetzt sehr dramatisch ist.» Schon Jürgen Elsässers erste Worte klingen bedrohlich, als er die Initiative «Ein Prozent für unser Land» im Februar 2016 öffentlich vorstellt. Weil die Situation mit den Flüchtlingen in Deutschland so düster sei, brauche es nun endlich eine starke Gegenwehr. Deshalb hat er an diesem Tag nach Berlin eingeladen, gemeinsam mit dem emeritierten Staatsrechtler Karl Albrecht Schachtschneider und Götz Kubitschek. Sie sehen sich als der nationale Widerstand. Vor den anwesenden Journalisten und Kamerateams kündigen sie eine «Verfassungsbeschwerde gegen die Politik der Masseneinwanderung» an. Im November 2015, ein paar Monate zuvor, hatten sie dafür Ein Prozent gestartet, als «Vernetzungsplattform für den überall im Land aufkeimenden Widerstand», sagt Kubitschek. Ihre Idee: Nur ein Prozent der deutschen Bevölkerung reiche aus, um die Stimmung im Land nachhaltig zu verändern. Damit wollen sie «wirksame Widerstandsstrukturen» auf die Straße, in die Gerichte und in die Parlamente bringen. Kubitscheks Vision ist es, zarte Pflänzchen des Widerstands in den Regionen zu pflegen – mit Hilfe bei der Organisation, mit Geld, Flyern oder Anmeldungen bei Ämtern. Dann wachse daraus vielleicht ein starker Baum, der bleibe. Der Verein soll ein «Greenpeace für Deutsche» werden, sagt Kubitschek.

Und tatsächlich ist Ein Prozent eine Neuheit. Der Verein ist gleichzeitig PR-Agentur rechter Kampagnen, Plattform zur Vernetzung fremdenfeindlicher Proteste sowie Crowdfunding-Portal für Aktionen der Identitären. Die Gründer Elsässer, Schachtschneider und Kubitschek haben sich mittlerweile aus der täglichen Arbeit zurückgezogen. Philip Stein hat den Vorsitz übernommen. Gemeinsam mit Simon Kaupert vertritt er den Verein nach außen. Kaupert war der Kopf des vom Verfassungsschutz beobachteten Würzburger Pegida-Ablegers Wügida und nahm an einem Pfingstlager der NPD-Jugend teil. Angeblich engagieren sich elf Personen bei der Initiative, sagt uns Stein. Die Aktivisten waren früher bei der NPD-Jugend oder sind heute bei den Identitären aktiv. Obwohl die Truppe überschaubar ist, zeigte bereits der Auftakt in Berlin, was die Kampagnenmacher der Neuen Rechten am besten können: Marketing. Mit kleinem Aufwand und wenig Personal etwas Großes, Mächtiges inszenieren. Unruhe stiften. Aufmerksamkeit bekommen.

Zehn Prozent der Einnahmen steckt die Initiative allein in Facebook-Anzeigen, berichtet der *Deutschlandfunk*. Zum Vergleich: Greenpeace gibt gerade einmal fünf Prozent seines gesamten Etats für Werbung aus.

Die Aktionen von Ein Prozent sollen provozieren. Die schnelle Aufmerksamkeit ist den Machern wichtiger als konkrete Veränderungen in der Gesellschaft. Die Verfassungsbeschwerde erregte zwar in der Presse großes Aufsehen, wenige Tage später wurde sie allerdings bereits von den Richtern in Karlsruhe abgelehnt. Im Herbst 2017 kündigte Ein Prozent die Gründung einer «patriotischen Gewerkschaft» an. Rechte Arbeitnehmer sollten ausgebildet werden und bei den

Betriebsratswahlen antreten, um so ein Gegengewicht zu den klassisch linken Arbeitervertretungen zu bilden. Auf ihrer Website warnte Ein Prozent in einem dramatischen Video mit nachgestellten Szenen vor angeblichen «Gesinnungswächtern am Fließband, in der Werkstatt und im Büro», die «Patrioten» aufgrund ihrer politischen Einstellung das Leben schwer machten. Es folgten unzählige Medienberichte, die Rechten hätten in den Betrieben ein Potenzial von 20 Prozent Zustimmung, hieß es. Die großen Gewerkschaften fürchteten um ihre Vormachtstellung, brachten Infobroschüren heraus, die Nervosität war groß. Am Ende der Betriebsratswahlen im Mai 2018 hatten die neurechten Kandidaten gerade einmal 21 Mandate gewonnen – von 180 000 bundesweit. Auch wenn das Ergebnis für Stein und Kaupert enttäuschend gewesen sein dürfte: Mit wenig Geld und kleinem Personal treiben sie sogar die mächtigen Gewerkschaften vor sich her.

Vor jeder Landtagswahl und zuletzt zur Bundestagswahl warnen AfD-Politiker und Vertreter der Neuen Rechten vor Wahlbetrug – es ist ein gängiger Angriff der vermeintlich vom «System» Diskriminierten gegen das sie diskriminierende System. Ein Prozent schürt diese Angst und ruft regelmäßig die Bürger dazu auf, als «Wahlbeobachter» in den Wahllokalen darüber zu wachen, dass der AfD keine Stimmen abhandenkommen. Im Frühjahr 2017 stellt der Verein die offiziell anmutende Webseite wahlbeobachtung.de ins Internet, auf der sich Interessierte als Wahlbeobachter für die nächste anstehende Abstimmung eintragen können. Parallel versucht die Initiative Hashtags wie #Wendejahr17 in den sozialen Medien populär zu machen. Am Wahltag in Sachsen-Anhalt 2016 filmten Mitarbeiter von Ein Prozent in Magdeburg und anderen Städten des Bundeslandes die Wahlbeobachter. Trotz des Aufwandes konnten die Aktivisten keinen einzigen Fall von vorsätzlichem Wahlbetrug nachweisen. Darum ging es auch nur am Rande. Mit der gesamten Aktion versuchten die neurechten Kampangeros, Zweifel an der Demokratie zu streuen und das Vertrauen der Bürger in den Staat zu erschüttern. Freie Wahlen werden manipuliert, so die Botschaft, die sie verbreiten wollten. Auch durch diese PR-Arbeit von Ein Prozent hält sich das Gerücht von gefälschten Wahlen hartnäckig in rechten Kreisen.

Die Webseite von Ein Prozent präsentiert sich in zeitgeistiger Ästhetik, Spenden werden auch via US-Bezahldienst PayPal entgegengenommen. Alles soll wirken wie ein modernes Start-up in Berlin-Mitte. Angeblich hat der Verein mittlerweile fast 50000 Unterstützer, «vom Hartz-IV-Empfänger bis zum Bankier», sagt Philip Stein, als wir mit ihm zusammensitzen. Diese Information lässt sich ebenso wenig überprüfen wie die Zahl von 90000 Menschen, die angeblich den «Rundbrief» der Initiative abonniert haben. Was wir aber nachprüfen können, ist die Anzahl der Mitglieder des Vereins. Beim Amtsgericht Dresden sind im Vereinsregister neben Kubitschek und Elsässer noch zwei ehemalige Funktionäre der Deutschen Burschenschaft, ein älteres Ehepaar aus Ostsachsen und ein Moderator von *CompactTV* eingetragen. Es sind gerade einmal die sieben Personen, die benötigt werden, um in Deutschland einen Verein zu gründen.

Der Vereinsvorsitzende Philip Stein hat sich seine Zentrale im Haus der Identitären in Halle an der Saale eingerichtet. An den weiß gestrichenen Wänden hängen To-do-Listen und Poster mit eilig hingekritzelten Ideen für kommende Kampagnen, unten an der Treppe lehnen bunte Rennräder. In Steins Büro türmen sich Pappkisten mit Büchern und Flugblättern, sein Laptopbildschirm leuchtet vom schweren Eichen-Schreibtisch. An einer Wand in Steins Büro kleben die Porträts aller AfD-Bundestagsabgeordneten. Viele der Gesichter wurden mit einem dicken schwarzen Kreuz durchgestrichen, 17 sind eingekringelt. Zwei Politiker sind mit einem Fragezeichen versehen, über einem steht «Mongo», einer Person ist ein Penis auf die Stirn gemalt. Die Eingekringelten kommen in den Augen der Aktivisten für eine Zusammenarbeit in Frage. Die Verbindung zum Rechtsaußen-Flügel der AfD ist schon länger eng. Stein und Kubitschek beraten die Partei auf Landes- und Bundesebene. Ein-Prozent-Vertreter hatten der AfD in Mecklenburg angeboten, als «ein mehrwöchiges Wahlkampf-Kommando» an die Ostsee zu kommen, andere Vereinsmitarbeiter haben Wahlwerbekampagnen für AfD-Politiker in Berlin und Sachsen-Anhalt organisiert. Als eine AfD-Abgeordnete aus dem Landtag in Baden-Württemberg nach dem Mord an einem Mädchen die fremdenfeindlichen Demonstrationen «Kandel ist überall» organisierte, unterstützte Ein Prozent sie dabei. Mittlerweile hat sich die Politikerin zurückgezogen und andere Aktivisten führen die Kundgebungen unter der Marke «Frauenbündnis Kandel» weiter.

Schon mehrfach hat die Aktivistengruppe lokale Proteste groß gemacht oder ihnen bundesweite Aufmerksamkeit verschafft. Ein Prozent warb bei Pegida in Dresden Spenden ein, war bei den Anti-Asyl-Protesten in Cottbus dabei und im bayerischen Freilassing. Die Aktivisten drehen Videos, um die Wirkung von kleinen lokalen Protestgruppen im Internet noch zu vergrößern. Es sind emotionale Clips in Hochglanzoptik, die auf YouTube Tausende erreichen. So lassen sich weitere Spenden einwerben. In Erfurt baute der Verein aus Protest ein riesiges Holzkreuz neben das Grundstück, auf dem eine Moschee gebaut werden sollte, um die Gegner vor Ort zu unterstützen. Bei den Zuschauern und Abonnenten der Rundbriefe soll so der Eindruck einer breiten Widerstandsfront erweckt werden. Überall Brennpunkte im Land. So inszeniert Ein Prozent eine vorrevolutionäre Atmosphäre.

Nicht immer bleiben die Aktivisten bei den Anti-Asyl-Protesten friedlich. Mehrere Straftaten, unter anderem Sachbeschädigung und Hausfriedensbruch, könnten «mit dem Verein ‹Ein Prozent› in Verbindung gebracht» werden, teilt die Bundesregierung mit. Nachdem in Arnsdorf Mitglieder einer Bürgerwehr einen Geflüchteten aus einem Supermarkt gezogen und mit Kabelbindern an einen Baum gefesselt haben sollen, bezahlte Ein Prozent den Angeklagten die Gerichtskosten von 20000 Euro. Das bestätigt uns Philip Stein. Die Männer wurden freigesprochen. Woher kommt das Geld für solche großzügige Unterstützung? Finanziert wird der Verein laut eigener Aussage ausschließlich von vielen Kleinspendern. Die meisten würden 15 bis 35 Euro im Monat spenden, sagt Stein. So konnte die Initiative

2016 nach eigenen Angaben 166 000 Euro in rechte Projekte stecken, im Jahr darauf sollen es bereits 250 000 Euro gewesen sein. Uns liegen interne Informationen des Pegida Fördervereins e. V. von August 2017 vor, aus denen hervorgeht, dass Pegida «auch Aktionen der IB und von einprozent.de mitfinanziert». Das «Orgateam» der Großdemonstration gibt also Spendengelder an das Kampagnen-Netzwerk der Neuen Rechten weiter. Beide Organisationen haben das gleiche Interesse: die Wut auf der Straße bundesweit am Köcheln zu halten. Die Spendengelder an Ein Prozent werden für «Mitarbeiter, die die Unterstützung lokaler Bürgerinitiativen, Protestgruppen, Demonstrationsbündnisse koordinieren», benötigt, sagt Götz Kubitschek. Geld soll auch an die Identitäre Bewegung in Deutschland und Österreich geflossen sein, mindestens 10 000 Euro, ließ Götz Kubitschek verlautbaren. Außerdem hat Ein Prozent den «ersten patriotischen Infoladen Deutschlands» in Cottbus aufgebaut. Das Café «Mühle» soll Anlaufstelle für Wutbürger werden und aus den fremdenfeindlichen Demos heraus eine rechte Struktur in der Stadt wachsen lassen. Im selben Haus sind auch AfD-Bürgerbüros untergebracht. Der Weg vom Wutbürger zum AfD-Wähler ist nur ein kurzer.

Über 80 «patriotische Projekte, Initiativen und Künstler» will Ein Prozent mittlerweile regelmäßig mit Wissen, Logistik «und natürlich finanziellen Ressourcen» unterstützen, teilt die politische PR-Agentur im November 2018 mit. Eines der Projekte ist das «Netzwerk Landraum». 15 Familien sollen «aus überfremdeten Großstädten» auf dem Dorf angesiedelt werden und rechte Landkommunen gründen. Angeblich hat der Verein dafür bereits Landärzte, Zimmermänner, Imker und Wirte gefunden; die ersten beiden Gebäude seien schon gekauft, heißt es. «Die patriotische Raumnahme ist gestartet.» Ein Prozent besetzt gesellschaftliche Nischen, die AfD und die Identitären bislang nicht bearbeiten. Kaum eine andere Organisation hat das Konzept der «kulturellen Hegemonie» so verinnerlicht: Jeder Bereich des Lebens soll mit der rechten Ideologie verknüpft werden, um so nach und nach weitere Zielgruppen zu erreichen. Landkommunen für

Familien. Eine Gewerkschaft für die Arbeiter. Eine rechte Popkultur für Jugendliche. Dafür finanziert der Verein Studioaufnahmen und Dreharbeiten für neurechte Rapper, unterstützt das Modelabel Radical Esthétique sowie das gedruckte identitäre Jugendmagazin *Arcadi* und Video-Blogs.

Alte Herren, neue Köpfe

Die Göpelskuppe im Osten von Eisenach. Heroisch thront das Burschenschaftsdenkmal auf dem Berg über dem Talkessel der thüringischen Stadt. Der Rundtempel von 1902 erinnert an die Burschenschafter, die im deutsch-französischen Krieg dreißig Jahre zuvor gefallen waren. Dreiunddreißig Meter Tradition. Jedes Frühjahr wird der Koloss zum Treffpunkt der ultrarechten Studentenverbindungen aus Österreich und Deutschland, die zusammen den Dachverband Deutsche Burschenschaft (DB) bilden. Auf dem «Burschentag» treffen sich die Mitglieder der DB-Bünde, er ist Szenetreff, Vernetzungsplattform und höchstes Gremium des Verbandes zugleich. Das Wochenende ist der wichtigste Termin im Kalender der deutschen Burschen.

Schwarz-rot-goldene Flaggen wehen, junge Männer mit roten, grünen oder violetten Kappen unterhalten sich, ihr Blick fällt ins Tal. Sie tragen goldene Burschenschafter-Nadeln am Revers und Schärpen in den Farben ihrer Verbindungen um den Bauch. Manche Jungburschen stecken in eng geschnittenen schwarzen Anzügen, tragen randlose Brillen und könnten auch bei McKinsey arbeiten. Andere kombinieren ihren Vollbart mit Lederhose und Trachtenjanker. Sie warten auf den Einzug der Chargierten. Bläser kündigen ihn an. Verbindungsbrüder in weißen, militärähnlichen Uniformen und Reiterstiefeln marschieren am Fuße des Denkmals auf und erheben ihre Fechtwaffen. Dieser traditionelle Einmarsch gehört zum Ritual des «Burschentags», genauso wie das gemeinsame Biertrinken am Abend im nahegelegenen DB-Vereinshaus. Neben Aufmarsch und Alkohol verbinden die Burschen ihr gemeinsames Motto: «Ehre, Freiheit, Vaterland». Seit zwei Jahrhunderten geht das jetzt schon so – damals wurden die ersten Burschenschaften gegründet.

Das Erstarken der neurechten Bewegung hat auch die angestaubte Deutsche Burschenschaft revitalisiert. «Ich kann mit Stolz sagen, dass die DB ein Teil dieser konservativen Renaissance ist», sagt Jörg Sobolewski von der Burschenschaft Gothia aus Berlin, der heute als Mitarbeiter im Bundestag für die Alternative für Deutschland arbeitet. Der Aufstieg der AfD brachte auch für die politisch marginalisierten Burschenschaften die Trendwende. Endlich gab es eine Partei, in der die Burschenschafter ihr konservatives Weltbild vertreten sahen. Der Erfolg der AfD bescherte den Kooperierten Karrierechancen.

Nach eigenen Angaben sollen den knapp 70 Bünden der Deutschen Burschenschaft etwa 7000 Verbindungsbrüder angehören. Wer in eine Studentenverbindung eintritt, geht einen Bund fürs Leben ein – auch nach dem Studium verbindet die Männer ihr Korpsgeist bis ins hohe Alter. Die Studenten wohnen meist sehr günstig im jeweiligen «Burschenhaus» der Verbindung, oft sind das repräsentative Villen. Die Mitglieder lernen und leben zusammen, veranstalten Feiern und Vorträge. Bei einigen Bünden sind Fechtkämpfe verpflichtend, die oft auf dem hauseigenen Paukboden in den Kellern der Verbindungshäuser ausgetragen werden. Die «Alten Herren» bleiben den aktiven Burschen verbunden, sie vermitteln Praktika und Jobs und geben traditionelle Werte wie Nationalismus und Patriotismus an die Jungen weiter. Die DB ist heute eines der wichtigsten Schulungszentren für den akademischen Nachwuchs der Neuen Rechten.

Nach einem heftigen Richtungsstreit und der Diskussion um einen «Ariernachweis» für Burschen der DB-Bünde haben seit 2011 die Hälfte der Mitglieder-Burschenschaften die DB verlassen. Rechte Bünde wollten durchsetzen, dass Männer mit «nicht-abendländisch-europäischer Abstammung» nicht mehr in Verbindungen aufgenommen werden. Daraufhin gingen die Gemäßigten, die Radikalen blieben zurück. Bestimmt wird der Kurs heute durch wenige Verbindungen, die teilweise im Fokus der Sicherheitsbehörden stehen: Gothia Berlin, Frankonia Erlangen, Germania in Marburg und Halle-Leobener Burschenschaft Germania. «Die Häuser und Etagen sind ideologische Panzerdeckungslöcher, an denen die Wucht der Moderne zumindest teilweise folgenlos verpufft», fasst Philip Stein das Selbstverständnis der Burschenschaften zusammen. Stein ist seit mehreren Jahren Sprecher der Deutschen Burschenschaft.

Kubitscheks Zögling sieht einen wachsenden Einfluss seiner Waffenbrüder in der neurechten Szene: «Wohin man blickt, sind Mitglieder verschiedener nationaler Männerbünde involviert. Ob *Sezession*, *Junge Freiheit* oder *Blaue Narzisse*, die rechte Publizistik zehrt und profitiert auch von jenen, die zuvor eine männerbündische Erziehung genießen durften. In Österreich ist das traditionell sogar noch viel stabiler, und die FPÖ lebt ganz maßgeblich aus dem burschenschaftlichen Milieu.» Das schrieb Stein anlässlich des 200. Geburtstags der Urburschenschaft aus Jena. In Österreich waren zeitweise vier der fünf stellvertretenden FPÖ-Vorsitzenden Mitglieder nationalistischer schlagender Verbindungen – auch Vizekanzler und FPÖ-Parteichef Heinz-Christian Strache ist einer von ihnen. In Deutschland sitzen Burschenschafter für SPD und CDU im Bundestag, meist sind sie Mitglieder gemäßigter Bünde. Die radikaleren Aktiven und Alten Herren ziehen erst seit fünf Jahren in die Parlamente ein – als Abgeordnete oder Mitarbeiter der AfD im Bundestag und in den Landtagen: der Sprecher von Björn Höcke, der Geschäftsführer der rechten Denkfabrik Studienzentrum Weikersheim und zugleich Sprecher von Alice Weidel mit Schmiss auf der Wange, der stellvertretende Fraktionsvorsitzende der AfD im Bundestag, ein Pressesprecher der AfD-Bundestagsfraktion – sie alle sind Burschenschafter aus dem ultrarechten Spektrum.

Nach der Bundestagswahl suchten die völkisch denkenden Abgeordneten der AfD vermehrt linientreue Mitarbeiter in den rechten Burschenschaften. Der AfD-Mann Enrico Komning warb gezielt bei der Deutschen Burschenschaft um Bewerber für die Stelle eines Abgeordneten-Referenten. Er wurde bei der Greifswalder Burschenschaft Rugia fündig, einer ihrer Burschen arbeitet heute für Komning. Der rechtsradikale Aktivist und AfD-Politiker Dubravko Mandic suchte über eine Anzeige im neurechten Magazin *Arcadi* einen Jura-Studenten für seine Anwaltskanzlei, explizit aus einer «patriotischen Organisation» wie den Burschenschaften. Recherchen von der *taz*, der *Welt* und unseren Kollegen von *Zeit Online* fanden unter den AfD-Mitarbeitern im Bundestag 36 Burschenschafter – manche sind Mitglied bei der rechtskonservativen Berliner Sängerschaft Borussia, aber auch bei der vom Verfassungsschutz als rechtsextrem eingestuften Danubia in München. Bereits seit 2015 organisieren sich rechte Burschen in einer Art Geheimbund: «Korporierte in der AfD», deren Mitglieder sich auf Facebook in einer geschlossenen Gruppe austauschten, aber auch bereits mehrfach im Verborgenen getroffen haben. Die Verbindungsbrüder wollen nach österreichischem Vorbild einen AfD-nahen Akademikerverband gründen – und damit ihren ideologischen und personellen Einfluss innerhalb der Partei ausbauen. «Wenn die AfD eine Stelle ausschreibt, bewirbt sich entweder gar keiner oder eben ein Burschenschafter», sagte ein AfD-Funktionär zu *Zeit Online*. Die *HuffPost* untersuchte 35 Burschenschaften, die Mitglied in der DB sind. Fazit: In 30 Fällen ließen sich direkte Verbindungen zur AfD nachweisen. Manchmal waren AfDler selbst Mitglied, öfter sind AfD-Politiker eingeladen gewesen und haben Vorträge gehalten. Der AfD-Vorsitzende Alexander Gauland hielt sogar als Stargast die Festrede auf dem Kommers des «Deutschen Burschentags» 2016 in Eisenach.

Die Bundesbrüder bringen etwas mit, das der noch jungen Partei fehlt: «Niemand kann so gut organisieren wie Burschenschafter. Parteitage, Bildungsseminare, Mehrheiten – geben Sie uns einen Tag Zeit, und das ist gemacht», sagt Jörg Sobolewski in *ZEIT Campus*. Dieselbe Gesinnung teilen AfD und rechte Burschenschaften ohnehin. Auch die DB-Bünde wollen den Begriff Patriotismus wieder positiv besetzen. Für beide ist der Nationalismus das Grundprinzip ihres Gesellschaftsentwurfs. Da liegt es nahe, dass die Partei die Verbindungs-Klientel als Wähler und Multiplikatoren umwirbt. «Die Anzahl und Relevanz jener politisch Aktiven, die aus den Reihen der politisch gefestigten Deutschen Burschenschaft stammen, sind dabei überdurchschnittlich hoch», schreibt auch Philip Stein in der *Sezession*. «Die weltanschauliche, gesellschaftliche und explizit männerbündische Erziehung ist eine notwendige Grundlage für all jene, die fernab der gesellschaftlichen Akzeptanz für Volk und Vaterland zu streiten gedenken.»

Andere Verbindungsbrüder engagieren sich bei den rechtsextremen Polit-Aktivisten der Identitären, wie Patrick Bass, der als identitärer Rapper Komplott auftritt, oder der Österreicher Martin Sellner. «Burschenschafter sein, das ist per se ein Akt des Widerstandes. Widerstand, gegen die verblödete, identitätslose und entortete Dekadenzgesellschaft unserer Zeit», schreibt John Hoewer von der Germania Köln 2014 im DB-Verbandsblatt. Das ist sowohl sprachlich als auch inhaltlich nicht weit entfernt vom elitären Ton der Identitären. Burschen beteiligen sich auch an den Guerilla-Aktionen der IB, laden die Aktivisten zu ihren burschenschaftlichen Wehrsportübungen ein, öffnen die Burschenhäuser für IB-Veranstaltungen oder bieten den Aktivisten ihre Räume fürs Kampfsporttraining an. Auch dienen die Verbindungen als Scharnier zwischen AfD und Identitärer Bewegung – zu der die Partei offiziell einen Abgrenzungsbeschluss gefasst hat. Ein AfD-Bundestagsmitarbeiter und ein AfD-Mitglied des Berliner Abgeordnetenhauses wurden dabei fotografiert, wie sie sich bei der Burschenschaft Gothia mit Identitären trafen. Die Gothen bieten der Partei und der Jungen Alternative in ihrer Gründerzeitvilla einen Ort für Veranstaltungen und interne Treffen. Gleichzeitig ist die Gothia ein wichtiger Rückzugsort für Mitglieder der Identitären Bewegung geworden. In *Arcadi* wirbt die Berliner Burschenschaft gar mit einer Anzeige um die Aktivisten: darauf einige Piktogramme, im Angebot seien Fechten, Bier und Pepe, der Frosch – ein Szene-Erkennungszeichen der Identitären. Die Verbindungen ihrer studentischen Unterstützer zu den rechtsextremen Aktivisten der IB sieht die AfD bislang nicht als Problem. Alle profitieren davon: Die Identitären erhalten logistische und finanzielle Unterstützung, die Burschenschaften und die Partei hoffen auf neue Mitglieder.

Die Burschen sind auch im vorpolitischen Raum aktiv. Philip Stein beschäftigt in seinem Kampagnen-Büro Ein Prozent mehrere Mitglieder der DB. Uns vorliegende Unterlagen des Amtsgerichts Dresden bestätigen, dass Markus Schreiber von der Dresdensia-Rugia Gießen den Verein mitgegründet hat. Schreiber und Stein kennen sich aus Marburg, beide sind «Germanen». Schreiber war Steins Stellvertreter als Sprecher der DB. Ein Prozent warb auch bereits mit einer sechsseitigen Beilage im Verbandsorgan *Burschenschaftliche Blätter* bei den Bundesbrüdern. Stein erhofft sich davon offenbar Unterstützung für seine Projekte. Dass er 2018 von der AfD eingeladen wurde, im Bundestag zu sprechen, ist auch ein Erfolg der Burschen-Netzwerke. Ein Verbindungsbruder der DB arbeitet heute als Referent für die AfD im Bundestag – und hatte die Einladung vorbereitet.

Das Netzwerk, das sich jetzt für die Neuen Rechten bezahlt macht, ist langfristig gewachsen. Bereits 2012 suchten die neurechten Verleger Götz Kubitschek und Felix Menzel die Nähe zu den Burschenschaften. Beide waren selbst auch Mitglieder rechter Bünde; Menzel hatte mit anderen die Schülerverbindung Pennale Burschenschaft «Theodor Körner» gegründet, Kubitschek war in der Gildenschaft aktiv. Mit ihrer Messe «Zwischentag» wollten die beiden das Milieu – rechte Medien, Blogs, Studentenverbindungen und Modelabels – verbinden. Die letzten beiden Messen fanden in DB-Verbindungshäusern der Alten Breslauer Burschenschaft der Raczeks zu Bonn und bei der Erlanger Burschenschaft Frankonia statt. Und schon in den siebziger Jahren sind Aufsätze von Vordenkern der Neuen Rechten zu einem «ethnopluralistisch organisierten Europa» in den *Burschenschaftlichen Blättern* der DB erschienen.

Die verbotene Bibliothek

Wer die Bibliothek des Konservatismus von innen sehen will, muss nahe dem Berliner Zoo an einem Haus mit Glasfassade klingeln und der Dame oben am Empfang über die Gegensprechanlage erklären, was er hier sucht. Im Fahrstuhl geht es nach oben in den ersten Stock. Wir treten durch die Glastür hinein in die hohen, lichtdurchfluteten Räume. Auf den ersten Blick sieht es hier aus wie in einer gewöhnlichen Uni-Bibliothek. In langen Reihen stehen schwarze Regale, an denen kurze Leitern lehnen. Der Blick fällt durch die Fensterfront auf die Fasanenstraße. Es ist nicht viel los, ein älteres Pärchen schreitet langsam durch die Gänge, er zieht ein Buch heraus, hält es ihr hin, sie nickt, geht weiter.

Nur wer an die Regale herantritt, sich die Namen der Autoren und die Titel der Bücher anschaut, erkennt, worum es hier geht: Armin Mohler. Ernst Jünger. Oswald Spengler. Carl Schmitt. Die Vordenker der «Konservativen Revolution». Manch einer von ihnen bewunderte den Faschismus, andere standen dem NS-Regime nahe. Es ist der Kanon der Szene, das theoretische Fundament der Neuen Rechten, das hier lagert.

Die Bibliothek wird getragen von der Förderstiftung Konservative Bildung und Forschung. Caspar Freiherr von Schrenck-Notzing, ein nationalkonservativer Publizist aus Bayern, gründete sie im Jahr 2000, er wollte seine umfangreiche Büchersammlung nach seinem Tod der Öffentlichkeit zugänglich machen. Gemeinsam mit Dieter Stein, dem Chefredakteur der *Jungen Freiheit*, entwickelte er die Idee einer Bibliothek des Konservatismus und machte Stein zum Vorsitzenden der Stiftung. 2012, drei Jahre nach Schrenck-Notzings Tod, öffnete das Haus seine Türen. Möglich gemacht hat das ein millionenschwerer Unterstützer aus Hamburg, der uns im Laufe unserer Recherchen mehrfach begegnet ist (siehe Kapitel 8).

Heute kümmern sich Steins Leute, ehemalige Autoren der *Jungen Freiheit*, um den Buchbestand und führen Besucher durch die Gänge der Bibliothek. Neben den reaktionären Klassikern steht auch jene Literatur in den Regalen, die ein striktes Verbot von Abtreibung fordert oder die Rolle der Wehrmacht im Zweiten Weltkrieg deutlich weniger kritisch beleuchtet, als es die meisten anderen zeitgenössischen Historiker tun. Seltsame Einzelfunde in diesem riesigen Katalog zwar und doch Teil eines der wichtigsten Thinktanks des Milieus.

Denn die Bibliothek ist nicht nur Lagerstätte für das mehr als 30 000 Bücher umfassende Erbe Schrenck-Notzings und allerlei Schenkungen aus ganz Deutschland. Regelmäßig lädt die Leitung des Hauses zum Vortragsabend ein, bis zu 140 Menschen sitzen dann vor der breiten Fensterfront, hören zu und diskutieren. Die Rednerliste bildet das volle Spektrum der Neuen Rechten ab: Die ehemalige CDU-Abgeordnete Erika Steinbach stellte dort ihr neuestes Buch über Flucht und Vertreibung vor, die Aktivistin Hedwig von Beverfoerde wetterte gegen die angebliche «Frühsexualisierung» von Kindern und der revisionistische Historiker und *Sezession*-Autor Stefan Scheil sprach über «polnische Illusionen 1939». Nur vier Jahre nach seinem Auftritt wurde er auf Vorschlag der AfD in das Kuratorium der Landeszentrale für politische Bildung in Rheinland-Pfalz berufen, wo er für politische Bildung von Schülern und KZ-Gedenkstätten zuständig ist. Neben Scheil traten auch andere AfD-Politiker in den Räumen auf, darunter die AfD-Fraktionsvorsitzende Alice Weidel.

Als wir im September 2017 in einem Bahnhofskiosk eine neue Zeitschrift mit dem Titel *Cato* entdecken, das «Magazin für Neue Sachlichkeit», schauen wir uns im Netz das Impressum an (siehe Kapitel 7). Fasanenstraße 4 steht dort, in 10623 Berlin. Dieselbe Adresse wie die Bibliothek. Zufall? Nein. Einer der Initiatoren von *Cato* ist Karlheinz Weißmann, der einst mit Götz Kubitschek das Institut für Staatspolitik aufbaute. Dass die neu gegründete Redaktion nun mit Steins Stiftung unter einem Dach sitzt – es ist ein weiterer Beleg dafür, wie eng die Neue Rechte zusammenarbeitet.

Neben den großen Denkfabriken und den Burschenschaften arbeiten zahlreiche kleine Thinktanks daran, die Neuen Rechten mit Argumenten zu versorgen, den Nachwuchs auszubilden oder die Szene auf «Frühjahrskongressen» oder in geheimen Seminaren zusammenzubringen. Während unserer dreijährigen Recherche stolperten wir manchmal zufällig auf YouTube über das nächste neue Angebot für Kader der Jungen Alternative oder hörten bei Vortragsabenden einer neuen Denkfabrik von der nächsten Veranstaltung mit neurechten Referenten. Jedes Mal, wenn wir auf eine neue Organisation stießen, trugen wir sie in unser Dokument ein, das uns während dieser Arbeit immer begleitet hat. Am Ende standen 53 Ideenfabriken in unserer Übersicht. Hier eine Auswahl:

Das **Studienzentrum Weikersheim (SZW)** wurde 1979 mit Spenden von Unternehmen wie der Daimler AG gegründet, damals als christlich-konservative Denkfabrik und Kaderschmiede der CDU. Die Gründer sahen das SZW als «Antwort auf die sogenannte Kulturrevolution aus den 60er Jahren». Die erste Generation «Weikersheimer» traf sich dafür noch auf Schloss Weikersheim in der Nähe von Stuttgart. Heute hat das Zentrum dort keinen festen Sitz mehr. Der Verein lädt zu seinen Veranstaltungen in Landgasthöfe oder Waldhotels in Baden-Württemberg ein. Einmal im Jahr treffen sich die 140 SZW-Mitglieder und Gäste noch zur Jahrestagung auf dem namensgebenden Schloss. Auf der Mitgliederliste, die uns vorliegt, stehen Dieter Stein von der *Jungen Freiheit*, Identitäre, viele Burschenschafter, AfD-Bundestagskandidaten sowie Autoren der *Blauen Narzisse* und der *Jungen Freiheit*. Während der Tagungen diskutieren die Teilnehmer über Themen wie «Asylansturm auf Europa» oder «Masseneinwanderung und Meinungsfreiheit». In den «Weikersheimer Thesen» von 2016 äußern die Autoren des SZW ihre Sorge, die Deutschen könnten «in ihrem Bestand gefährdet» sein, da die Politik das Volk austausche, es drohe der «selbstgewählte Volkstod» – sie bedienen sich der klassischen Erzählung vom «Großen Austausch», die unter Neuen Rechten weit verbreitet ist. Das Studienzentrum war stets offen für rechtsextremes Gedankengut. Neonazis, Republikaner und Antisemiten bekamen Ämter oder traten auf Veranstaltungen auf. Heute ist das Studienzentrum rechtskonservativ ausgerichtet. Bei einem Gespräch in Berliner Café Einstein stellt der aktuelle Geschäftsführer Daniel Tapp das SZW als «wertkonservativen, bürgerlichen und überparteilichen Thinktank» dar, «der Ideen für die AfD liefert». Seit einigen Jahren vernetzt sich die Denkfabrik auch mit der Neuen Rechten. Der Präsident des Studienzentrums, Karl Albrecht Schachtschneider, ist ein gern gesehener Gast auf den Akademien von Götz Kubitschek. Schachtschneider wurde auch ins Kuratorium der neuen AfD-nahen Desiderius-Erasmus-Stiftung berufen und berät die AfD-Bundestagsfraktion. Geschäftsführer Tapp ist heute Referent für Alice Weidel im Bundestag, seit Anfang 2018 ist er auch Mitglied der AfD. Im Jahr zuvor hatte das Studienzentrum gemeinsam mit dem AfD-Unterstützerverein «Recht und Freiheit» eine Tagung mit Thilo Sarrazin auf Burg Lichtenberg in Baden-Württemberg veranstaltet. Im Publikum saß die Elite der Neuen Rechten von Alice Weidel über Dieter Stein bis hin zu Republikaner-Funktionären.

Als eine Art Bürgerinitiative will die **Zivile Koalition (ZK)** «zivilgesellschaftliche Aktionen zu verschiedenen aktuellen Themen» zusammenführen. Der Verein wurde 2006 aus dem Bekanntenkreis der AfD-Bundestagsabgeordneten Beatrix von Storch und ihres Ehemanns gegründet. Die ZK setzt sich für Besserverdienende ein und fordert Steuersenkungen für Wohlhabende. Die Mitglieder wollen den Familiennachzug von Flüchtlingen stoppen und die Ehe zwischen Mann und Frau aufwerten. Sie kritisieren homo- und transsexuelle Lebensweisen, Abtreibungen wollen sie verbieten. Zur Durchsetzung dieser Ideen haben die von Storchs ein mächtiges Kampagnen-Mosaik aus eigenen Medien, Plattformen und Vereinen geschaffen, das die konservativ-christlichen Interessen sowohl in der gesamten Gesellschaft als auch in der AfD stärken soll. Zum Netz der ZK gehört etwa die Initiative «Allianz für den Rechtsstaat», die sich dafür einsetzt, Grund und Boden adeliger Familien zurückzufordern, die nach dem Zweiten Weltkrieg enteignet wurden. Andere Initiativen fordern «Familienschutz» oder kämpfen gegen «Gender-Mainstreaming» und die vermeintliche «Frühsexualisierung» von Kindern in der Schule, wie die christlich-fundamentalistische Bewegung «Demo für Alle», die aus der Zivilen Koalition hervorging, aber mittlerweile unabhängig ist. Zum konservativen ZK-Netzwerk gehört auch der Blog *FreieWelt. net.* Autoren loben darauf Storchs Politik und machen Stimmung für ihre Themen. Es gibt Texte über den angeblich «linken Mainstream», «Rassismus gegen Weiße» und wie «Gender die Gesellschaft zerstört». Einige Autoren arbeiten für die AfD, den parteinahen Klimaskeptiker-Thinktank Europäisches Institut für Klima und Energie (EIKE) oder schreiben für das neurechte Magazin *eigentümlich frei*. Zum Geflecht der von Storchs gehören auch die Petitionsplattformen Abgeordneten-Check.de, Civilpetition.de und Eucheck.org. Mailadressen, die dort beim Unterschreiben hinterlassen wurden beim Unterschreiben einer Petition, erhielten daraufhin in der Vergangenheit Werbung für die Kampagnen der ZK.

Felix Menzel ist zwar erst 33 Jahre alt, gehört aber bereits zu den Urgesteinen der Neuen Rechten in Deutschland. Wissenschaftler zählen ihn zur «Bewegungselite» des Milieus. Schon als Schüler gründete er die Zeitung *Blaue Narzisse*. Seit 15 Jahren ist Menzel mittlerweile deren Chefredakteur, die Redaktion residiert heute in einer Villa in Dresden. Menzels Schreibtisch steht unter einem Porträt von Ernst Jünger, von hier aus schreibt er gegen die angebliche «Islamisierung» des Westens an. Dem *Spiegel* sagte er, dass er Europa durch die Überbevölkerung Asiens und Afrikas bedroht sehe. Außerdem erkenne er «klare Vorboten des ersten Weltbürgerkriegs». Um dies zu verhindern, müsse es einen «Aufstand der Massen» geben, natürlich von rechts. Schon vor Pegida und der AfD machten sich Autoren in der *Narzisse* Gedanken darüber, wie der Einfluss neurechten Gedankenguts «im metapolitischen Raum» vergrößert werden könne. Heute ist die Zeitung ein streng konservatives und in Teilen fremdenfeindliches Theorieorgan der Neuen Rechten. Autoren des Blattes stammen von der rechten Trollarmee «Reconquista Germanica», von den Identitären oder aus den ultrarechten Burschenschaften. So wie John Hoewer, der heute für die AfD im Bundestag arbeitet. Verleger Menzel freuen solche Karrieren. «Wir verstehen uns als Ausbildungsbetrieb», erzählt er uns im Gespräch. «Unser Ziel ist es dabei natürlich auch, direkt auf die Politik Einfluss zu nehmen», schreibt er später. Auch Menzels persönlicher Einfluss auf die Partei wächst. Im September 2018 kündigt die AfD im Bundestag an, dass Felix Menzel die Fraktion in Wirtschaftsfragen beraten soll. Sein Vortrag in der Fraktion über «Volkskapitalismus» wird jedoch kurzfristig wieder abgesagt. Herausgeber der *Narzisse* ist die Denkfabrik **Verein Journalismus und Wissenschaft Chemnitz**. Sie gibt auch das neurechte Wirtschaftsmagazin *Recherche D* heraus, das seit 2018 erscheint. Die Publikation sucht wirtschaftspolitische Positionen für die AfD und das Milieu – und damit auch langsam wirtschaftliche Kompetenz für die Partei aufzubauen. Nach der «sozialen Frage» ist es das nächste Themenfeld, das die Neue Rechte strategisch besetzen will. In den ersten Ausgaben schreiben Autoren über das Konzept «nachbarschaftliche Marktwirtschaft», über «kontrollierte Anarchie für den ländlichen Raum», aber auch über die «Bettler- und Schnorrermafias» (sic!), deren «Sinti- oder Romafrauen sich eigens zur besseren Mitleidserzeugung schwängern» ließen.

Zeichnungen mit traurigen Soldaten, junge Frauen mit blonden Zöpfen, kräftige Männer mit kurzen Haaren, das Cover des Buches «Die echten Rechten», geschnitzte Treppengeländer aus Holz, Klaviertasten, Mate-Flaschen und ein paar kahle Bäume im Frühling in Thüringen: Mehr verrät das Video vom Seminar für rechte Metapolitik nicht über die Teilnehmer und den Ort des geheimen Treffens. Angeblich trafen sich 120 «Rechtsintellektuelle verschiedener Couleur» auf diesem Kongress, der vom **«Arbeitskreis für rechte Metapolitik Metapol»** aus Luckenwalde veranstaltet wird. Die Organisatoren geben auch den rechten Blog *Gegenstrom* heraus. Im Seminar debattierten die Teilnehmer über «Europas Wege in die Zukunft». Ein Redner referiert über das Konzept «Eurasien», eine Idee von Putins Vordenker Alexander Dugin, dem eine kulturelle Einheit von Lissabon bis Wladiwostok unter Russlands Führung vorschwebt. Der Referent schreibt als Journalist für *Compact* und *Sezession*. Ein anderer Redner präferiert einen «weißen Ethnostaat», der darin «den Schlüssel zum Überleben der weißen Rasse» sieht – eine rechtsextreme Position, wie sie auch in der NPD vertreten wird. Über kleine Hinweise in den YouTube-Filmen der Veranstaltungen und über die Referenten-Informationen auf Facebook finden wir schließlich den Veranstaltungsort: das «Rittergut Guthmannshausen» in der Nähe von Sömmerda. Die Tagungsstätte wird von einem geschichtsrevisionistischen Verein betrieben und wurde in der Vergangenheit auch für Treffen von Holocaust-Leugnern und militanten Neonazis genutzt. Die AfD-Landessprecherin in Schleswig-Holstein, Doris von Sayn-Wittgenstein, warb vor ein paar Jahren noch für den Verein. Einige der Personen, die bei dem Seminar auftreten oder im Blog schreiben, stammen aus der strammen Neonazi-Szene oder betreiben einen rechten Versandhandel. Das rechte Hochglanzmagazin *Werk-Kodex* von Baldur Landogart (bürgerlich: Tobias Schulz) war während des Seminars mit einem Stand vertreten. Die Redaktion sitzt im Wohnhaus des NPD-Bundesvorsitzenden Thorsten Heise, den Preis für das Heft müssen Käufer via PayPal an einen Mann überweisen, der an rechtsextremen Überfällen beteiligt war und heute NPD-Konzerte organisiert.

Eine beliebte Strategie der Neuen Rechten ist es, an historische Orte und Ereignisse anzuknüpfen und diese für sich zu vereinnahmen. Die Geschichte von Kaiser Barbarossa – der laut der Sage im Kyffhäuser-Berg schläft und irgendwann wiederkehrt, um alles Unrecht zu beseitigen – dient dem rechten AfD-«Flügel» als Gründungsmythos. Seine jährliche Versammlung heißt «Kyffhäuser-Treffen», auch noch nachdem der Tagungsort längst nach Sachsen-Anhalt verlegt wurde. Der Hitler-Attentäter Graf von Stauffenberg wird als Held des Widerstands gefeiert. Die Aneignung eines Widerstandskämpfers gegen den Nationalsozialismus ist strategisch: So können sich die heutigen Vertreter der Neurechten selbst als Widerstandskämpfer in einem unfreien Staat stilisieren. Damit versuchen sie den Widerstand gegen das NS-Regime für sich zu instrumentalisieren. Stauffenberg passt zudem gut in ihr Weltbild, denn er war zwar ein Gegner Hitlers, aber er lehnte auch die Demokratie der Weimarer Republik ab und die Gleichheitsidee der Aufklärung. Die Verschwörer vom 20. Juli 1944 waren genauso antiliberal und antipluralistisch wie die Neue Rechte heute. Ihr Tun soll «als logische Fortführung des Werks heroischer Vorbilder» dienen, schreibt der *Spiegel*. Auch das Hambacher Fest von 1832 ist ein solches Vorbild. Damals demonstrierten Zehntausende Menschen auf dem Hambacher Schloss für Freiheit, Bürgerrechte, Demokratie und ein Ende der Kleinstaaterei. Bereits in den achtziger Jahren knüpfte die NPD an diese Tradition an. Auch die Bünde der Deutschen Burschenschaft berufen sich seit jeher auf die Werte von damals. In einem AfD-Papier zur «deutschen Leitkultur» wird das Treffen von 1832 explizit als «identitätsprägendes historisches Datum» genannt. Der Investmentfonds-Manager Max Otte (bürgerlich: Matthias Otte) veranstaltete auf dem Schloss in der Nähe von Neustadt an der Weinstraße in Rheinland-Pfalz im Mai 2018 das erste «**Neue Hambacher Fest**». Als Redner hatte er in Anlehnung an die historischen Akteure nun die «demokratischen Systemkritiker» Thilo Sarrazin, Vera Lengsfeld, Willy Wimmer (*FreieWelt.net*, *Compact*) und Jörg Meuthen von der AfD geladen. Unter den 1200 Teilnehmern stiegen in einer «Patriotenwanderung» neben «besorgten Bürgern» auch Burschenschafter und AfD-Abgeordnete auf den Berg. Nur wenige Tage nach dem Fest wurde Veranstalter Otte zum Vorsitzenden des Kuratoriums der neuen AfD-nahen Desiderius-Erasmus-Stiftung ernannt.

Das Netzwerk der Neuen Rechten

Die Denkfabriken

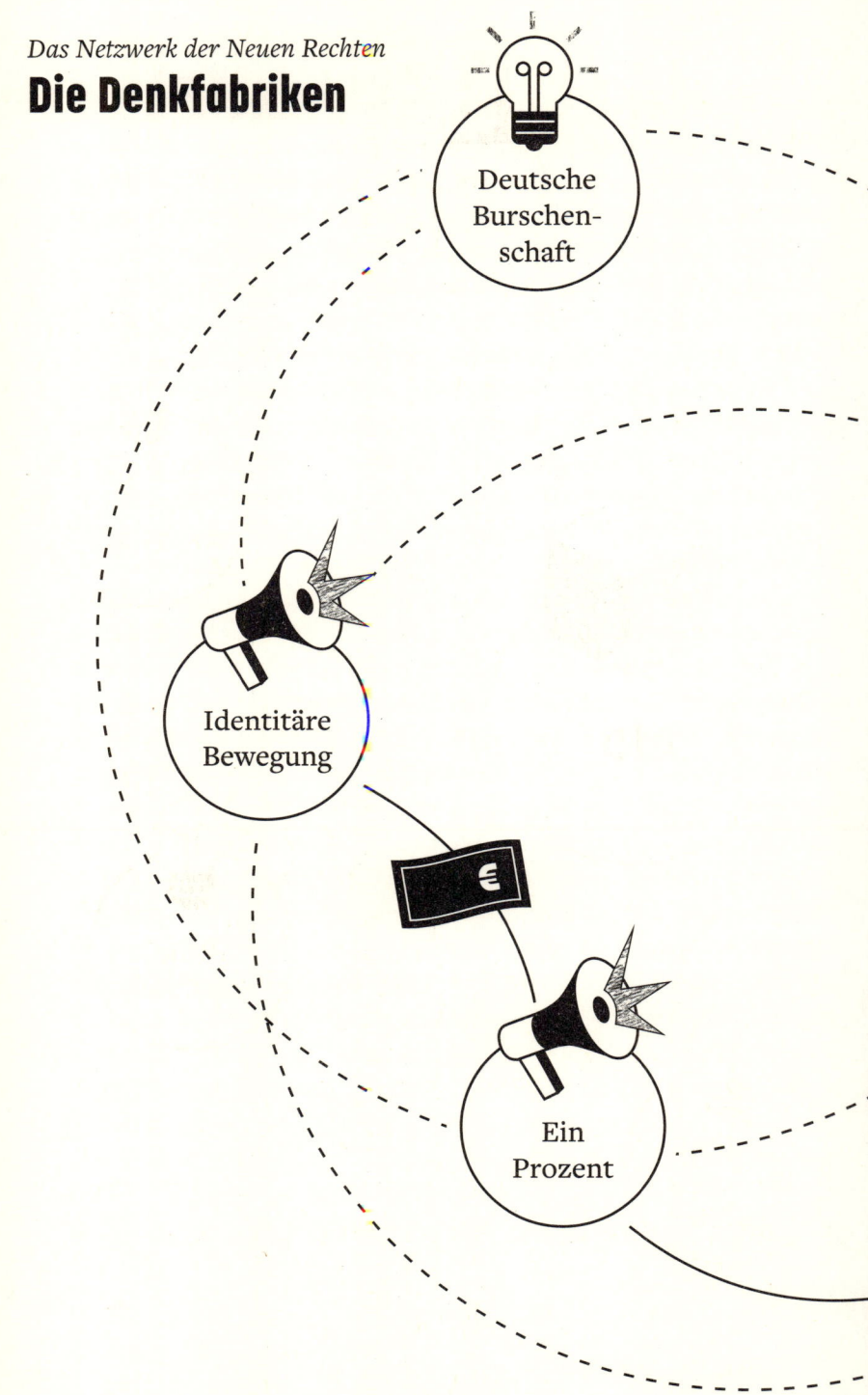

Deutsche
Burschen-
schaft

Identitäre
Bewegung

Ein
Prozent

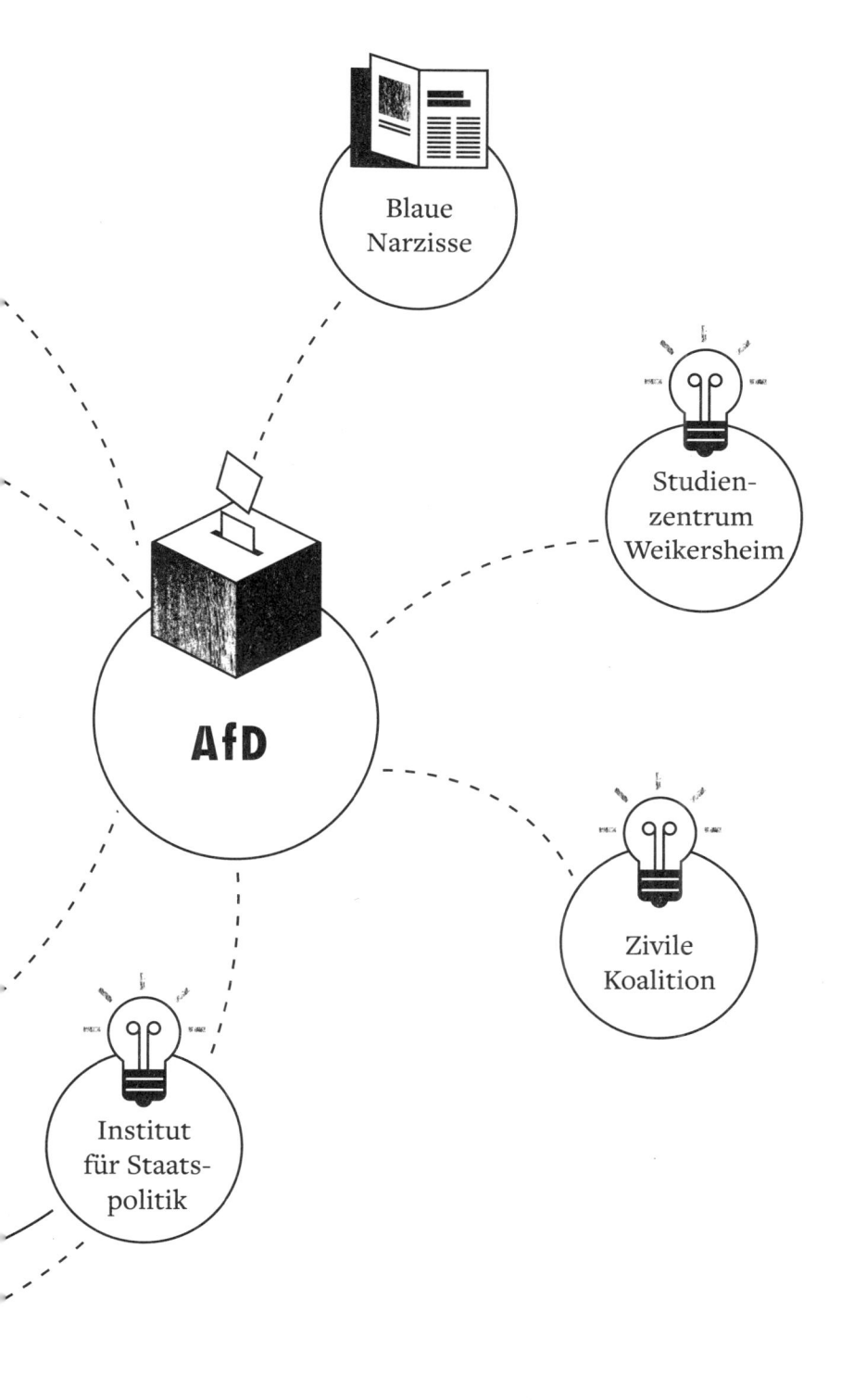

Blaue
Narzisse

Studien-
zentrum
Weikersheim

AfD

Zivile
Koalition

Institut
für Staats-
politik

5. In den Parlamenten

Wie aus Eurokritikern Islamgegner wurden

Über Bernd Luckes Schreibtisch hängt eine gerahmte Karikatur. Darauf sind Menschen zu sehen, die eine Europa-Fahne schwenken, während sie auf einem Seil über den Abgrund balancieren. In der Mitte zwirbelt das Seil auf. Das Überleben des Kontinents hängt an einem einzigen, dünnen Faden. Damals, als er noch AfD-Chef war, hat Lucke immer genau davor gewarnt: dass Europa abstürzen und Deutschland mit sich ziehen könnte. Seine ehemalige Partei hat mittlerweile ganz andere Themen. Lucke aber schaut beim Arbeiten noch immer auf die Europäer auf dem Hochseil.

Wir besuchen ihn im Frühsommer 2017 in seinem Abgeordneten-Büro in Brüssel, denn wir wollen wissen, wie die AfD zu dem wurde, was sie heute ist. Lucke gehört der Partei nicht mehr an, er hat nach seinem Austritt 2015 ein neues Projekt gegründet: die Allianz für Fortschritt und Aufbruch, später umbenannt in Liberal-Konservative Reformer, geplant als bürgerliche Alternative zur AfD – ohne die schrillen Töne, den Islamhass, den unkritischen Blick auf die NS-Zeit. Es wurde daraus eine winzige Splitterpartei ohne Aussicht auf Erfolg bei künftigen Wahlen und mit damals fünf Europaabgeordneten, die sich einen langen, dunklen Flur in einem Brüsseler Bürokomplex teilen. Lucke war einer von ihnen. Später traten die anderen vier Abgeordneten auch noch aus seiner neuen Partei aus.

Herr Lucke, wie denken Sie heute über die Partei? «Ich bereue nicht, die AfD gegründet zu haben», sagt er. «Ich bereue, was aus ihr geworden ist.» Es sind die Worte eines Verstoßenen, der seine eigene Schöpfung irgendwann nicht mehr unter Kontrolle bekam, der heute voller Frust, aber auch mit Wehmut auf den Erfolg jener Partei schaut, die er einst gegründet hat.

Februar 2013, der Gemeindesaal der Christuskirche in Oberursel im Taunus. Eine Jesusfigur steht im Raum, sie breitet ihre Arme über die Anwesenden aus, als spende sie ihren Segen. Achtzehn Männer sitzen um schlichte Holztische herum und diskutieren: Soll die Partei, die sie hier heute gründen, wirklich Alternative für Deutschland heißen? Oder nicht lieber doch Alternative für Deutschland und Europa? Letzteres klinge weniger nationalistisch, argumentieren die einen. Schwachsinn, finden die anderen, schließlich soll die Kritik am Euro und an der EU ins Zentrum der politischen Auseinandersetzung gerückt werden, da könne man doch Europa nicht im Namen tragen.

Mit am Tisch sitzt Bernd Lucke, natürlich. Der Hamburger Professor für Volkswirtschaft hatte die Einladungen an seine Mitstreiter von der Wahlalternative 2013 geschickt, dem eurokritischen Verein, mit dem er wenige Wochen zuvor bei der niedersächsischen Landtagswahl gescheitert ist. Auch Konrad Adam ist hier, lange hat er als Redakteur im Feuilleton der *Frankfurter Allgemeinen Zeitung* gearbeitet, mittlerweile ist er Rentner. Er hat den Saal angemietet, seine Frau engagiert sich in der evangelischen Gemeinde von Oberursel, er selbst sitzt damals noch oft sonntags im Gottesdienst in der Christuskirche. Auch der Unternehmer Martin Renner ist gekommen, er hat sich am Morgen in seinen dunklen Mercedes gesetzt und ist hergefahren, von Haan aus, einem kleinen Ort bei Wuppertal, wo er mit seiner Frau in einem Bungalow lebt. Renner argumentiert: AfD, ohne Europa im Namen. Er hat Pappschilder mitgebracht, auf die er erste Entwürfe eines Parteilogos geklebt hat. Am Ende des Tages setzen Renner und seine Mitstreiter sich durch. Lucke meldet ein paar Tage später beim Bundeswahlleiter eine neue Partei an. Sie heißt Alternative für Deutschland.

Gemeinsam mit den Kolleginnen Annabel Wahba und Jana Simon haben wir 2017 die Geschichte der AfD-Gründung für das *Zeit Magazin* rekonstruiert. Wir haben uns auf die Suche nach Sitzungsprotokollen gemacht, sind nach Oberursel gefahren und haben mit fast allen Gründern gesprochen, die damals im Gemeindesaal mit am Tisch saßen. Einige von ihnen gaben interne Mails aus den Anfangstagen der AfD an uns weiter, durch die sie ihre Version der Ereignisse belegt wissen wollen.

Die AfD der ersten Wochen und Monate ist eine Partei der Akademiker und Intellektuellen, Männer wie Konrad Adam, der im Gespräch zwischen Biedermeier-Möbeln und der Bücherwand im ersten Stock seines Hauses Platon, Max Weber und Johannes Rau zitiert. Es sei die Wut auf die Finanzminister der EU gewesen, die damals alle in der AfD geeint habe, schließlich hätten die bei der Euro-Rettung «Verträge, Recht und Gesetz gebrochen», sagt Adam. Als die Gründer in Oberursel zusammensitzen, ist der Höhepunkt der Euro-Krise gerade ein paar Monate her, die Bundesregierung hat Milliardenkredite vergeben, um Griechenland in der EU zu halten. Wenn Adam heute über diese Zeit spricht, gerät er immer noch so in Rage, dass er mit der Hand auf den Tisch haut und die feinen Porzellantassen auf ihren Untertellern springen.

Martin Renner hingegen erzählt, dass ihn der «politische Kleinmut» der anderen AfD-Gründer schon damals gestört habe. Er habe nicht immer nur über den Euro reden wollen. Sondern auch über die Bedeutung der eigenen Identität, das Verhältnis des christlichen Abendlands zum Islam, den selbstgeißelnden Umgang der Deutschen mit ihrer Vergangenheit. Lucke will damals von diesen Themen nichts wissen, wenige Monate nach dem Treffen in Oberursel bekommt er eine Mail von einem Parteikollegen, in der steht, die Mission sei erfüllt, «der (wirklich) rechtsextreme Renner ist minorisiert».

Renner sitzt heute für die AfD im Bundestag, er gehört der größten Oppositionsfraktion des Parlaments an. Die Themen, die er schon in Oberursel diskutieren wollte, aber nicht durfte, machen jetzt den Markenkern der Partei aus. Lucke hingegen ist Europaabgeordneter der Liberal-Konservativen Reformer, einer Gruppierung, die kaum jemand kennt, und warnt noch immer vor den Gefahren durch den

Euro, von denen fast niemand hören will. Die AfD hat in den sechs Jahren seit ihrer Gründung im Gemeindesaal von Oberursel einen radikalen Wandel vollzogen.

Damals, im Sommer 2013, erlebt Lucke, der spröde Ökonom im schmalen schwarzen Anzug, Wochen der Begeisterung um seine Person. Auf Veranstaltungen jubeln ihm Hunderte Anhänger zu, er wird in TV-Talkshows eingeladen, gibt Zeitungsinterviews, arbeitet bis spät in die Nacht an seinem Schreibtisch im ersten Stock seines Reihenhauses in Winsen an der Luhe, 30 Kilometer entfernt von Hamburg. Zum Leidwesen seiner Parteikollegen will er an jeder Entscheidung beteiligt sein, er schreibt Strategiepapiere, trifft reiche Spender (siehe Kapitel 8) und mischt sich sogar in die Auswahl des Buffets für den anstehenden Parteitag ein.

Trotz des AfD-Hypes ahnt Bernd Lucke offenbar, dass er mit Euro-Kritik allein bei der anstehenden Bundestagswahl nicht das gewünschte Ergebnis erzielt: den Einzug ins Parlament. Am 31. Juli 2013 schreibt Lucke in einer Mail an Parteikollegen: «Wir müssen noch einmal einen Tabu-Bruch begehen, um Aufmerksamkeit zu kriegen. Das machen wir, indem wir Herrn Sarrazin vereinnahmen. Das kann uns viel Aufmerksamkeit, Kritik der linken Presse und viel Zuspruch in der Bevölkerung einbringen.» Es geht um Thilo Sarrazin, den SPD-Politiker und Bestsellerautor, der in seinen Büchern und Interviews über jüdisches Erbgut spekuliert und warnt, dass «Staat und Gesellschaft im Laufe weniger Generationen von den Migranten übernommen» würden, wenn deren Geburtenrate so hoch bleibe. Lucke zündelt. Und übersieht offenbar, welche Signale er damit sendet.

Es dauert nicht lange, bis sich seine Parteikollegin Dagmar Metzger bei ihm meldet: Es gebe ernstzunehmende Hinweise, dass die AfD durch Rechtsextreme unterwandert werde, berichtet sie. Lucke ignoriert die Warnung. Tausende treten in dieser Zeit in die Partei ein. Zwar legt die AfD-Satzung fest, dass, wer einmal der NPD oder der DVU angehört hat, keinen AfD-Mitgliedsausweis ausgestellt bekommen soll. Für ehemalige Republikaner und Anhänger der mittlerweile aufgelösten Partei Die Freiheit, die damals in Bayern wegen «islamfeindlicher Bestrebungen» vom Verfassungsschutz beobachtet wird, gilt diese Regel jedoch nicht. Und überhaupt: Wer soll Hunderte Neumitglieder pro Woche auf ihre politische Vergangenheit hin prüfen? Und was ist mit Angehörigen rechtsradikaler Splittergruppen, fanatischen Burschenschaftern, Reichsbürgern und revisionistischen Historikern?

Sie finden einen Weg in die Partei. Bis heute versprechen AfD-Funktionäre in Sonntagsreden, dass dies nicht der Fall sei. Björn Höcke verkündete im Oktober 2018: «Wir haben mit der NPD nichts zu tun.» AfD-Chef Gauland sagte, «Nazis gehören nicht in diese Partei». Und der Parlamentarische Geschäftsführer der Bundestagsfraktion, Bernd Baumann, sekundierte: «Wer in der NPD, DVU oder irgendwo war, kommt bei uns nicht rein.» Im Laufe unserer Recherchen können wir interne Dokumente einsehen. Wir entdecken Namen ehemaliger Mitglieder der NPD, der DVU und von den Republikanern. Sogar Ex-Angehörige der mittlerweile verbotenen rechtsextremen Wehrsporttruppen «Wiking-Jugend» und «Heimattreue Deutsche Jugend» und einstige Anhänger der früher vom Verfassungsschutz beobachteten Organisation «Sturmvogel». Auch Holocaust-Leugner sind darunter, Personen aus dem Umfeld des Neonazis Jürgen Rieger und sogar ein rechter Terrorverdächtiger, gegen den der Generalbundesanwalt ermittelte. Die Daten geben keinen Aufschluss darüber, zu welcher Zeit diese Personen in die AfD eingetreten sind und ob sie heute noch zur Partei gehören. Fest steht aber: Luckes Vorsatz, Verfassungsfeinden und Extremisten den Beitritt zu verwehren, ist gescheitert.

Im September 2013 fehlen nur 0,3 Prozentpunkte. Mit 4,7 Prozent schafft es die AfD zwar nicht über die Fünfprozenthürde in den Bundestag. Trotzdem ist das Ergebnis ein riesiger Erfolg für die Partei, die sich erst sieben Monate vorher gegründet hat. Lucke aber ist am Boden zerstört, er hat fest mit dem Einzug ins Parlament gerechnet. In der Wahlnacht müssen ihn seine Parteikollegen dazu überreden, überhaupt noch einmal vor seine Anhänger und die Presse zu treten.

Lucke sagt an diesem Abend einen folgenreichen Satz: «Wir haben so viel an Entartungen von Demokratie und Parlamentarismus in den letzten vier Jahren erlebt.» Er vermischt seine Frustration über die empfundene Niederlage mit NS-Jargon. Vielleicht sind ihm die Worte nach dem langen Wahlkampf einfach rausgerutscht, hat er der Enttäuschung über die empfundene Niederlage Luft gemacht. Und doch ist sein Auftritt am Wahlabend ein weiteres Anzeichen dafür, dass der Familienvater und reformierte Christ Lucke sich nicht scheut, das politische System von rechts außen anzugreifen. In ihrem Buch «Angst für Deutschland» schreibt Melanie Amann: «Fest steht, dass Lucke im Sommer der Parteigründung den Schritt vom Professor zum Populisten vollzieht.»

Bis zur Bundestagswahl war Lucke in seiner Partei sakrosankt, niemand wagte es, den Star öffentlich zu kritisieren. In den Monaten nach der Wahl aber gerät der Parteichef zum ersten Mal in die Kritik. Zu eindimensional sei sein Anti-Euro-Kurs, heißt es jetzt, zu wenig befasse sich die AfD mit Themen wie Einwanderung, der NATO oder dem Verhältnis zu Russland. Zwar gelingt Lucke wenig später der Einzug ins Europaparlament. Doch ist das den meisten Mitgliedern nicht viel wert, was sollen Mandate in Brüssel und Straßburg schon helfen?

Stattdessen schaut die Partei gebannt nach Ostdeutschland: In Sachsen, Brandenburg und Thüringen stehen Wahlen an. Und in allen drei Ländern schafft es die AfD aus dem Stand ins Parlament. Jetzt sind es die Gewinner Frauke Petry, Alexander Gauland und Björn Höcke, die im Rampenlicht stehen. Und sie denken gar nicht daran, sich an Luckes Weisungen zu halten. Als sich im Oktober in Dresden zum ersten Mal Hunderte Bürger zu den Demonstrationen von Pegida treffen, um gegen die «Islamisierung Europas» zu demonstrieren, lässt Lucke wissen, er wolle mit den «Spaziergängern mit dem albernen Namen» nichts zu tun haben. Gauland hingegen erkennt in ihnen gleich «natürliche Verbündete», Höcke antwortet Götz Kubitschek im Interview, ein Staat könne sich «glücklich schätzen, solche Bürger zu haben». Hier im Osten ist Lucke längst nicht mehr der allmächtige

Parteichef. Sein Thron wackelt. Und es sind die Nationalisten, die daran sägen.

Kaum ein Ereignis hat sich so deutlich ins kollektive Gedächtnis der AfD eingebrannt wie der Bundesparteitag in Essen. Mitglieder erinnern sich an das Wochenende im Juli 2015 wie an die Entscheidungsschlacht eines langen Krieges. Essen markiert das Ende der Parteikarriere von Bernd Lucke. Und den Anbruch einer neuen Phase der Radikalisierung.

Seit Monaten begehren die Ideologen nun schon gegen Lucke auf; er ist ihnen zu steif, zu technokratisch und vor allem: hinderlich. Denn noch immer sperrt er sich gegen die ihnen wirklich wichtigen Themen. Mit den Ultrarechten in der AfD im Rücken und Götz Kubitschek als Berater an seiner Seite verfasst Höcke deshalb im Vorfeld des Parteitags die «Erfurter Resolution», einen frontalen Angriff auf das noch junge AfD-Establishment, die «Funktionsträger», wie sie in dem Papier genannt werden. Ihnen wirft Höcke vor, anpasserisch zu sein und so das Vertrauen der Wähler zu verspielen. Innerhalb weniger Tage unterzeichnen Hunderte Mitglieder die Resolution. Plötzlich hat die völkisch-nationale Opposition in der AfD viele Namen und ein Gesicht: Es trägt die runden Züge und blauen Augen von Björn Höcke.

Im Vorfeld des Parteitags sammeln die unterschiedlichen Lager in der Partei ihre Truppen: Lucke hat seine Leute in einem Projekt mit dem Namen «Weckruf» versammelt, sie stehen Höckes «Flügel» gegenüber. Und da sind noch die Petry-Leute, sie befinden sich zwischen den Fronten und machen zu diesem Zeitpunkt den wohl größten Anteil der Mitglieder aus. Melanie Amann beschreibt eindrücklich, wie alle drei Gruppen am Vorabend des entscheidenden Wochenendes getrennt voneinander feiern: die Ideologen im Essener Biergarten «7 Zwerge», die Lucke-Anhänger in der Brauerei «Dampfe» in der Nordstadt, die moderaten Petryaner im «12 Apostel» nahe dem Ruhr-Ufer. Drei Lager, drei Partys, das Bild einer völlig zerstrittenen Partei. Und ein Vorgeschmack darauf, was an diesem Wochenende noch geschehen wird.

Seine Partei empfängt Lucke bei dessen Auftritt in der Gruga-Halle am nächsten Tag mit Buhrufen und Pfiffen. Er spricht 15 Minuten lang, probiert, auf die Forderungen der Rechten einzugehen, beklagt neben dem Euro auch die Zuwanderungspolitik der Bundesregierung, den Niedergang des Bildungssystems und die lasche Erziehung in deutschen Familien. Gleichzeitig versucht er verzweifelt, die Partei gegen alle möglichen Strömungen zu imprägnieren. «Intoleranz, Fremdenfeindlichkeit und Rechtsradikalismus dürfen ebenso wenig Platz haben wie linksradikale, antiwestliche und antikapitalistische Vorstellungen», sagt er in Essen. Doch dieser Spagat misslingt: Bei der Vorstandswahl bekommt Frauke Petry kurz darauf gut 60 Prozent der Stimmen. Lucke ist abgewählt. Er packt seine Sachen, verlässt die Bühne. Wenig später tritt er aus der AfD aus. Und mit ihm Hunderte weitere Mitglieder, die befürchten, dass ohne Lucke jetzt die Radikalen die Kontrolle erlangen. An diesem Nachmittag im Juli 2015 frisst die Partei ihren Gründer.

Es ist die Chemikerin, Unternehmerin und vierfache Mutter Frauke Petry, die jetzt die Partei führt. An ihrer Seite steht der Wirtschaftsprofessor Jörg Meuthen, aber er verblasst neben der klugen, telegenen Petry. Sie ist seit den Tagen der Parteigründung dabei, arbeitete erst eng mit Lucke zusammen, dann gegen ihn. Petry wurde in den siebziger Jahren in Dresden geboren, der Vater kam 1989 von einem Westbesuch nicht zurück nach Hause, ein Jahr später holte er die Familie nach. Erst Dortmund, dann Bergkamen, ein düsteres kleines Städtchen am Rand des Ruhrgebiets. Dort geht Petry zur Schule, macht ein Spitzenabitur, studiert in England, promoviert in Göttingen, lernt den evangelischen Theologen Sven Petry kennen und zieht mit ihm zurück nach Sachsen, bekommt vier Kinder. Sie gründet ein Unternehmen für Reifen-Füllstoff, muss Insolvenz anmelden. Jetzt, im Sommer 2015, steht sie an der Spitze der AfD. Eine Wirtschaftsliberale ist sie nicht. Eine völkische Ideologin auch nicht. Wie schon auf der Party im «12 Apostel» steht sie als Chefin in der Mitte ihrer Partei. Doch die hat sich mit Luckes Sturz deutlich nach rechts bewegt.

Ein paar Monate nach Essen tritt Björn Höcke auf Einladung seines Freunds Götz Kubitschek beim Institut für Staatspolitik in Schnellroda auf. Das Thema des Kongresses lautet «Ansturm auf Europa». Höcke trägt weißes Hemd, schwarzes Sakko und rote Krawatte, als er ans Pult tritt. Er hält an diesem Abend eine Rede, die seine Partei verändern wird. Nicht gleich und nicht auf einen Schlag. Sondern langsam, schleichend. In Afrika, so erklärt es Höcke, herrsche die «r-Strategie», die «auf eine möglichst hohe Wachstumsrate» abziele, dort dominiere der «sogenannte Ausbreitungstyp». Die Europäer hingegen seien dem «selbstverneinenden Platzhaltertyp» zuzuordnen. Höcke kontrastiert Reproduktionsstrategien verschiedener Völker, benutzt Begriffe, mit denen Biologen für gewöhnlich die Ausbreitung von Bakterien und Wasserflöhen beschreiben, und zieht schließlich Parallelen zur europäischen Einwanderungspolitik. Der Chef der Thüringer AfD-Fraktion doziert auf Kubitscheks Bühne eine pseudowissenschaftliche Rassenlehre.

Was passiert? Kaum etwas. Die Medien toben, ziehen Vergleiche zu Reden prominenter Nationalsozialisten. Der AfD-Bundesvorstand kritisiert die Rede, Meuthen erklärt, Höckes Auftritt lade «zu Fehldeutungen als rassistische Aussagen geradezu ein», die meisten Völkischen stellen sich hinter den Auftritt von Schnellroda. Mehr nicht. Höcke darf bleiben. Denn während vielen in der Partei Höckes rassistische Tiraden zwar nicht passen, gewinnt die AfD Anfang 2016 gleich bei drei weiteren Landtagswahlen Sitze in den Parlamenten, in Rheinland-Pfalz (12,6 Prozent), Baden-Württemberg (15,1 Prozent) und Sachsen-Anhalt (24,3 Prozent). Die radikalere, nationalistische Post-Lucke-AfD scheint bei den Wählern gut anzukommen. Warum also jetzt, auf der Höhe der Flüchtlingskrise, etwas an diesem Kurs ändern?

Eher noch schießt sich die Partei in dieser Zeit auf einen neuen Hauptfeind ein: den Islam und seine Anhänger, die in dieser Zeit zu Zehntausenden über die deutsche Grenze kommen. Stand im Europawahlprogramm aus dem Jahr 2014 noch der Satz «Die AfD tritt für ein offenes und ausländerfreundliches Deutschland ein», steht im Grundsatzprogramm über den Islam: «In seiner Ausbreitung und in der Präsenz einer ständig wachsenden Zahl von Muslimen sieht die AfD eine große Gefahr für unseren Staat, unsere Gesellschaft und unsere Werteordnung.» Nach der Kölner Silvesternacht 2015/16 ist in AfD-Foren im Netz von «Rapefugees» zu lesen, deutsche Frauen seien nicht mehr sicher, kriminelle Ausländer müssten «weggesperrt», «deportiert» oder «kastriert» werden. Alexander Gauland nennt den Islam in dieser Zeit einen «Fremdkörper», Petry sagt im Interview mit dem *Mannheimer Morgen*, die Bundespolizei müsse «den illegalen Grenzübertritt verhindern, notfalls auch von der Schusswaffe Gebrauch machen. So steht es im Gesetz.» Die AfD streift im Jahr 2016 alle Zurückhaltung ab, die Empörung der Medien und politischen Kontrahenten kontert die Parteiführung meist gar nicht erst oder wischt sie mit dem Verweis auf die grassierende Political Correctness vom Tisch. Die Kritik von außen schweißt die Mitglieder noch enger zusammen.

Im Innern des Bundesvorstands jedoch zieht ein neuer Konflikt herauf: Frauke Petry, die mittlerweile mit Marcus Pretzell, dem AfD-Chef in Nordrhein-Westfalen, zusammenlebt, sieht sich nun bei fast allen Entscheidungen einer starren Opposition gegenüber, Männern wie Alexander Gauland, André Poggenburg, dem damaligen Landeschef von Sachsen-Anhalt, oder Armin-Paul Hampel aus Niedersachsen. Sie wollen die AfD – anders als Petry – nicht auf mögliche Koalitionen mit der CDU ausrichten, sie nicht regierungsfähig machen, sondern maximale Distanz zu dem ihnen verhassten Polit-Establishment einnehmen. Während Petry in dieser Zeit selbst die radikalen Tendenzen ihrer Partei zu fürchten beginnt und sie und Pretzell sich zunehmend isolieren, versuchen ihre Parteikollegen, die AfD zur knallharten Dagegen-Partei auszubauen: gegen den Islam, gegen Flüchtlinge, gegen Grüne und Linke, gegen die gleichgeschlechtliche Ehe und Russland-Sanktionen.

April 2017. In fünf Monaten wählen die Deutschen einen neuen Bundestag. Zu dieser Zeit liegt die AfD in Umfragen zwischen acht und elf Prozent. Auf dem Bundesparteitag in Köln sollen die Delegierten an diesem Wochenende die Spitzenkandidaten bestimmen und ein Wahlprogramm beschließen. Frauke Petry hat nach Monaten des Streits schon im Vorfeld erklärt, dass sie auf den ersten Listenplatz ihrer Partei verzichten werde. Stattdessen hat sie einen Antrag «zur politischen Ausrichtung der AfD» im Gepäck, sie will ihre Partei nun auch formal auf einen realpolitischen Kurs verpflichten: Höckes «Denkmal der Schande», die Nähe vieler Mitglieder zu Pegida und den Identitären, Gaulands Sticheleien der vergangenen Wochen – all das ist mittlerweile auch ihr zu viel geworden.

Wir sitzen oben auf dem Presserang im großen Saal des Kölner Martim-Hotels, als die Delegierten über die Tagesordnung abstimmen – für gewöhnlich ein zäher Prozess. Als jedoch eines der Mitglieder vorschlägt, sich gar nicht erst mit Petrys Antrag zu befassen, wird es laut. Ein Meer blauer Stimmkarten besiegelt ihr politisches Schicksal: Die Partei verweigert ihrer Vorsitzenden den Gehorsam. Für Petry ist es die größtmögliche Abfuhr. «Ich glaube, dass die Partei einen Fehler macht», sagt sie noch draußen, in der Lobby des Hotels. Aber zu diesem Zeitpunkt ist sowohl den Journalisten als auch ihren Parteikollegen drinnen im Saal klar: Petry ist geschlagen. Wie Lucke hat auch sie die Ultranationalisten nicht bezwingen können. Auch sie ist ihnen zum Opfer gefallen.

Zwar bleibt Petry vorerst noch Chefin. Die Geschicke der Partei jedoch bestimmen jetzt andere: Es sind der ehemalige CDU-Mann Alexander Gauland und die junge Ökonomin Alice Weidel, die nun das öffentliche Bild der Partei prägen, nachdem die Delegierten in Köln sie zu den Spitzenkandidaten für die Bundestagswahl gemacht haben.

Wir besuchen in dieser Zeit viele Wahlkampfauftritte der AfD, die Strategie ist fast immer dieselbe. Ein Beispiel: Anfang August tritt der damalige Richter Jens Maier in einer Halle am Stadtrand von Dresden ans Mikro, rund 500 Menschen sind gekommen. Maier weiß, was er sagen muss, um die Dresdner in Fahrt zu bringen. Er spricht über die Bombennacht vom 13. Februar 1945, als bei Luftangriffen der Alliierten über 20 000 Menschen starben. Und geht dann zur Attacke auf den politischen Gegner über. «Im Jahr 2004 verstieg sich Claudia Roth in einer Talkshow zu der Bemerkung, nicht die Deutschen, sondern die Türken hätten Deutschland wieder aufgebaut», sagt Maier. Sofort gellen Dutzende Pfiffe, das Publikum brüllt ihm seinen Zorn entgegen. «Da wird so manche Trümmerfrau gesagt haben, vielen Dank, liebe Grüne, vielen Dank, liebe SPD, das habe ich noch gar nicht gewusst.» Maier verbindet die traumatischen Erfahrungen des Zweiten Weltkriegs mit dem Hass auf Einwanderer und das Establishment in Berlin. Es ist diese Kombination aus Wut und Anschuldigungen, die den Kern fast jeder AfD-Veranstaltung im Wahlkampf ausmacht.

Die Angst vor der AfD beeinflusst zu diesem Zeitpunkt längst den Wahlkampf der anderen Parteien. Permanent warnen sie vor dem Einzug der Rechten in den Bundestag. Und übernehmen doch selbst oft ihre Themen. Nach dem TV-Duell zwischen Martin Schulz und Angela Merkel schreibt Heribert Prantl in der *Süddeutschen Zeitung*: «Das eigentliche Problem der Sendung waren die Moderatoren. Hat ihnen die AfD die Themenschwerpunkte diktiert? In den ersten 45 Minuten wurde nur über Flüchtlinge diskutiert; danach über Erdoğan. Die sozialen Probleme sind auch angesprochen worden, aber so, dass insinuiert wurde, dass es sie offenbar nicht gibt.»

Drei Wochen später geben knapp 5,9 Millionen Deutsche ihre Zweitstimme für die AfD ab: 12,6 Prozent, ein Traumergebnis. Noch am Wahlabend ruft Gauland von der Bühne: «Wir werden Frau Merkel oder wen auch immer jagen», die AfD wolle sich «unser Land und unser Volk zurückholen». Am nächsten Morgen verkündet Petry, dass sie der Fraktion ihrer Partei im Bundestag nicht angehören werde, wenige Tage später verlässt sie die AfD ganz. Viereinhalb Jahre hat die Partei vom Gemeindesaal in Oberursel bis in den Berliner Reichstag gebraucht. Für die AfD – und für die gesamte Neue Rechte – beginnt mit diesem Tag eine neue Zeitrechnung.

Der politische Arm der Bewegung

«Wir haben einen großartigen Wahltag, einen großartigen Wahlabend gehabt. Wir haben das blaue Wunder erlebt.» Jürgen Elsässer bekommt sich im Livestream seines *Compact*-Magazins am Abend des 24. September 2017 gar nicht wieder ein. «Wir haben schon das Cover der nächsten Ausgabe in Druck gegeben, da steht ‹Wahlsieger AfD: Macht was draus!›.» Der Journalist Elsässer, der regelmäßig auf die vermeintliche Nähe etablierter Zeitungen zu den «Altparteien» schimpft, feiert den Einzug der AfD in den Bundestag. An seiner Seite: einige der künftigen Abgeordneten, die er erst mit Lob überschüttet und dann nacheinander vor der Kamera zu ihrem Erfolg befragt. Elsässer ist nicht der einzige Szene-Publizist, für den der Einzug der AfD in den Bundestag einen Einschnitt bedeutet.

Götz Kubitschek veröffentlicht noch am selben Abend auf der Online-Seite seiner Zeitschrift *Sezession* einen Kommentar mit dem Titel «Was heute passiert ist». Seit er «politisch denken» könne, schreibt er, sei die Haltung der Mehrheitsgesellschaft dieselbe gewesen: «Ignorieren, isolieren, diffamieren, kriminalisieren, ob Republikaner, Bund freier Bürger, Schill, Pro, Die Freiheit – stets war das Ergebnis ein marginalisierter, von breiten Wählerschichten abgeschnittener Rest, der sich nicht aus seiner Isolation befreien konnte.» Damit aber sei es nun vorbei: «Der Erfolg der AfD auf Bundesebene ist das Scheitern der Isolationsstrategie.» Der Stratege Kubitschek umreißt schon an diesem Abend, was der Erfolg der AfD für sein Milieu bedeutet: «Auch für uns bricht eine andere Zeit an: erneute Resonanzraumerweiterung; berufliche Auffangnetze für manchen, der sich vorwagte und keine der 200 Genderprofessuren abgreifen konnte – dafür jetzt aber den Posten eines Beraters, eines Büroleiters, eines wissenschaftlichen Mitarbeiters angeboten bekommt.» Er wittert, dass mit der AfD auch seine eigenen Ideen ins Parlament einziehen könnten.

Selbst Dieter Stein, der die Partei in den Monaten vor der Wahl zunehmend für ihre rassistischen Ausfälle kritisiert hat, schreibt nun in der *Jungen Freiheit* voller Begeisterung über das Wahlergebnis: «Die Erschütterung des Parteiensystems, das Sprengen des von CDU und CSU in Jahrzehnten errichteten *cordon sanitaire* auf der demokratischen Rechten des politischen Spektrums kommt einem Mauerfall im Kleinen gleich.» Für ihn, der sich seit dreißig Jahren an den Unionsparteien abarbeitet, muss sich der Sieg der AfD wie eine späte Rache anfühlen – dafür, dass weder Kohl noch Schäuble oder Merkel ihn und seinesgleichen je angehört und die Partei statt nach rechts immer weiter in die Mitte geführt haben.

Über Nacht wird Berlin zum Zentrum der Bewegung: Hier sitzt nun das große Geld, hier lassen sich politische Projekte von bundesweiter Bedeutung anschieben, hier schauen die Medien hin. Die AfD muss künftig nicht mehr nur in den Landtagen von Thüringen oder Baden-Württemberg um die nationale Aufmerksamkeit buhlen. Sie bewegt sich nun direkt vor den Augen und Kameras der Hauptstadtpresse. «Ich habe den Wahlsieg mit Freude und voller Sorge erlebt», sagt Philip Stein, als wir ihn ein Jahr später in Halle zum Gespräch treffen. «Freude darüber, dass es endlich eine ernstzunehmende politische Alternative rechts der CDU gibt. Und Sorge, weil die Partei nun vor eine riesige Aufgabe gestellt wird. Allein die nötigen Fachleute zu finden, ist in unserer Szene nicht einfach.» Und nun, ein Jahr später? «Bin ich positiv überrascht. Die Reden haben den richtigen Ton, die Fraktion nimmt sich die richtigen Projekte vor.»

Stein, Kubitschek und Elsässer wissen, dass der Erfolg der Partei auch ihre Arbeit beflügelt. Je mehr Anhänger die AfD hinter sich versammelt, desto mehr Leute interessieren sich für ihre Bücher, Blogs und Zeitschriften. Die AfD schürt den Zorn auf Medien, Bundesregierung und Muslime. Die rechten Publizisten verkaufen den passenden Lesestoff dazu. Der Einzug der Partei in den Bundestag ist ein Konjunkturprogramm für die Szene.

In den ersten Sitzungen des Parlaments im Winter 2017 fällt die Partei vor allem durch ein Geräusch auf: Lachen. Die Stenographen des Bundestags vermerken es in ihren Protokollen jetzt viel häufiger als früher. Und fast immer kommt es von den Abgeordneten der AfD, die im Parlament ganz rechts sitzen, zwischen FDP-Fraktion und Regierungsbank. Die Neuen lachen die Alten aus. Es ist ihr Mittel, um zu zeigen, wie sehr sie die politische Konkurrenz verachten. Wenn die Bundeskanzlerin in ihrer Regierungserklärung über eine Stärkung des europäischen Wirtschaftsraums spricht: Lachen. Wenn die Grünen-Chefin Katrin Göring-Eckardt das rapide Artensterben beklagt: Lachen.

Der Ton im Bundestag ist rauer geworden seit dem Einzug der AfD, das ist Konsens unter jenen, die schon vor 2017 einen Sitz im Parlament innehatten. Der AfD-Mann Gottfried Curio warf der SPD während einer Haushaltsdebatte für ihre Pläne zum Familiennachzug von Flüchtlingen vor, ein «Programm zur Terroristennachwuchsförderung» auflegen zu wollen. Die Abgeordnete Nicole Höchst erkundigte sich im März 2018 in einer Anfrage an die Bundesregierung, wie sich die Zahl der Menschen mit Behinderung in Deutschland entwickelt habe, wie viele Behinderungen durch Heirat innerhalb der Familie entstanden sind und wie hoch der Migrantenanteil unter diesen Menschen ist. Stephan Brandner wollte wenige Monate später wissen, welche Gründe die Regierung für die Anerkennung der Gemeinnützigkeit bei Vereinen sieht, die private Seenotrettung betreiben. Die Partei flößt dem parlamentarischen Betrieb ihre teils rassistischen Inhalte ein. Und geht dabei meist so geschickt vor, dass ihre Äußerungen und Anfragen vom Gesetz gedeckt sind.

Stephan Brandner ist kein einfacher Abgeordneter. Der Jurist und Höcke-Vertraute steht dem Rechtsausschuss des Bundestags vor. Er leitet die Sitzungen, in denen Gesetze beraten und ausgearbeitet werden. Ein einflussreicher Posten. Der ehemalige Berliner Oberstaatsanwalt und jetzige AfD-Abgeordnete Roman Reusch forderte einst, dass «besonders auffällige ausländische Kriminelle außer Landes geschafft oder sonst aus dem Verkehr gezogen werden können». Heute ist Reusch Mitglied im Parlamentarischen Kontrollgremium und dadurch mit der Überwachung der deutschen Geheimdienste betraut – darunter auch das Bundesamt für Verfassungsschutz, das diverse Organisationen aus dem AfD-Umfeld beobachtet. Die Partei ist bis in die Herzkammer des ihr verhassten Systems vorgedrungen. Im sechsten Stock des Paul-Löbe-Hauses hat Beatrix von Storch ihr Büro eingerichtet. Im Vorzimmer, über dem Schreibtisch eines ihrer Mitarbeiter, hängt die Gadsden Flag, eine Klapperschlange auf gelbem Grund, das Erkennungszeichen der amerikanischen Tea-Party-Bewegung. Die libertäre Gruppe sabotierte jahrelang das politische System der USA mit ihrer strikten Blockade-Haltung. «Ich habe die da nicht hingehängt», sagt von Storch, als wir sie darauf ansprechen. «Aber ich habe auch nichts dagegen.»

Wir treffen von Storch, um mit ihr über die politische Arbeit der AfD-Fraktion im Bundestag zu sprechen, knapp ein Jahr nach der Wahl. Was hat die Partei geleistet? «Wir sitzen heute in jeder Talkshow, auch wenn wir nicht eingeladen werden. Das ganze Land spricht über unsere Themen. Die Özil-Debatte, die Panik in der CSU – das geht vor allem auf unser Konto», sagt sie. Es ist jene kalkulierte Verschiebung der öffentlichen Debatte, die sie mit den Vordenkern der Neuen Rechten verbindet, Männern wie Kubitschek oder Stein junior. Und tatsächlich besteht darin wohl der bis jetzt größte Erfolg der AfD-Fraktion im Bundestag: Die Abgeordneten haben ihre Büros in den Bundestagsgebäuden bezogen, ihre Posten in den Ausschüssen angetreten, bekommen Redezeit im Plenum und die Aufmerksamkeit der Medien. Der erste Schock über ihren Einzug ist ausgestanden. Jetzt arbeitet die Partei daran, Normalität zu simulieren: Die AfD gehört wie selbstverständlich ins Parlament, ihr Sechs-Punkte-Plan für die Rückkehr syrischer Flüchtlinge in das Bürgerkriegsland wird dort genauso debattiert wie der Entwurf der Großen Koalition zum Baukindergeld.

Steuergeld für Systemfeinde

Wer als Journalist zu AfD-Parteitagen fährt, sollte Laufschuhe mitnehmen. So deftig ist meist das Essen dort, so viele Schnitzel, Frikadellen und Bockwürste lässt die Partei das Catering auffahren, dass, wer nicht zulegen will, am besten morgens vor dem Beginn der Tagesordnung eine Runde joggen geht. Denn: Medienvertreter essen bei der AfD häufig, ohne bezahlen zu müssen – dem miesen Verhältnis zwischen Journalisten und Partei zum Trotz. Es ist ein scheinbar belangloses Detail. Aber nicht immer konnte es sich die AfD leisten, so großzügig zu sein.

Kurz nach ihrer Gründung muss die Partei sparen, der *Spiegel* zitiert damals aus einer Rundmail, in der Lucke seine Kollegen mahnt, doch lieber selbstgemachte Stullen zum Parteitag mitzubringen, anstatt ein teures Buffet zu bezahlen.

Heute hat die AfD keine Geldsorgen mehr. Die Schatzmeister von Bundespartei und Landesverbänden weisen regelmäßig Millionenumsätze aus. Das Geld stammt unter anderem aus Mitgliedsbeiträgen, den freiwilligen Abgaben der eigenen Abgeordneten von ihren Diäten und aus Spenden. Seit wir uns mit der AfD beschäftigen, schauen wir uns die Parteifinanzen an, scannen Rechenschaftsberichte und Spendenlisten. Dabei haben wir in den vergangenen Jahren einige Finanziers entdeckt, die tief in der rechten Szene vernetzt sind (siehe Kapitel 8). Ein großer Anteil des AfD-Budgets stammt aber aus einer anderen Quelle: der Staatskasse.

Jede Partei hat entsprechend ihren Wahlergebnissen Anrecht auf die sogenannte staatliche Teilfinanzierung. Die AfD ist auf diese Weise in den vergangenen Jahren zu hohen Summen aus dem öffentlichen Haushalt gekommen: 7,5 Millionen Euro standen ihr laut Unterlagen des Deutschen Bundestags für das Jahr 2017 zu, 6,1 Millionen waren es im Jahr zuvor, 5,2 Millionen im Jahr 2015. Dazu kommt Geld für die Abgeordneten in den Parlamenten. Rund 16,6 Millionen Euro erhalten allein die Abgeordneten und die Fraktion im Deutschen Bundestag jedes Jahr für Diäten, die Gehälter der Mitarbeiter und Mieten der

Wahlkreisbüros. Auch CDU, SPD, Grüne, Linke und FDP bekommen diese Unterstützung vom Staat. Doch keine andere Partei verteufelt das politische System der Bundesrepublik so wie die AfD.

Im Jahr 2013, als Lucke seine Parteikollegen zum Schnittchenschmieren auffordert, ist die Situation noch eine andere. Das Parteiengesetz verhindert, dass die AfD die volle Höhe der staatlichen Teilfinanzierung abschöpfen kann – die Einnahmen der Partei durch Mitgliedsbeiträge und Spenden sind zu niedrig. Die Partei gründet deshalb kurzerhand einen AfD-eigenen Gold-Shop, Luckes Leute verkaufen jetzt über das Internet Münzen und Barren an Unterstützer. Innerhalb weniger Tage kommen große Umsätze zusammen, zwei Millionen Euro sind es allein bis Ende 2015. Auf diese Weise hübscht die Partei ihre Bilanzen auf und nutzt geschickt eine Lücke im Parteiengesetz: Der Staat muss die volle Höhe der Beträge zahlen, 5,4 Millionen Euro. Verärgert über die Trickserei der AfD, verbietet die Große Koalition jene Praxis. Doch die Partei ist nun nicht mehr auf die volle Summe aus dem Bundeshaushalt angewiesen: Der Einzug in gleich drei Landesparlamente spült frisches Geld in die Kassen. Das Geschäft mit dem Gold diente nur als Anschubfinanzierung.

Eigentlich hatte sich die AfD einmal vorgenommen, alles anders zu machen. In ihrem Grundsatzprogramm aus dem Jahr 2016 steht: «Insgesamt handelt es sich bei dem derzeitigen System der Parteienfinanzierung um ein weitgehend verdecktes System.» Die Parteien bekämen zu viel Geld, seien intransparent, schröpften Steuerzahler und Staat. Besonders die parteinahen Stiftungen sind vielen in der AfD ein Graus: Sie setzen Forschungsstipendien der Grünen-nahen Heinrich-Böll-Stiftung mit politischer Indoktrination gleich, Vortragsabende der den Linken nahestehenden Rosa-Luxemburg-Stiftung mit kommunistischer Propaganda. Im AfD-Programm steht der Satz: «Die Allmacht der Parteien und deren Ausbeutung des Staates gefährden unsere Demokratie.»

Und trotzdem tritt im Juni 2018 der frühere AfD-Bundesgeschäftsführer Frank-Christian Hansel beim Parteitag in Augsburg ans Sprechpult und fordert: «Wir brauchen diese Stiftung. Da gibt es keine Alternative.» Diese Stiftung, damit meint er die Desiderius-Erasmus-Stiftung unter der Leitung der ehemaligen CDU-Bundestagsabgeordneten Erika Steinbach, die nun durch das Votum des Bundesparteitags offiziell zum AfD-nahen Thinktank erklärt wird. Hält die Partei ihr Wahlergebnis von knapp 13 Prozent auch in den kommenden Jahren, stünden der Stiftung rund 70 Millionen Euro pro Legislaturperiode zu, die sie für Bildungsarbeit ausgeben dürfte: etwa um jungen Sympathisanten das Studium zu finanzieren oder um mit den Stars der Szene, zum Beispiel Götz Kubitschek oder Martin Lichtmesz, auf dem Podium über den «Ethnopluralismus» oder die «Gefahr durch den Islam» zu diskutieren. Ausgestattet mit so viel Geld, wäre sie die mit Abstand einflussreichste Denkfabrik am rechten Rand der Gesellschaft.

Wie aber hält die Partei diesen Widerspruch aus, einerseits das System der Parteienfinanzierung als Ausweis des gierigen Polit-Establishments zu geißeln und gleichzeitig selbst ebenjene Förderung in Anspruch zu nehmen? Zwar gibt es auch in der AfD kritische Stimmen, die am liebsten gar kein öffentliches Geld verwenden würden. Doch das Votum des Parteitags ist klar: 64,6 Prozent wollen die vom Staat bezahlte Stiftung. «Man kann nicht sagen, ich lauf jetzt mit der Friedenspalme durch die Lande, und die anderen haben ein Maschinengewehr in der Hand»; so sagte es die Stiftungsvorsitzende Erika Steinbach der *FAZ*. Ihr gehe es um Waffengleichheit. Wenn die anderen Parteien mit Millionenbeträgen die Gesellschaft erziehen würden, müsse die AfD eben gegenhalten. Steinbach versteht politische Bildungsarbeit als Kampf der Weltanschauungen. Und sie will nicht, dass die AfD als Verliererin vom Feld geht.

Wann genau das Geld an die Stiftung fließen wird und ob sie nicht doch, wie von Gauland gewünscht, den Namen des nationalliberalen Staatsmanns Gustav Stresemann tragen wird, ist noch nicht klar. Bisher einigten sich die Fraktionen im Bundestag über die Aufteilung der Stiftungsbudgets. Schon jetzt lassen Grüne, FDP und Linke wissen, dass sie es im Fall der AfD allerdings nicht besonders eilig haben. Schließlich habe etwa die Heinrich-Böll-Stiftung auch warten müssen. Gauland ringt derweil mit den Erben Stresemanns um die Verwendungsrechte für dessen Namen. Die Nachkommen wollen nicht, dass ihr Vorfahr zur Galionsfigur der AfD-Stiftung wird. Gauland hingegen sieht in Stresemann eine Verkörperung all jener Ideale, die er in seiner Partei vertreten wissen will. Ein langwieriger Rechtsstreit droht.

Anlaufstelle AfD

Eine Partei ist kein geschlossenes System. Die SPD lädt Gewerkschafter und Braunkohle-Lobbyisten zum Gespräch und lässt sich von Professoren wie dem Politikwissenschaftler Wolfgang Merkel von der Ruprecht-Karls-Universität Heidelberg beraten. Sie unterhält Kontakt zu Thinktanks wie dem Progressiven Zentrum, parteiinterne Debatten führen Mitglieder in einer Zeitschrift mit dem sperrigen Namen *Neue Gesellschaft/Frankfurter Hefte*. Die Grünen treffen sich mit Vertretern der Verbraucherschutzorganisation Foodwatch oder dem Bundesverband Solarenergie, diskutieren mit dem Solar-World-Gründer und Multimillionär Frank Asbeck über die Zukunft der Stromversorgung im Land und schreiben Beiträge für das Magazin *Prager Frühling*.

Die AfD bildet keine Ausnahme. Auch sie ist Anlaufstelle für das Milieu, das sie umgibt. Nur gehört dieses Milieu, anders als bei Grünen und SPD, nicht der Mitte der Gesellschaft an. Sondern dem rechten Rand. Die Fraktion im Bundestag, die Landesverbände und die Bundesgeschäftsstelle sind durchsetzt mit Vertretern radikaler Strömungen.

Ein Mittwochabend im Juli 2018. In einem Konferenzraum des Bundestags, so zeigt es ein Video, sitzt Philip Stein an einem Tisch, er trägt rote Krawatte zu weißem Hemd. Um ihn herum sitzen Bundestagsabgeordnete der AfD und hören ihm zu. Der Parlamentarier Frank

Pasemann aus Sachsen-Anhalt hat Stein eingeladen, als Experten zum Thema «Linke Förderstrukturen und der neue ‹Kampf gegen Rechts›». Stein weiß, wovon er spricht: Schon in seiner Zeit als Student und Burschenschafter in Marburg, so erzählt er bei unserem Treffen in Halle, haben Aktivisten der Antifa ihn als Rechtsradikalen geoutet, sein Name taucht auf zahlreichen linksradikalen Watchblogs auf. Heute soll er die Abgeordneten beraten, wie AfD und Ein Prozent «gemeinsam gegen den linken Fördersumpf vorgehen» können. Gemeint sind Programme gegen Rechtsradikalismus und Rassismus. Stein hat dafür ehemalige führende rechtsradikale Kader mit in den Bundestag gebracht, einige seien Mitglieder seiner «Expertenkommission» für Linksextremismus und Asyl, sagt er. Die vier jungen Männer saßen noch vor wenigen Jahren im Bundesvorstand der rechtsradikalen NPD-Jugend, arbeiteten für die NPD im Landtag oder waren Mitglieder in extremen Kameradschaften. Einer engagiert sich heute bei den Identitären. Sie wollen etwas gegen Vereine unternehmen, die Opfer rechter Gewalt beraten oder Demokratie-Workshops in Schulen durchführen. In Steins Augen kämen die Millionen Euro für solche Projekte «zwielichtigen außerparlamentarischen Vereinen» zugute, die nur ein Ziel hätten: «die patriotische Opposition im Land mundtot zu machen». Dass Rechtsradikale wie sie, die auch an der Seite der neofaschistischen Aktivsten der italienischen Casa Pound auftreten, auf Einladung der AfD im Bundestag sprechen, ist ein Novum.

«Natürlich habe ich mich über die Einladung gefreut. Ich finde sie auch sinnvoll, weil die AfD Expertise auf diesem Gebiet braucht. Und für Ein Prozent ist es natürlich eine schöne Sache, von einer Partei eingeladen zu werden. Strategisch hilft uns das weiter, wir können jetzt sagen: Seht her, wir sind von der AfD in keiner Weise ausgeschlossen», erzählt uns Stein. «Wir sind in der AfD mittlerweile wirklich sehr gut vernetzt.» Tatsächlich verschafft Pasemann Stein und seinen Leuten auf diese Art eine ganz neue Legitimation: vom radikalen Splittergrüppchen zu Beratern im Bundestag – in Zukunft lassen sich mit diesem Argument möglicherweise noch mehr Spenden eintreiben.

Und Steins Vortrag ist kein Einzelfall. Die AfD versorgt Angehörige der rechtsradikalen Szene systematisch mit Öffentlichkeit, Jobs und Geld.

Im Sommer 2017 bekommen wir eine E-Mail, im Betreff steht ein Name: Hans-Holger Malcomeß. Wer das ist, wissen wir damals nicht. Doch wir lesen, dass es sich bei ihm um den Chef der AfD-Bundesgeschäftsstelle handeln soll, dem organisatorischen Herz der Partei, untergebracht in einem schmucklosen Bürogebäude südlich des Berliner Tiergartens. Malcomeß habe eine Vergangenheit in der rechtsextremen Szene, steht in der Mail, als junger Mann sei er in Dresden mit Neonazis unterwegs gewesen, habe auf Einladung einer mittlerweile verbotenen Organisation Vorträge gehalten. Hinweise auf die angeblich brisante Vergangenheit prominenter Politiker bekommen wir öfter, nicht nur im Zusammenhang mit der AfD. Viele davon stimmen nicht, viele berühren das Privatleben der betroffenen Personen und sind deshalb für uns nicht relevant. Der Fall von Malcomeß aber liegt anders: Er ist kein Promi, keine schillernde Figur des Berliner Betriebs, auch geht es hier nicht um Details aus seinem Familienleben, sondern um eine Vergangenheit im Neonazi-Milieu.

Wir lesen Texte aus den damals angesagten Szene-Zeitschriften, suchen in Pressearchiven nach Hinweisen und schauen uns Veranstaltungsprogramme der bekannten Kameradschaften im Dresden der neunziger Jahre an. Und wir werden fündig: Malcomeß' Name steht abgedruckt im Programm des «ersten Kulturwochenendes der Wiking-Jugend im Gau Sachsen» aus dem Oktober 1991. Malcomeß ist da erst 17 Jahre alt und Mitglied der Deutschen Sozialen Union (DSU). Die «Wiking-Jugend» (WJ) bietet ihm eine Bühne, er willigt ein. Zu diesem Zeitpunkt gilt die Organisation als einer der größten Verbände junger Neonazis in Deutschland, Aufbau und Struktur sind der Hitlerjugend nachempfunden – inklusive regionale Einteilung in Gaue und Horte, paramilitärische Ausbildungscamps und eines «Bundesführers».

Mitte der neunziger Jahre spricht Malcomeß vor WJ-Mitgliedern laut Programm über das Thema «Meine Heimatstadt Dresden». Ein Foto zeigt ihn vor einem Banner mit Odal-Rune, jenem Symbol, das auch die Uniformen der SS-Division Prinz Eugen schmückte. In den Erinnerungen eines ehemaligen WJ-Mitglieds an diese Zeit heißt es: «Über Hans-Holger Malcomeß hatte die Wiking-Jugend schon sehr früh Beziehungen zur DSU aufbauen können. Es bestand seit jeher ein herzliches Verhältnis.» Als wir Malcomeß in einer Mail nach diesen Kontakten fragen, bestätigt er, 1992 noch einen weiteren Vortrag vor der WJ gehalten zu haben, damals habe die Organisation als «national-romantisch» und «erlebnisorientierte bündische Jugendbewegung» gegolten. Allerdings sei ihm «nach einiger Zeit» klar geworden, dass es sich um eine «sowohl straff zentralistisch als auch militaristisch ausgerichtete Struktur mit offenbar neonationalsozialistischer Orientierung» gehandelt habe. Rückwirkend bezeichnet er seinen Vortrag als «Fehler», er sei «auf Abstand» zur WJ gegangen.

Im Jahr 1994 wird die Organisation verboten. In einem Urteil des Bundesverwaltungsgerichts heißt es: «Die Wiking-Jugend verwendet Symbole und Begriffe, die dem Nationalsozialismus zuzuordnen sind, und vermittelt eine positive Erinnerung an maßgebliche Repräsentanten des Hitlerregimes. Sie ist rassistisch und antisemitisch ausgerichtet.» Aber Malcomeß scheint das Verbot nicht abzuhalten: 1996, zwei Jahre darauf, feiert er gemeinsam mit einem späteren CDU-Landtagsabgeordneten im Dresdner ABC-Jugendclub Geburtstag – auf der Gästeliste, die uns vorliegt, stehen die Namen mehrerer Rechtsextremer aus dem Umfeld der WJ. Beharrlich baut Malcomeß ein Netzwerk unter Sachsens Rechten auf.

Bis im Jahr 1998 ein Artikel im *stern* erscheint. Er trägt den Titel «Braune Kameraden», es geht um Sachsens Neonazis – auch Malcomeß' Stellung in der Szene wird thematisiert. In einem Brandbrief «an die sensationslüsternen Medien» antwortet der kurz darauf: «Dass ich als 17- oder 18-Jähriger vor sechs oder sieben Jahren durch einen Kumpel zu einigen Zusammenkünften der Wiking-Jugend Sachsen mitgenommen wurde, soll jetzt als Beweis für meine rechtsextremistische Gesinnung herhalten?» In dem dreiseitigen Schreiben wettert er gegen die vermeintlich unfaire Berichterstattung, inhaltlich aber distanziert er sich nicht. Als Grund für seinen Rückzug aus der Öffentlichkeit gibt er an: Die Kritik der Medien wolle er sich «nun wirklich nicht mehr weiter antun».

Nach 2001 wird es stiller um Malcomeß – keine Kundgebungen, keine DSU-Mitgliedschaft, auch keine Freitagsgespräche in Dresden. Malcomeß ist jetzt 27 Jahre alt. Anstatt sich öffentlich politisch zu äußern, studiert er, hält Vorträge über Literatur, kurzzeitig arbeitet er am Institut für Kunst- und Musikwissenschaft der Technischen Universität Dresden. Seine politischen Aktivitäten scheinen in Vergessenheit zu geraten. Vorerst.

2014 taucht sein Name plötzlich wieder auf. Er wird Geschäftsführer der noch jungen AfD-Fraktion im Dresdner Stadtrat. Zwar steht die «Wiking-Jugend» da schon auf der Unvereinbarkeitsliste der Partei. Doch Malcomeß war offenbar nie offiziell Mitglied der WJ. Seine Kontakte aus den neunziger Jahren sind zudem kein Indiz für eine heutige rechtsextreme Gesinnung – bei seinem Vortrag unter der Odal-Rune war er noch ein Teenager. Aber eine klare Abgrenzung nach rechts außen hört man von ihm bis heute nicht. Die Bundesgeschäftsstelle, die er leitet, verstehe sich «als neutraler Dienstleister für alle Gliederungen der AfD» und halte sich aus innerparteilichen Diskussionen heraus, teilt er mit. Er selbst werde «keine allgemein politischen Aussagen tätigen».

Malcomeß ist Angestellter der Partei; zwar hat er einen einflussreichen Job, aber kein Mandat. Doch auch zahlreiche Abgeordnete der AfD unterhalten enge Kontakte zur rechtsradikalen Szene. Einer von ihnen ist Hans-Thomas Tillschneider, Islamwissenschaftler, Mitglied des Landtags von Sachsen-Anhalt und Vertreter des völkisch-nationalen Flügels seiner Partei.

Als wir im Januar 2017 am Haus der Identitären in Halle an der Saale klingeln, öffnet Tillschneider die Tür: Glatze, dichter Vollbart, Cordsakko, Bootsschuhe. «Kommen Sie rein», sagt er und steigt die

Treppe hinauf in den ersten Stock. Dort, zwischen den Büros von Ein Prozent, der Identitären und des Instituts für Staatspolitik, hat er seinen Schreibtisch aufgestellt. Ein paar Bücher lehnen im Regal, der Blick geht durch die mit Plexiglas verstärkten Fenster hinaus auf die Adam-Kuckhoff-Straße. Tillschneider betreibt zu dieser Zeit im Haus der Identitären ein Bürgerbüro. Es geht ihm nicht darum, hier Wähler zu empfangen oder Kampagnen zu planen, Halle liegt nicht einmal in seinem Wahlkreis. Dass Tillschneiders Name unten am Klingelschild steht, ist ein Statement: Er widersetzt sich dem Abgrenzungsbeschluss seiner Partei, wonach AfD-Mitglieder nicht mit Identitären zusammenarbeiten dürfen. «Für mich ist die Identitäre Bewegung der Inbegriff eines zeitgenössischen patriotischen Widerstands. Wir machen einen Fehler, wenn wir dieses Potenzial nicht nutzen», sagt er damals. Er setze sich dafür ein, dass die AfD sich zu den Identitären verhalte wie die SPD zu den Gewerkschaften, «als Verbündete inner- und außerhalb der Parlamente».

Tillschneider war einer der Ersten, die sich dafür einsetzten, den Unvereinbarkeitsbeschluss gegenüber den Identitären aufzuheben. Damals galt er innerhalb der AfD als Hardliner. Heute ist er längst nicht mehr der Einzige in seiner Partei, der so denkt. Auch Frank Pasemann, der Bundestagsabgeordnete, der Stein zum Vortrag nach Berlin einlud, nimmt die Richtlinien seiner Partei offenbar nicht besonders ernst. Wie unsere Kollegen bei *Zeit Online* recherchiert haben, hat er in seinem Bundestagsbüro zeitweilig zwei Mitglieder der Burschenschaft Gothia angestellt, beide haben sich in der Vergangenheit an Aktionen der Identitären beteiligt. Auch John Hoewer aus dem Umfeld von Ein Prozent und Mitglied der Germania Köln hatte bei Pasemann einen Job gefunden. Insgesamt haben im März 2018 laut unseren Kollegen 27 der knapp 300 Mitarbeiter der AfD-Fraktion einen rechtsradikalen oder rechtsextremen Hintergrund; darunter sind Anhänger der NPD oder des mittlerweile verbotenen paramilitärischen Wehrsport-Vereins «Heimattreue Deutsche Jugend» (HDJ). Damit konfrontiert, dass sogar im Mitarbeiterstab von Fraktionschef Alexander Gauland zwischenzeitlich ein Ex-Aktivist der HDJ beschäftigt war, tat dieser die Vorwürfe kurzerhand als «absolut lächerlich» ab. Die politische Vergangenheit seines Angestellten sei nichts weiter als eine «Jugendsünde», er frage seine Mitarbeiter «bestimmt nicht, was sie in jungen Jahren gemacht haben». Aus der Partei kam keine Kritik. Viele in der AfD geben sich mittlerweile gar nicht mehr die Mühe, ihre Kontakte in teils verfassungsfeindliche Milieus zu leugnen.

Im ersten Jahr nach dem Einzug der AfD in den Bundestag zeigt sich, dass Philip Stein mit seiner Sorge um die Qualität der künftigen Fraktionsmitarbeiter nicht falsch liegt. Zwar stellen sich in den ersten Monaten Hunderte Bewerber bei der Fraktion vor. Doch klagen Abgeordnete immer wieder über deren mangelnde Qualifikationen oder politisch ganz und gar untragbare Ansichten. Ein ehemaliges Parteimitglied nennt die Fraktion deshalb ein «Rettungsboot der Rechtsextremen». Auch Jürgen Elsässer bekommt zu spüren, dass die Bundestagsfraktion einen riesigen Bedarf an Mitarbeitern hat: «Ich weiß, wie schwierig das ist, weil wir auch gerade Personal suchen. Teilweise werden die auch von der AfD weggekauft und versacken als parlamentarische Mitarbeiter», erzählt er uns am Rande der Leipziger Buchmesse.

In ihrer Not, in kurzer Zeit gut ausgebildete Fachreferenten und wissenschaftliche Mitarbeiter zu rekrutieren, hat die AfD der Neuen Rechten die Tür geöffnet. Die *taz* hat im Oktober 2018 recherchiert, dass jeder zweite Bundestagsabgeordnete der AfD Mitarbeiter aus dem Milieu der extremen und Neuen Rechten und mit Verbindungen zu den Identitären angestellt hat. Die Pressearbeit etwa übernehmen eine ganze Reihe ehemaliger Autoren der *Jungen Freiheit*, Dieter Steins Leute, die wohl nicht zuletzt das gute Bundestagsgehalt dazu bewegt hat, die Seiten zu wechseln, vom Journalismus in die politische Öffentlichkeitsarbeit. Erik Lehnert, Teil des Kernteams um Götz Kubitschek im Institut für Staatspolitik, arbeitet mittlerweile im Büro des AfD-Abgeordneten Harald Weyel. Christa A., die für Elsässers *Compact*-Magazin über Sicherheitspolitik berichtet hatte, ist bei einem Abgeordneten aus Sachsen-Anhalt angestellt. Unsere Recherchen zeigen, dass noch sechs weitere ehemalige Mitarbeiter des Magazins heute für die AfD-Fraktion arbeiten, ebenso wie Autoren der *Blauen Narzisse* und von *eigentümlich frei*. Auch vier ehemalige Mitarbeiter von von Storchs Portal *FreieWelt.net* und der ehemalige Kampagnenleiter ihrer Denkfabrik Zivile Koalition sind heute im Bundestag angestellt. Die Liste ließe sich weiterführen. Und sie wird noch um ein Vielfaches länger, blickt man nicht nur auf den Bundestag, sondern auch auf die Mitarbeiterstäbe in den Landtagen. Die AfD steht wie ein magnetischer Pol im Zentrum der Bewegung.

Wir fragen Beatrix von Storch, was sie von den Verbindungen ihrer Fraktionskollegen hält. Sie selbst wolle mit den Identitären nichts zu tun haben, sagt sie. Zwar finde sie deren Aktionen «spektakulär», aber es ließe sich eben nicht beurteilen, wer in dieser Gruppe mit welcher Intention agiere. «Ich habe auch Herrn Kubitschek nie getroffen», sagt sie, «und ich habe nichts dagegen, wenn Verleger und Publizisten ihren Beitrag zum intellektuellen Diskurs leisten.» Eine inhaltliche Distanzierung hört man von ihr nicht. Aber wie denkt sie darüber, dass ihre Mitstreiter im Bundestag Anhänger radikaler Gruppen beschäftigen? Als wir von Storch ihre Zitate aus dem Gespräch, wie von ihr verlangt, vor Veröffentlichung des Buches noch einmal vorlegen, ändert sie das tatsächlich Gesagte in folgende unverfängliche Formulierung: «Jeder darf reden, mit wem er will, solange die Beschlüsse und Regeln der AfD beachtet werden.»

Das Netzwerk der Neuen Rechten
Die Verbindungen der AfD

Ein Prozent

AfD

Desiderius-
Erasmus-
Stiftung

Gustav-
Stresemann-
Stiftung

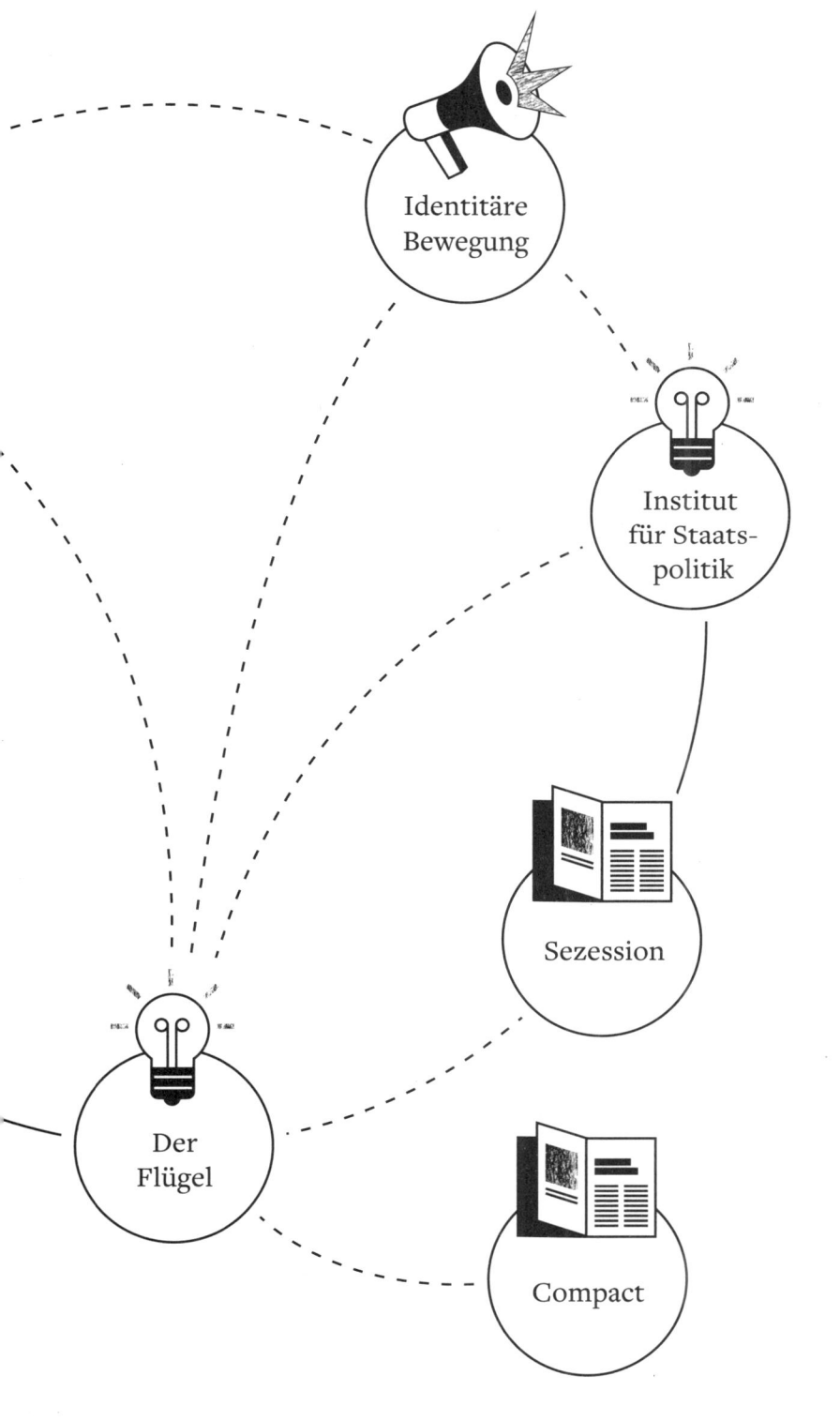

Identitäre
Bewegung

Institut
für Staats-
politik

Sezession

Der
Flügel

Compact

6. Im Netz

Von Shitstorms, Memes und Trollen

Am Morgen jenes Freitags im Dezember 2017 ahnen wir noch nicht, dass wir uns wenig später in einem Shitstorm wiederfinden werden. Wir ahnen noch nicht, dass wir in den Fokus der bestorganisierten Internet-Armee des Landes geraten. Der Tag beginnt so spektakulär, wie Bürotage von Reportern eben beginnen. Viel zu müde fahren wir noch im Dunkeln den Laptop hoch, beantworten die ersten Mails. Rechnung für einen Mietwagen bezahlt. Interviewanfrage eines Fernsehsenders beantwortet. All die Newsletter gelöscht. Treffen mit einer Verlegerin für ein Graphic-Novel-Projekt vereinbart. Nach dem ersten Kaffee haben wir bereits mit Kollegen über eine verunglückte Kolumne gesprochen und über den Fischmehl-Markt in Europa recherchiert. Dann kommt die Post. Und mit ihr auch ein Umschlag aus Eitorf im Rheinland. Vor ein paar Tagen haben wir die erste Ausgabe des neuen identitären Hipster-Magazins *Arcadi* bestellt. Es inszeniert sich als moderne Zeitschrift für urbane junge Menschen. Auf dem Cover eine Frau und Computerspiel-Rezensionen. Nichts deutet auf den ersten Blick darauf hin, dass es sich hier um ein rechtes Jugendmagazin handelt. Umso größer ist die Überraschung, als wir entdecken, dass das Heft vom Sonnenkreuz-Versand verschickt wurde, einem Online-Handel, der einem berüchtigten Neonazi gehört.

Schon beim ersten Durchblättern der Zeitschrift wird uns klar, dass dieses Magazin eine spannende Entwicklung in der neurechten Szene markiert. Ganz offen werben hier AfD-Politiker neben rechten Burschenschaften und Neonazi-Versandhändlern um die Gunst des

Nachwuchses der Identitären. Der Chefredakteur ist ein AfD-Funktionär. Dabei hatte die Partei beschlossen, nicht mit den rechtsextremen Polit-Aktivisten zusammenzuarbeiten, weil diese vom Verfassungsschutz beobachtet werden. Zwischen dem Vergleich verschiedener Mate-Limos und einer Sex-Kolumne finden sich Werbeanzeigen von Kubitscheks Antaios Verlag, vom *Zuerst!*-Magazin, aber auch vom identitären Szene-Label Phalanx Europa. In den Medien gibt es noch keine Berichte über die neue Zeitschrift. Wir finden sie aber so bemerkenswert, dass wir – nach dem zweiten Kaffee – einen ersten schnellen Tweet zu dem Heft auf Twitter absetzen.

Als wir uns nach einer Besprechung nach einer Stunde wieder an den Rechner setzen, ist unser Post über das *Arcadi*-Magazin geflutet worden. Uns unbekannte Accounts mit Namen wie «Feuerifrit» und «Köterrasse Nr. 32» beleidigen uns, manche bedanken sich sarkastisch für den Kauf-Tipp. Die fremden Twitter-Konten haben oft überhaupt kein Profilbild, manche schmücken sich mit Slogans der Identitären Bewegung, einige verwenden den rechten Cartoon «Pepe», einen grünen Frosch. Pepe wiederum ist uns bekannt: Er hat einen menschlichen Körper, einen breiten Mund und Glubschaugen. Rechte bauen ihn in beleidigende Bilder ein, die in sozialen Medien geteilt werden, und machen aus ihm ein sogenanntes Meme. Einen Running Gag im Internet. So ist der grüne Comic-Frosch zum Erkennungszeichen rechter Internet-Aktivisten geworden. Zuerst bei der amerikanischen Alt-Right-Bewegung, später auch bei virtuellen Informationskriegern in Europa. In den Account-Beschreibungen der Besucher auf unserem Twitterprofil finden wir weitere Hinweise auf ihre politische Gesinnung. «Waldgänger» steht da und «Patriot».

Der Essay «Der Waldgang» von Ernst Jünger ist ein Schlüsseltext für die Neue Rechte und besonders bei der aktivistischen Jugend der Identitären und AfD-Rechtsaußen beliebt. Waldgänger seien die, die sich mutig dem System verweigerten – bis hin zum gewaltsamen Widerstand. Ein anderer Nutzer kommentiert unter unserem Tweet: «Deutschlands neue Jugend – Reconquista Germanica». Dass dieser

Mini-Shitstorm kein Zufall ist, sondern eine sorgsam geplante Aktion – orchestriert und generalstabsmäßig durchgeführt –, wissen wir zu diesem Zeitpunkt noch nicht.

Einige Stunden später aber erhalten wir von einer anonymen Quelle den Screenshot aus einem Forum der Gamer-Plattform Discord. Im Kanal «Reconquista Germanica» auf diesem Server ist gerade folgender Aufruf erschienen: «Der Tagesbefehl vom 1. Dezember: Volle konstruktive Kritik gegen Christian Fuchs feuern!» Daneben steht der Link zu unserem Tweet. Jetzt wissen wir auch, woher die vielen Besucher auf dem Twitterprofil kommen. Die rechte Trollarmee im Netz hat uns zum Feind erklärt. Plötzlich sind wir mittendrin im Info-Krieg der Neuen Rechten. Nicht wie sonst als Beobachter. Sondern dieses Mal als Betroffene.

Sie organisieren Shitstorms gegen ihre Gegner, fluten die sozialen Netzwerke mit beleidigenden Bildern oder Hashtags und sammeln privateste Informationen über ihre Gegner in geheimen Internet-Kollektiven. Das Netz ist zu einem wichtigen Gefechtsfeld der organisierten Neuen Rechten geworden. Sie haben sich für den Kampf um den vorpolitischen Raum, zur Eroberung der «kulturellen Hegemonie», mit Nerds und Trollen zusammengetan – sie verbindet die Ablehnung des linksliberalen Mainstreams. Das Internet ist ein entscheidendes Feld dieser Strömung. Mit geringem Aufwand und niedrigen Kosten können sich einzelne Personen und Gruppen über große Entfernungen verbinden – und neue Interessenten ansprechen. Die AfD ist die erfolgreichste Partei auf Facebook. Mit mehr als 440000 Followern hat sie mehr Fans auf dieser Plattform versammelt als die beiden großen Volksparteien CDU und SPD zusammen. Fast alle neurechten Organisationen in Deutschland betreiben Seiten und Kanäle auf den Portalen Facebook, Twitter, Instagram und YouTube. Damit begeben sie sich in die Hände von Konzernen, die allesamt aus einem Land stammen, das die meisten Neuen Rechten ablehnen: die USA. Kurze Texte, ironische Bildchen und Videoclips sollen sich via Social Media viral verbreiten. Es gibt mittlerweile sogar eigene rechte soziale Netzwerke. Interne Debatten finden in geschlossenen Gruppen auf Facebook, Telegram oder WhatsApp statt.

Besonders gekonnt nutzen die technikaffinen 20- bis 30-jährigen – oft männlichen – Identitären das Netz für ihre Zwecke. Sie gehören zu einer Generation, die mit dem Internet aufgewachsen ist und es in all seinen Spielarten und dunklen Nischen kennt. Sie haben sich eine ehemals linke subversive Gegenkultur aus Grenzüberschreitung und mit Hacker-Taktiken gekapert, die der Neuen Rechten weltweit jugendliche Energie verleiht. Sie wissen, wie sie richtig «trollen».

Das ist eine Strategie, Debatten im Internet mit Provokationen, Zynismus und Emotionen zu stören und bestenfalls zu beenden. «Sie kombinieren raffinierten Social-Media-Guerilla-Aktivismus mit organisiertem Trollen und gezielter Medienmanipulation», sagt Julia Ebner. Sie ist Wissenschaftlerin am Institute for Strategic Dialogue (ISD) in London und forscht zur Radikalisierung Rechtsextremer im Internet. Dafür war sie über ein Jahr lang undercover als Mitglied in der Trollfabrik «Reconquista Germanica» unterwegs – jener Gruppe, die auch uns angegriffen hat.

Die Infokrieger sehen sich im Kampf, Reconquista Germanica bedeutet frei übersetzt «Deutschlands Rückeroberung». Der spanische Begriff «Reconquista» bezieht sich auf den Kampf um die Iberische Halbinsel, der mit einem Sieg der christlichen Spanier gegen die Araber im 15. Jahrhundert endete. Bereits 2011 übertrug Götz Kubitschek den Terminus in der *Sezession* auf den Kulturkampf von rechts in Deutschland: «Die sogenannte Konservative Revolution (...) war bereit für einen Umsturz, eine Reconquista, einen revolutionären, deutschen Gang in die Moderne.» Heute nutzt die Identitäre Bewegung den Begriff als Parole, auf IB-Aufklebern steht «Europa, Jugend, Reconquista!». Bis zu 8000 Mitglieder haben sich auf dem rechten Discord-Server zu einer nationalen Trollarmee zusammengefunden, berichtet uns Julia Ebner von ihren Recherchen. Discord ist eigentlich ein Portal, auf dem sich Computerspiel-Zocker austauschen. Doch «Reconquista Germanica» ist anders. Die Mitglieder wollen nicht spielen, sie wollen die Gesellschaft verändern. Sie bilden ein riesiges virtuelles Netzwerk aus Regionalgruppen. «Von national bis liberal, alle patriotischen Kräfte sind bei uns vereint. Darunter zahlreiche YouTuber und prominente Größen aus dem Widerstand», sagt ein anonymer «Oberbefehlshaber» in einem Internetvideo. Er leitet die Gruppe und gibt die Befehle. «Achtung, Achtung, das Oberkommando der Reconquista Germanica gibt bekannt», heißt es dann. Hunderte Trolle folgen. Wenn er eine Order rausgebe, dann «können wir morgen schon zur Tat schreiten – jederzeit und überall», sagt der Gruppenleiter in einem Interview mit der ARD. Die Mitglieder arbeiten mit vielen falschen Nutzerkonten etwa auf dem Videoportal YouTube. Gibt der Oberbefehlshaber oder ein ihm untergeordneter «Paladin» einen Befehl aus, überschütten Hunderte Infokrieger etwa zu einem konkreten Zeitpunkt Filme der Identitären Bewegung mit «Likes» oder trollen Videos ihrer Kritiker, zum Beispiel Jan Böhmermann, mit schlechten Bewertungen.

Eigene Inhalte werden auf diese Weise verstärkt, Kritiker mundtot gemacht. Durch das massenhafte Posten weniger Personen mit vielen Zweit- und Dritt-Accounts in kurzer Zeit manipulieren die Trolle den Diskurs. So entsteht extrem viel Kommunikation zu einem Thema. In der Logik des sozialen Netzwerks passiert in jenen Momenten etwas Wichtiges, der Algorithmus zeigt diese Troll-Postings deshalb prominent an. So entsteht die Wahrnehmung, dass die Mehrheit der Nutzer rechts denkt. Oder zumindest, dass eine Mehrheit die Flüchtlingspolitik als relevantes Thema ansieht. Auf diese Weise werden auch die Medien beeinflusst. Wenige Infokrieger können vorgaukeln, eine Riesenbewegung zu sein. Ein Hype entsteht. Nur knapp über hundert Fake-Nutzerkonten reichen «Reconquista Germanica» aus, um die Debatten mit ihren Schlagworten zu infiltrieren. Beliebte AfD-Accounts spülen die Tweets dann in den Mainstream. Journalisten lesen diese Postings und reagieren auf die Themen und Thesen ihrerseits in Talkshows, im Radio und in den Zeitungen. So gelingt es einer kleinen Gruppe Netzaktivisten, bundesweit Themen zu platzieren.

Das führt zu einer Verzerrung der Wahrnehmung der politischen Debatte. Zu einer Diskursverschiebung.

Die rechten Trolle sind gut organisiert, agieren strategisch und hoch manipulativ. Die Aktionen werden generalstabsmäßig vorbereitet, das Netzwerk ist streng hierarchisch aufgebaut, wie beim Militär. Neben dem «Oberbefehlshaber» gibt es «Generäle», «Offiziere», «Gefreite» und «Rekruten». Das geht aus einem internen Organigramm von «Reconquista Germanica» hervor. Hier werden auch die Identitäre Bewegung und der AfD-Nachwuchs Junge Alternative als Verbündete aufgeführt. Die Identitären hatten «Reconquista Germanica» auch online beworben. Bekannte Identitäre sind oder waren im Netzwerk aktiv und verlinken von ihren Seiten auf Reconquista. Einer von ihnen ist Martin Sellner. Der bekannte Identitären-Aktivist hatte mit «Infokrieg» selbst einen Trollserver ins Leben gerufen. Beleidigungen, Shitstorms, Manipulation der Medien sind für ihn «normale Manöver im Infokrieg». Mitleid mit den Betroffenen hat er nicht. «Das Haten und Trollen ist Bestandteil dieses Raums des Internets, wenn man das nicht erträgt, sollte man diesen Raum nicht betreten.»

Wie in einem Bienenstock hat jeder in der Trollfabrik seine Aufgabe: Manche bauen mit Bildbearbeitungs-Software neue Memes, Fotos oder kurze Filmsequenzen, die gesammelt werden und sich bei Gelegenheit schnell verbreiten lassen, um Stimmung zu machen. «Memetische Kriegsführung» nennen sie das. Die meisten Memes richten sich gegen Angela Merkel, die «Lügenpresse» und gegen Migranten. Andere Mitglieder leiten den Nachwuchs an, erklären, wie man viele Fake-Accounts registriert und sie effektiv einsetzt. Ein Aktivist mit dem Spitznamen «Lui Tagel», ein selbsternannter «Offizier der Heeresgruppe Ost», erteilt Befehle. Er ist es auch, der den «Tagesbefehl» gegen uns ausgegeben hat. Ein anderes Mal verbreitet er ein Video des *Arcadi*-Magazins an die Mitglieder der Trollarmee und spricht von einer «Kooperation» der Hasstruppe mit dem Hochglanz-Heft. Ein «Lui Tagel» ist auch Autor bei *Arcadi*. Der Neonazi-Versandhändler der Zeitschrift ist ebenfalls auf dem Server unterwegs. Und sogar der Chefredakteur des Magazins hat zugegeben, bei «Reconquista Germanica» aktiv gewesen zu sein. Er war ein sogenannter «VIP der Heeresgruppe West». Andere Mitglieder versuchen über politische Hashtags Debatten im Internet zu kapern. So tauchte zum Kanzlerduell 2017 der Hashtag #verräterduell bei Twitter auf. Beide Kandidaten – Angela Merkel und Martin Schulz – seien «Volksverräter», so die Aussage. Der Hashtag hatte großen Erfolg, Neugierige wurden durch ihn auf die rechte Kampagne aufmerksam und bekamen die rechte Weltsicht direkt auf ihr Smartphone. Auch die neurechten Hashtags #120db, #NichtmeineKanzlerin, #TraudichDeutschland, #Wendewahl, #Grueneversenken #Merkelmussweg oder #AfD wurden konzertiert in Umlauf gebracht und trendeten, wurden also besonders erfolgreich. Von den zwanzig meistgeteilten Hashtags vor der Bundestagswahl stammen sieben aus der Trollfabrik «Reconquista Germanica».

Schon anhand der Schlagworte wird klar: Die anonymen Aktivisten verstehen sich als Verbündete der AfD, «weil wir sie als den parlamentarischen Arm des patriotischen Widerstands ansehen», sagte der «Oberbefehlshaber» im ARD-Interview. Mit massenhaften Postings, Retweets, Bewertungen und Kommentaren habe er mit der Fake-Nutzer-Armee die Bundestagswahl im Sinne der AfD beeinflussen wollen. Die Trollfabrik sollte die «schweigende Mehrheit» davon überzeugen, die Partei zu wählen. Seinen Einfluss auf den Wahlerfolg der AfD schätzte er später als «sehr hoch» ein. Lars Steinke, ein anderer Troll, gibt zu, sie hätten die Algorithmen von Facebook und Twitter ausgenutzt, um die Themen der Partei zu platzieren und «um den Korridor des Sagbaren in eine bestimmte Richtung zu verändern». Und er wagt eine Prognose: «Man kann damit Werbung für eine Partei machen, für eine Bewegung. Aus meiner Sicht ist das der Wahlkampf der Zukunft.» Steinke war damals nicht nur Troll, sondern zugleich auch Mitarbeiter der AfD im Landtag von Niedersachsen. Tatsächlich lässt sich jedoch nur schwer nachprüfen, welchen Anteil die rechten Netzaktivisten am Ausgang von Wahlen haben.

Manchmal verlängern die Trolle ihre Aktionen auch aus dem Internet ins echte Leben. Als der liberale Chaos Computer Club im Dezember 2017 zum weltweit größten Hackerkongress nach Leipzig einlädt, tauchen während der Veranstaltung Fotos auf Accounts bekannter Identitärer auf, die suggerieren, sie hätten es trotz des harten Bewerbungsprozesses auf den Kongress geschafft. Eine Störaktion gibt es dann zwar nicht. Aber allein die virtuelle Ankündigung führt unter dem internationalen Publikum dazu, dass tagelang über die Identitären gesprochen wird. Allein mit Hilfe einiger Hashtags und weniger Fotos habe sie eine Veranstaltung von Netzexperten gekapert.

Aber die Reconquista-Anhänger versuchen nicht nur mit Memes, Shitstorms oder dem Hijacken von Hashtags den politischen Diskurs zu manipulieren.

Durch Veröffentlichungen der linken Recherchegruppe «Alt Right Leaks» wissen wir, dass die Netzaktivisten ihre Plattform außerdem dazu benutzen, mit der Weisheit der vielen kollektiv Adressen, Telefonnummern und private Informationen ihrer «Feinde» herauszubekommen. Die Trolle vergleichen Fotos im Internet, rekonstruieren Fahrtwege und suchen den Kartendienst Google Maps gezielt nach Gebäuden ab. Im nächsten Schritt sollen die Menschen belästigt und eingeschüchtert werden. «Ruf sie an und sag etwas über fette Frauen oder Türken», kommentiert «NWO Betriebsarzt» neben der Handynummer einer Frau, die er und seine Kameraden als Gegnerin ausgemacht haben. Ein anderer Kritiker wird mit Hilfe seines Mitgliedsausweises des TSV 1860 München geoutet, die Trolle posten sogar ein Satellitenbild von seinem Haus. Doxing heißt dieses Zusammentragen und Publizieren von persönlichen Daten aus dem Internet. Dass eine Pizza oder ein Taxi unerwünscht an eine Privatadresse bestellt wird, können Betroffene meist noch als harmlosen Streich abtun. Wenn Kritikern jedoch ein Foto ihrer Wohnungstür oder ihres Klingelschildes zugesandt wird, sollen diese eingeschüchtert werden. Gezielt terrorisieren die rechten Netz-Trolle ihre Gegner. Ihre Message: Wir wissen, wo du wohnst.

In einem Reconquista-internen «Handbuch für Medienguerillas» werden «Grüne, Regierungslakaien, bekannte Feministinnen und die Fake-News-Mischpoke» als Ziele für Beleidigungen, Lügen, gefälschte Pornographie oder Drohungen vorgeschlagen. «Junge Frauen, die direkt von der Uni kommen», seien «klassische Opfer», heißt es in dem Handbuch. Der Auftrag: «Trolle den Fick aus ihnen heraus.» Wir sind also nicht zufällig zum Opfer der Trolle geworden. Der Angriff aus dem Netz sollte uns einschüchtern, nicht weiter über den organisierten Infokrieg zu berichten. Denn Transparenz ist der Feind der digitalen Reconquistadoren. Wenn ihre Strategien bekannter werden, wird es schwerer für sie, damit Erfolg zu haben.

Da sich die Medien zunehmend für die klandestin agierenden Internet-Aktivisten interessieren, sperrte der Anbieter Discord die Reconquista-Seiten bereits mehrfach. Doch jedes Mal bauen die Drahtzieher die Infrastruktur schnell wieder auf. «Wir befinden uns im Sturmangriff», kündigten die Trolle nach einer Löschung an. Discord ist nicht die einzige Computerspiel-Plattform, die rechte Netzaktivisten nutzen. Auch auf Steam sind sie aktiv. Dort fand ein Autor der österreichischen Zeitung *Standard* im Jahr 2018 Nutzer, die Reichskriegsflaggen und Sig-Runen als Profilbilder einstellten. Nutzer veröffentlichten Handbücher, die in die Welt der rechten Meme-Schleudern einführen. Einige der Gruppen auf dem Gaming-Server werben für die AfD, andere vereinen Holocaust-Leugner oder tragen Hitler im Namen. Die Identitären haben in ihrer Gruppe auf Steam über 400 Mitglieder. Auf der Plattform wird aktiv für «Reconquista Germanica» akquiriert.

Um sich vor Löschung und Unterwanderung zu schützen, bauen neurechte Aktivisten aber auch eigene soziale Netzwerke auf oder weichen auf Portale in autoritären Staaten aus. Als Facebook und Twitter anfingen, Hass-Nutzer zu sperren, wanderten viele Neue Rechte auf das russische Facebook-Pendant Vkontakte ab, sie nutzten fortan den US-Microblogging-Dienst Gab.ai und tummelten sich auf Minds.com, den amerikanischen Facebook-Klon für Aktivisten. Gewaltaufrufe, Antisemitismus und Beleidigungen werden hier kaum geahndet. Denn die Alternativ-Netzwerke kontrollieren rassistische und hetzerische Inhalte nicht so stark wie die Marktführer. Die Betreiber der alternativen Dienste werben sogar teilweise um die extremen Nutzer und inszenieren sich als Gegner der Zensur. Hier gebe es keine «politische Korrektheit», jeder könne seine Meinungsfreiheit ausleben. Für Gab.ai ist Deutschland, nach den USA, bereits der zweitwichtigste Markt.

Ausgehend von den Vereinigten Staaten, ist mittlerweile ein dezidiert rechtes Parallel-Internet entstanden. Mit Metapedia haben sich Rechte eine Wikipedia-Enzyklopädie mit eigenen vermeintlichen Wahrheiten geschaffen. Die Seite gibt es bereits in mehr als einem Dutzend Sprachen. Voat.co ist die Alt-Right-Version der Plattform Reddit, über Hatreon konnten bis zum November 2017 Spenden für rechte Inhalte eingeworben werden, Bitchute ist das rechte YouTube-Äquivalent und Wrongthink.net eine Kopie von Facebook. Die Neue Rechte «muss auf keinerlei Basisfunktionen des Internets verzichten. Kommunikation, Information, Zahlungsabwicklung und Entertainment – alles wie zuvor und außerdem ideologisch konform», fasst Michael Moorstedt in der *Süddeutschen Zeitung* zusammen.

Diese Portale sitzen alle im Ausland. Aber auch in Deutschland gibt es Initiativen, die den Aufbau eines eigenen rechten Ökosystems im Netz zum Ziel haben. Ein AfD-Unterstützer aus Berlin stellte 2018 die Seite Meisterbook.com online. Hier soll ein deutsches Facebook der Neuen Rechten entstehen. Noch ist auf dem Netzwerk nicht besonders viel los. Beworben wird es mit dem Slogan: «Hier werden keine AFD Mitglieder gesperrt.» Zwei Männer aus dem AfD-Kreisverband von Björn Höcke in Thüringen versuchten außerdem, mit Eventlines.de ein eigenes soziales Netzwerk aufzubauen. Am erfolgsträchtigsten aber scheint die Smartphone-App «Patriot Peer» zu sein, die von den Identitären um Martin Sellner in Österreich entwickelt wurde. «Patriot Peer» ist eine Mischung aus der Dating-App Tinder und einem Handy-Spiel, bei dem die Nutzer für «aktiven Widerstand» Punkte sammeln können. Durch die Ortungsfunktion des Telefons erkennen die Nutzer auf einer Karte, welche anderen rechten «Patrioten» sich in der unmittelbaren Umgebung aufhalten. Diese kann man «anpingen» und sich mit ihnen vernetzen. Jeder neue Kontakt bringt Punkte. Finanziert wird das Projekt durch Spenden.

Sellner hat Erfahrung mit rechtem Crowdfunding. Über Monate nahm er über das Portal Patreon Geldspenden für seinen Aktivismus entgegen. Mittlerweile hat der Dienst ihn gesperrt. Aber auch hier gibt es Alternativen: Mit Hatreon hat ein US-Waffennarr, der Anleitungen für den Pistolenbau im 3-D-Drucker ins Internet gestellt hat und laut US-Magazin *Wired* zu den «gefährlichsten Menschen der Welt» zählt, längst ein rechtes Pendant zu Patreon gegründet. Eine ähnliche Plattform nutzte Sellner für die Finanzierung der «Defend Europe»-Aktion. Mit Hilfe von Wesearchr.com sammelte er innerhalb weniger Wochen von über 3000 Personen 234000 US-Dollar für das Projekt ein. Die Mehrheit der Unterstützer für die rechte Störaktion der Identitären im Mittelmeer kam nach Angaben der Betreiber von Wesearchr aus deutschsprachigen Ländern. Die Spendensammel-Seite wurde von einem rechtsextremen amerikanischen Aktivisten der Alt-Right-Bewegung betrieben. Nutzer werben darauf Geld ein, um Antifa-Aktivisten zu enttarnen, die Neonazi-Webseite *Daily Stormer* zu unterstützen oder um Recherchen zu finanzieren, die beweisen sollen, dass der französische Präsident Emmanuel Macron schwul sei. Anhänger der Alt-Right-Bewegung in den USA spenden auch für die Aktionen in Europa (siehe Kapitel 9). Eine ganz neue Form deutsch-amerikanischer Freundschaft.

Fake News! – Der Kampf um die Wahrheit

Die Identitären sind nicht die einzige Gruppe innerhalb der Neuen Rechten, die finanzielle Unterstützung aus den USA erhalten. Bei unseren Recherchen auf neurechten Webseiten fiel uns ein Logo auf, das wir nicht erwartet hätten: ein blaues dickes M und daneben die

Worte «Middle East Forum» (MEF) in roter Schrift. Dieser amerikanische Thinktank wurde 1994 von dem Historiker Daniel Pipes in Philadelphia gegründet. Die Denkfabrik will «westliche Werte gegen Gefahren aus dem Nahen Osten schützen». Pipes warnt vor der «großen Einwanderung von braunhäutigen Menschen» in Europa und ist ein Fan des holländischen Rechtspopulisten Geert Wilders, den er bei einem Prozess wegen Volksverhetzung mit einer sechsstelligen Summe unterstützte. Nach Recherchen unseres Kollegen Nico Schmidt verfügt das MEF über ein jährliches Budget von bis zu 5,5 Millionen US-Dollar. Neben amerikanischen Initiativen fördert Daniel Pipes in Deutschland vor allem zwei Projekte finanziell: die Gustav-Stresemann-Stiftung, die lange als offizielle AfD-Parteistiftung im Gespräch war, und das Online-Medium *Journalistenwatch*, das sich mittlerweile selbst *Jouwatch* nennt.

Neben den Trollarmeen und rechtsextremen Klonen erfolgreicher Social-Media-Plattformen sind rechte Blogs und Portale die dritte Säule im Informationskrieg im Internet. Diese Webseiten geben vor, Nachrichten zu liefern, die anderswo verschwiegen werden. Sie sind aber keine neutralen Infoportale, sondern sie sind extrem: extrem einseitig, extrem hetzend. Und auch extrem erfolgreich. Die strammrechten Internetmedien liefern die Inhalte, die Anhänger dann über Facebook und Twitter verbreiten, weil sie darin ihre Vorurteile bestätigt sehen. Alles, was nicht in die Weltsicht des Milieus passt, wird nicht berichtet. Dadurch verbreiten diese Blogs ein verzerrtes Bild der Realität. Ganz vorn mit dabei ist *Jouwatch*.

Das Portal ist ganz im Sinne seiner islamkritischen US-Geldgeber ausgerichtet. Hier erscheinen keine Hintergrundartikel, die über die Arbeit von Journalisten aufklären würden, wie der medienkritische Name der Seite suggeriert. Stattdessen sind die Texte überschrieben mit: «17-jähriges Goldstück aus Somalia auf Sextrip in Bonn» oder «Das Kopftuch auf dem Vormarsch in Europa». In dem Artikel mit dem Titel «Moslems sind Nazis und Nazis sind Moslems?» vertritt der Autor die These, dass Adolf Hitler in Wahrheit links gewesen sei.

Jouwatch arbeitet sich an den klassischen AfD-Themen ab: Flüchtlinge, Islamkritik und das Verhältnis der Deutschen zu ihrer Geschichte. In Teilen enthalten die Texte radikale, revisionistische und antisemitische Inhalte. Nach Angaben der Macher werden die Artikel täglich hunderttausendfach aufgerufen. Unabhängig lässt sich das nicht überprüfen. Sollte es stimmen, wäre *Jouwatch* eines der größten Onlinemedien des neurechten Spektrums. Die Artikel erreichen in den sozialen Medien heute mehr Menschen als die Angebote von *FAZ*, *SZ* oder *Zeit*. Das zeigt die Rangliste des Analysedienstes 10000flies. Auch an Werbekunden mangelt es nicht. Auf der Seite schaltet die AfD Anzeigen, ebenso die Identitäre Bewegung, das rechte Modelabel Phalanx Europa oder der Kopp-Verlag. Doch wer steht hinter dieser Hetzseite, und welches Interesse hat ein amerikanischer Thinktank, diese Inhalte zu fördern?

Um mehr über *Jouwatch* zu erfahren, machten wir uns im Sommer 2018 auf die Suche nach den Hintermännern. Laut Impressum saß die Redaktion von *Jouwatch* damals in Zug in der Schweiz. Ein unwirtlicher Ort. Früher war die Stadt ein armes Bauerndorf. Heute haben sich dort Hunderte Briefkastenfirmen in anonymen Glasbauten eingemietet. Auch unter der angegebenen Adresse finden wir nur ein seelenloses Geschäftsgebäude aus braunem Backstein mit einer roten Tür. In dem vierstöckigen Haus sitzen 24 Unternehmen: Aktiengesellschaften, Consulting-Firmen und ein Schönheitssalon. Von der Redaktion einer deutschen Nachrichtenseite ist nichts zu sehen. Weder ist am Firmenwegweiser ein Hinweis angebracht, noch gibt es einen Briefkasten für *Jouwatch*. Wir rufen bei der im Impressum angegebenen Nummer an. Eine Männerstimme sagt «Grüezi» und bestellt uns in die dritte Etage. Der Mann, Ende 30, Typ Buchhalter, entschuldigt sich: Es sei kein Mitarbeiter von *Jouwatch* hier.

Zurück in Deutschland kommen wir über Unterlagen aus dem Vereinsregister an die Privatadresse des langjährigen Chefredakteurs, der bis 2017 auch offiziell die Seite betrieb. Wie mieten uns ein Auto und fahren nach Sachsen-Anhalt. Im Schatten des Doms von Naumburg, in einer kleinen Gasse, wohnt Thomas Böhm mit seiner Ehefrau. Wir klingeln an einem der schmalen Häuser, Böhm öffnet. Etwas überrascht sind wir schon, als er uns nicht abwimmelt, sondern in seine Wohnung bittet. Böhm ist ein kleiner Mann im Jeanshemd. Hinter seiner Brille ruhen wache Augen. Er bittet uns in die Küche, wir setzen uns. In der Ecke des Raumes steht ein Rechner. Wir sehen, dass auf dem Bildschirm das Redaktionssystem von *Jouwatch* noch geöffnet ist. Von diesem Küchentisch aus lenken Böhm und seine Frau also die Geschicke einer der größten Hetzseiten der Neuen Rechten. Ohne es zu ahnen, sitzen wir plötzlich mitten in der Hass-Zentrale Deutschlands.

Thomas Böhm hat eine zupackende, hemdsärmelige Art. Nicht unsympathisch und nicht ohne Sinn für Humor. Im Gespräch überrascht er uns immer wieder. Offen erzählt er aus seinem Leben. Seine Frau und er seien Veganer. Sie könnten nicht die Massentierhaltung kritisieren und dann Fleisch, Eier und Milch einkaufen. Seine Konsequenz imponiert uns, genauso wie sein Lebenslauf. Böhm hat sicher eine der ungewöhnlichsten Biographien des Milieus. Nach der Schule zog es ihn nach Berlin, wo er sein erstes Geld als Stripper in einer Schwulenbar verdiente. Er engagierte sich bei der Sozialistischen Jugend, stürzte sich in die Punkszene der achtziger Jahre, ging als Reporter früh mit den «Toten Hosen» auf Tour, kannte die Musiker von «Feeling B» noch zu DDR-Zeiten. Nach der Wiedervereinigung sollten sie als «Rammstein» weltberühmt werden. Als Musikjournalist erkannte er früh, welche Bedeutung der Techno bald haben würde, und organisierte in den neunziger Jahren die ersten Raves in Berlin mit. Später war er Volontär der linken *tageszeitung* (*taz*) und arbeitete für das Boulevardblatt *B. Z.*, als «Spaßredakteur», wie er heute sagt. Später wird er Tierjournalist und betreibt die Hunde-Seite *Tausend Tölen*. Immer wieder schließt er beim Erzählen seine Augen kurz, wenn er Tabak in die Nase schnieft.

Wie passt so ein buntes Leben zu einer Internetseite, die den Hass in die Republik trägt? Wir fragen ihn danach, während wir mit ihm am Küchentisch sitzen. «Ich wollte mal was Neues probieren, Politikjournalist war ich noch nie», sagt Böhm. «Die Regierung darf nicht unwidersprochen Dinge tun, sie muss Kritik spüren und Widerstand.» Böhm sieht sich als Korrektiv. Aber warum diese Schlagzeilen, der aggressive Ton, der gar nicht zu diesem Mann passen will, der vor uns sitzt? Früher, in den Achtzigern, sei das Land konservativ gewesen, da war Kritik von links angebracht. Und heute, da Deutschland von Linken regiert werde, müsse die Kritik eben von rechts kommen. So sieht er das. Und so sehen es auch zahlreiche andere ehemalige Linke, die heute für die AfD werben: der Ex-*Spiegel*-Redakteur Matthias Matussek etwa oder Jürgen Elsässer, Chefredakteur von *Compact*. Früher habe es Berufsverbote gegen linke Lehrer gegeben, heute gebe es sie gegen rechte Journalisten wie ihn, sagt Böhm. Im Jahr 2011 will er einem Freund geholfen haben, einen Vortrag von Geert Wilders in Berlin mitzuorganisieren. Das hätten Kollegen mitbekommen. Die *B. Z.* habe daraufhin seine Texte nicht mehr drucken wollen. *Jouwatch* wird seine Exit-Strategie, eine «Trotzreaktion», wie er sagt.

Beim Aufbau des Portals half ihm der Anwalt Philipp Wolfgang Beyer. Dessen Geschäftsmodell war es, Organisationen der Neuen Rechten aufzubauen, um damit Rendite zu machen. Er gründete Anfang der 2010er Jahre unter anderem die Gustav-Stresemann-Stiftung sowie einen Landesverband der rechten Kleinstpartei Die Freiheit. *Jouwatch* passte als neurechtes Medium gut in diese Sammlung. Über Werbeanzeigen auf dem Portal versuchte er dann, Mandanten im neurechten Spektrum zu akquirieren und Geld mit ihnen zu verdienen. Mittlerweile soll sich Anwalt Beyer als Geschäftspartner von *Jouwatch* zurückgezogen haben. Doch der zweite Sponsor aus den Anfangstagen der Internetseite, das Middle East Forum, hält weiter zu Thomas Böhm. «Einmal im Jahr überweist das Forum einen kleinen Betrag», sagt er in seiner Küche. Die Summe sei nicht der Rede wert, mehr Geld nehme er durch Werbung und Spenden ein. Und er hat große Pläne für seine Seite.

Eine Buchreihe soll dazukommen, eine tägliche *Jouwatch*-Sendung bei *Lightbeat Radio* gibt es bereits seit 2018. Der neurechte Internet-Radiosender wird von André Lichtschlag betrieben, dem Herausgeber des Magazins *eigentümlich frei*. Auf dem Sender finden sich auch Inhalte der *Jungen Freiheit* und des neurechten Blogs *Philosophia Perennis*. Das ist ganz in Böhms Sinne. «Ich will die Szene vernetzen», sagt er. Dafür hat er bereits einiges getan. Auf *Jouwatch* veröffentlichen heute bereits Vertreter ganz unterschiedlicher Strömungen der Neuen Rechten ihre Texte. Das Portal liest sich wie ein publizistischer Querschnitt durch das Milieu. Hier schreiben Rechtsintellektuelle und Aktivisten, Schriftsteller und Politiker. Götz Kubitscheks Artikel erscheinen neben denen von Jürgen Elsässer und Akif Pirinçci. Björn Höckes Texte stehen neben denen des österreichischen Vizekanzlers Heinz-Christian Strache (FPÖ) und Beiträgen von Vera Lengsfeld. Der Identitären-Leitwolf Martin Sellner steuert eine Videokolumne bei.

Nachdem wir die Verbindungen vom Middle East Forum zu Böhms Hetzseite veröffentlichen, beschimpfen uns *Jouwatch*-Autoren in mehreren Artikeln. Auch andere rechte «Alternativmedien» stehen Böhm bei. Der Blog *Philosophia Perennis* solidarisiert sich mit *Jouwatch* und behauptet – natürlich ohne Recherche und ohne die Gegenseite anzuhören –, die *Zeit* wolle mit kritischen Berichten der «Konkurrenz von der anderen Seite» schaden und die «israelfreundliche Szene spalten». Ein merkwürdiger Vorwurf. Wir haben darauf nicht reagiert, uns aber dafür einmal genauer angesehen, wer hinter *Philosophia Perennis* steckt. Der Blog wird von David Berger betrieben, der früher für die katholische Monatsschrift *Theologisches* arbeitete und nach seinem Outing als Homosexueller zum prominenten Kirchenkritiker wurde. Nachdem seine Karriere als Journalist ins Stocken geriet, startete er den Blog, der seit 2016 bis zu 100 000 Leser pro Monat erreicht. Berger wirbt auf seinen Seiten offen für die AfD und kritisiert die «Anti-AfD-Kampagnen der Nannymedien». Mittlerweile sitzt er im Kuratorium der AfD-nahen Desiderius-Erasmus-Stiftung.

Neben der Kritik an der «linksgrün vermerkelten Einheitssuppe» in den Parlamenten beschäftigt sich Bergers Blog vor allem mit der angeblichen Gefahr durch Muslime. Überschriften von Artikeln lauten «‹Goldstücke› oder die Wiederkehr der Zoophilie» und «Bombenentschärfung, Messer- und Giftattacken: Auch in Frankreich wird Ramadan gefeiert». Die Texte finden sich in den Ressorts «Allahu Akbar-Terror» oder «Merkel muss weg». Um seine Mahnung vor der Islamisierung Deutschlands immer wieder zu belegen, ist Berger keine Nachricht zu haarsträubend. Alles, was in sein Weltbild vom gefährlichen Islam passt, wird publiziert. Ob die Informationen stimmen, ist zweitrangig. Die Faktenchecker vom Recherchezentrum *Correctiv* haben den Blog geprüft und sind auf hochspekulative Berichterstattung und Falschmeldungen gestoßen. So zeigte *Philosophia Perennis* nach einem Amoklauf ein Video, das dem Titel zufolge die beiden Täter zeigen sollte. Es stellte sich heraus, dass es sich lediglich um zwei indische Touristen handelte, die nichts mit der Tat zu tun hatten. In einem anderen Artikel wurden Flüchtlinge als dekadente undankbare Menschen gezeichnet, die gespendete Kleidung wegwarfen. Dabei hatte das Rote Kreuz selbst die Flüchtlinge aufgefordert, die Sachen zu vernichten, um die Übertragung von Krankheiten zu verhindern. Durch diese einseitige Fokussierung auf die vermeintlichen Übeltaten von Muslimen zeichnet *Philosophia Perennis* in der Echokammer der Rechten gegen die Islamisierung des Abendlandes ein Zerrbild der westlichen Gesellschaften. Berger berichtet nicht, was wirklich relevant ist, sondern was die eigenen Vorurteile bestätigt. Und Hass gegen Muslime zu schüren, bringt Klicks.

Politically Incorrect verfolgt dieses Geschäftsmodell bereits seit fünfzehn Jahren. Das Portal tritt mittlerweile unter dem Namen *PI-News* auf und hat sich ebenfalls ganz dem Kampf gegen den Islam verschrieben. Auf der Seite werden Muslime als «Gesindel», «Abschaum» und «Türkendreck» diffamiert. Und auch hier findet sich die Täter-Opfer-Umkehr wieder: Muslime gelten als «Faschisten» und «geistige Brüder und Schwestern der Nationalsozialisten». Der Lehrer Stefan Herre aus Bergisch Gladbach gründete seinen politischen Blog im

Jahr 2004. Mit einer Mischung aus Vorurteilen, Falschinformationen und besorgniserregenden Nachrichten über Verbrechen im Namen des Islams ist die Seite zu einem der größten deutschen Blogs aufgestiegen. Heute sind die *PI-News* das Zentralorgan der Islamfeinde in Deutschland und eines der Stamm-Medien von Pegida und Teilen der AfD-Wählerschaft. Schon 2008 nahm der spätere Pegida-Mitgründer Siegfried Däbritz Kontakt zu *PI-News* auf, PI-Mitarbeiter traten bei Pegida auf und liefen bei den Demonstrationen mit. Früher engagierte sich Stefan Herre, der meist braun gebrannt auftritt, noch in der islamfeindlichen Kleinpartei Die Freiheit – genauso wie *Jouwatch*-Gründer Thomas Böhm. Herres Seite zieht mit rund 100 000 Besuchern pro Tag auch eine ähnlich große Leserschaft an wie die seines ehemaligen Parteikollegen. In etwa fünfzig deutschen Städten und im Ausland soll es PI-Ortsgruppen geben, die sich abseits der Öffentlichkeit treffen, um Strategien für die Beeinflussung der Öffentlichkeit zu entwerfen. Sie stören gezielt Diskussionsrunden über den Islam, wettern organisiert gegen «Gutmenschen» in Kommentarspalten etablierter Medien oder versenden Hunderte Hassmails an vermeintlich Linke. Eine Strategie, die sehr an die Trollarmee «Reconquista Germanica» erinnert, nur eben für ältere Menschen. Wer sind diese Leute?

Einen guten Einblick in die Szene der PI-Unterstützer bietet die Undercover-Recherche von Marco Maurer, der für das Magazin *Neon* auf PI-Leserreise nach Israel gefahren ist. Nach ein paar Tagen wurde er von den Mitreisenden enttarnt und brach die Recherche ab. Was er jedoch bis zu seiner Abreise erlebte, lässt daran zweifeln, ob wirklich alle Leser der Seite auf dem Boden der freiheitlich-demokratischen Grundordnung stehen. Die Anhänger von *PI-News*, denen Maurer begegnete, kommen aus der gesamten Bundesrepublik. Sie entstammen der bürgerlichen Mitte: Unternehmensberater, Psychologin, Buchhändler, Landwirt, Standesbeamter, Jurist, Lehrer. Auch ein Landtagsabgeordneter der AfD ist bei der Reise dabei. Ihre Positionen sind radikal. Weil sie sich während der Reise unter sich wähnen, scherzen sie über die Sprengung einer Moschee und machen das «amerikanische Establishment» für den Holocaust verantwortlich. Einige Teilnehmer zweifeln die Anzahl der von den Nationalsozialisten ermordeten Juden an. Araber sind für sie «Barbaren», Sinti und Roma werden auf *PI-News* «Zigeuner» genannt, und Geflüchtete sind «Ficki-Ficki-Fachkräfte». Diese Sprache und die damit verbundenen Positionen sollen langsam in die Mitte der Gesellschaft einsickern.

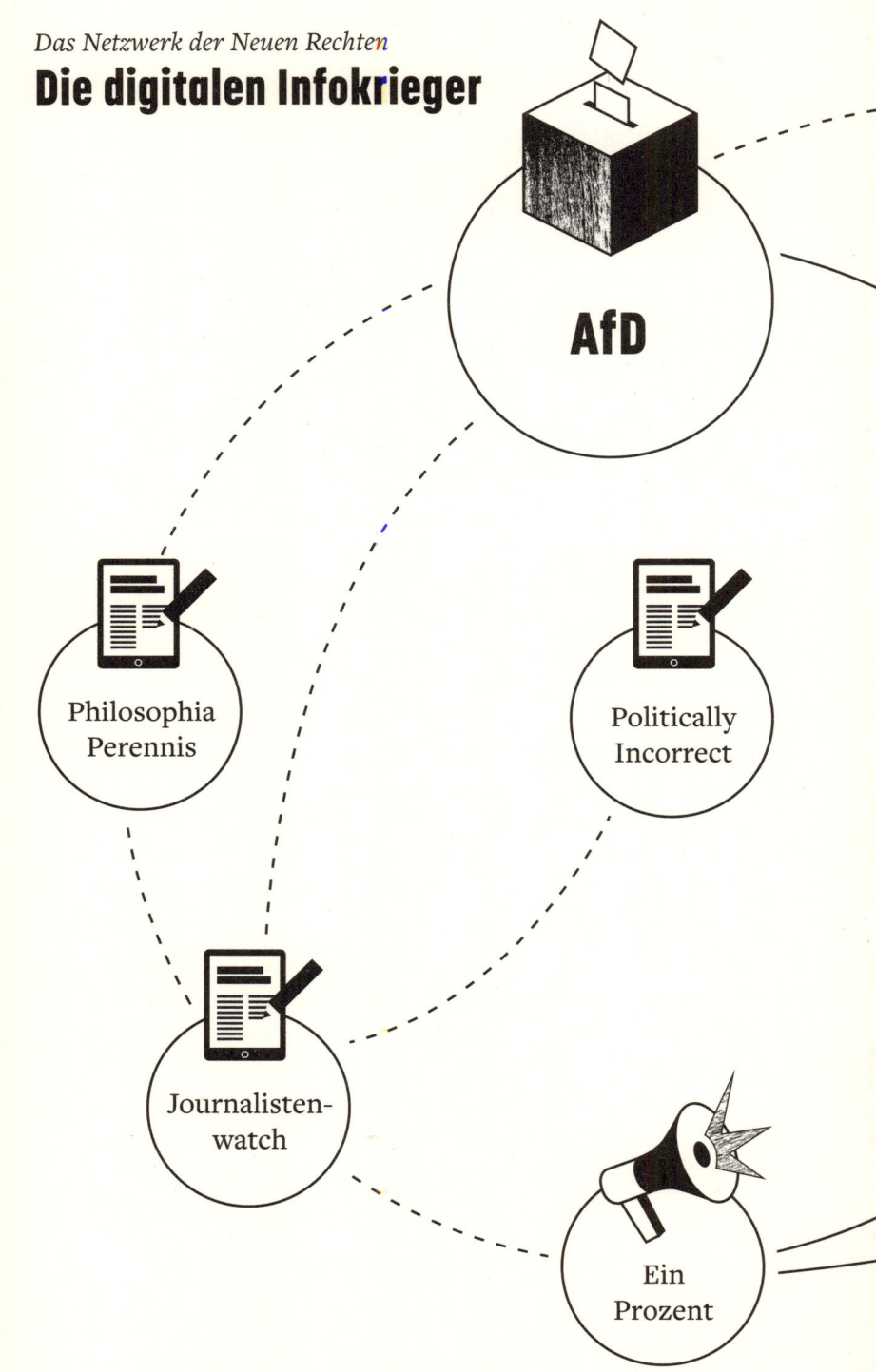

Das Netzwerk der Neuen Rechten

Die digitalen Infokrieger

AfD

Philosophia
Perennis

Politically
Incorrect

Journalisten-
watch

Ein
Prozent

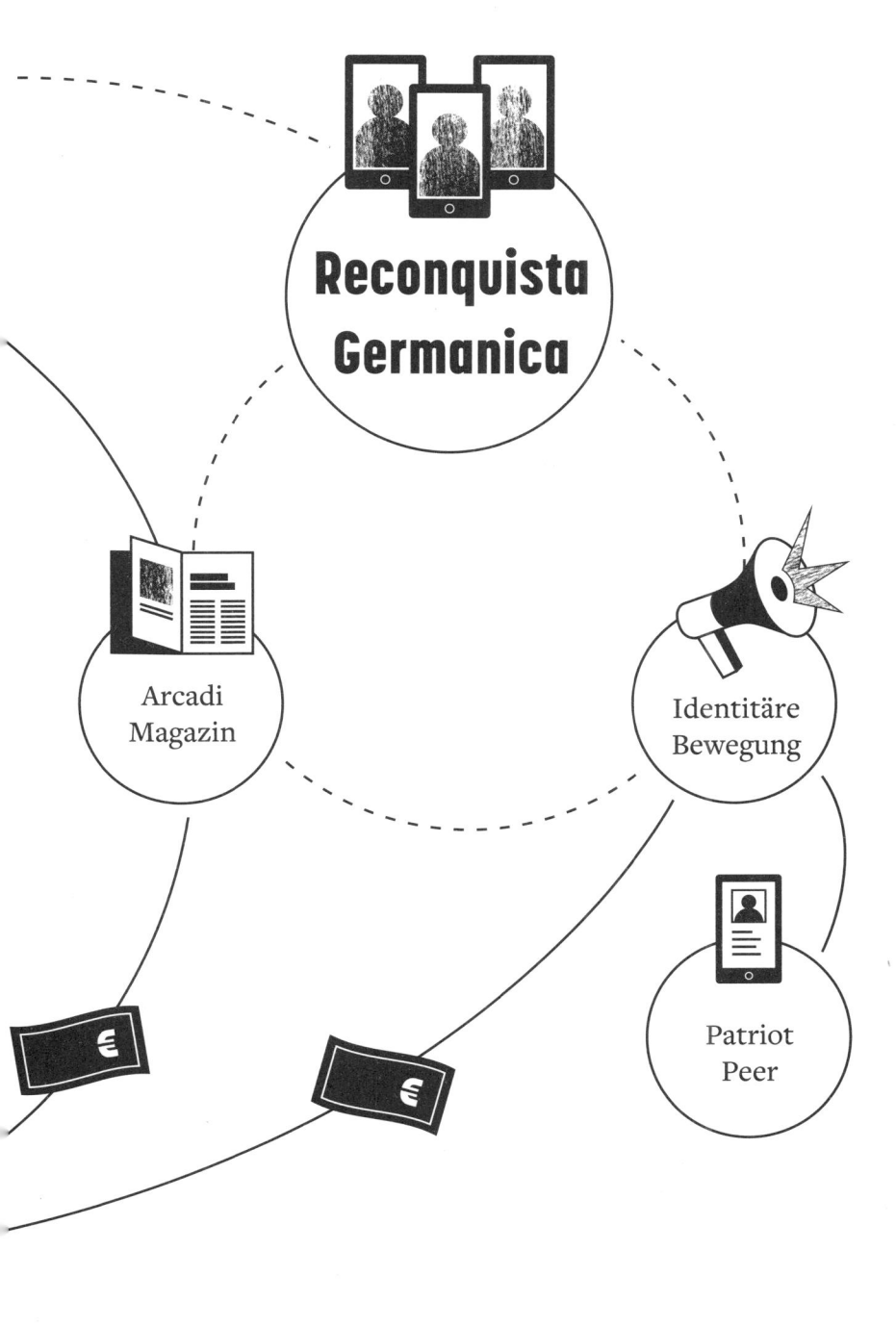

Reconquista
Germanica

Arcadi
Magazin

Identitäre
Bewegung

Patriot
Peer

7. In der Kultur

Rechtsdruck

Im Juni 2017 erscheint ein bemerkenswerter Aufsatz in der Zeitschrift *Sezession*. Der Autor Martin Sellner beschreibt darin, wie es um den «neuen Patriotismus» in Deutschland steht. Für Sellner besteht die Szene aus drei Teilen: Avantgarde, Partei und Gegenöffentlichkeit. Leider gebe es «derzeit keine revolutionäre Lage», schreibt er. Aber immerhin sei in den vergangenen Jahren ein «neurechtes Wäldchen» gewachsen. «Gegenmedien wie *Sezession, Compact, PI-News* und Co. halten und steigern ihren Absatz.» Aus diesen neurechten Publikationen finde über die etablierten Medien «ein reger Ideenschmuggel ins Zentrum der Meinungsmacht» statt. Für Sellner spielen die Szenemedien eine wichtige Rolle im politischen Kampf der Neuen Rechten. Seinen Mitstreitern empfiehlt er deshalb, noch mehr Zeitschriften aufzubauen, damit die Gegenöffentlichkeit eine neue Qualität erreicht.

Sellner, der so oft scharfsinnig sein eigenes politisches Milieu analysiert, liegt in diesem Fall richtig: Der Erfolg der Bewegung hängt auch von den Zeitschriften, Websites, Blogs und Video-Formaten ab, die sie publizistisch stützen. Die neurechten Medien finden ihre Leser und Zuschauer längst auch in der Mitte der Gesellschaft.

Sellners «neurechtes Wäldchen» lässt sich in zwei Gruppen einteilen. Zeitschriften wie *Jouwatch, Compact, Zuerst!* oder *Deutschland-Kurier* gehören zu den Krawallmedien, ausgerichtet auf ein breites Publikum aus Unzufriedenen und Wütenden. Sie werden oft von Lesern geklickt und gekauft, die ihre eigenen Vorurteile gegenüber Migranten im Allgemeinen, dem Islam im Speziellen oder den «dekadenten linksgrünversifften» Eliten bestätigt suchen. Den Machern dieser Hefte und Websites geht es vor allem darum, ihren Lesern die Schwäche des demokratischen Systems aufzuzeigen. Dazu sammeln sie Meldungen und Geschichten, «die die Korruptheit der Politiker, die Verlogenheit der Presse, die Primitivität von Ausländern und Aggressivität von Muslimen beweisen sollen», so Liane Bednarz und Christoph Giesa in «Gefährliche Bürger».

Diese Blattmacher verallgemeinern, spitzen zu und verzerren so die Realität. So wird jeder sexuelle Übergriff durch einen Flüchtling vermeldet, wie bei *Jouwatch*: gern mit reißerischen Überschriften wie «Goldstück aus Eritrea wegen zweifacher Vergewaltigung vor Gericht». Über hundert weitere Artikel über «Terror-Goldstücke» und «Macheten-Fachkräfte» finden sich auf der Seite. Vergewaltigungen durch deutsche Täter werden hingegen nie berichtet. Über aktuelle Forderungen der Partei Die Grünen schreibt *Compact* selten, ein 35 Jahre altes Zitat eines ehemaligen Grünen-Politikers über Pädophilie ist hingegen relevant genug, um darüber ein langes Video zu produzieren, das mit den Worten «Cohn-Bendits Kindersex-Fantasien» angekündigt wird. «Wutjournalismus hat eine weitaus größere Leserschaft als Nachdenklichkeit», schreibt Michael Miersch. Und er muss es wissen, schließlich hat er selbst einige Jahre als Autor für den Blog *Achse des Guten* geschrieben. Aufgrund des Rechtsdralls des Meinungsportals wandte er sich jedoch ab. Heute beklagt Miersch das krude Freund-Feind-Denken seiner ehemaligen Koautoren und erklärt, dass hetzerische Artikel seinerzeit damit gerechtfertigt wurden, allein die Veröffentlichung sei immer auch eine Verteidigung der Meinungsfreiheit.

Die Medien der Neuen Rechten fluten die öffentliche Debatte mit Meinungsmüll, Falschmeldungen und Quatsch. Den Nutzern solle auf diese Weise ein «Ozean der Banalitäten das Hirn auswaschen», schreibt Thomas Assheuer in der *Zeit*. Die Glaubwürdigkeit der gesamten Medienbranche wird so unterminiert. Das Konzept stammt von der amerikanischen Alt-Right-Bewegung. Im nächsten Schritt können sich in diesem sinnentleerten Raum autoritäre Figuren als Heilsbringer anbieten – die Wahl Donald Trumps zum US-Präsidenten funktioniert als Beleg für die Wirkmacht dieser Strategie.

Exemplarisch für diese Gattung des neurechten Boulevards steht der *Deutschland-Kurier*. Chefredakteur David Bendels startete den *Kurier* 2017 als gedruckte Wochenzeitung mit dem Anspruch, eine «*Bild* von rechts» zu sein, wie er das Projekt nannte. In großen Lettern, mit vielen Fotos und im klassischen Tabloid-Layout sollte der *Kurier* Leser erreichen, für die die *Junge Freiheit* zu intellektuell und die *Preußische Allgemeine Zeitung* zu bieder ist. Mittlerweile erscheint das Blatt nur noch online, der Inhalt ist jedoch der gleiche. Das Medium wirkt wie das Zentralorgan der Wutbürger mit den rechtspopulistischen Hits der letzten Jahre. Im *Kurier* gibt es keinen Sport und nur selten Wirtschaftsthemen. In der Online-Zeitung geht es hauptsächlich um Politik. Bendels hat prominente Autoren verpflichtet, die vor allem eins verbindet: Es sind Ehemalige. Der Ex-*Bild*-Chef Peter Bartels, der Ex-*Bild am Sonntag*-Mann Nicolaus Fest, der Ex-*Spiegel*-Ressortleiter Matthias Matussek, der Ex-*Focus*-Redakteur Michael Klonovsky. Auch Prominenz aus dem AfD-Umfeld wie Erika Steinbach, die Vorsitzende der AfD-nahen Desiderius-Erasmus-Stiftung, schreibt für das Blatt, ebenso wie AfD-Politiker aus dem Bundestag. Die Zeitung sieht sich selbst als patriotische Stimme im Land, gedruckt wurde sie laut Impressum jedoch in der tschechischen Hauptstadt Prag. Der *Kurier* kostete 30 Cent, aber am Kiosk gab es ihn nicht, sondern nur im Abonnement. So recht schien der Verkauf nie anzuziehen. Der wirtschaftliche Erfolg war aber auch nicht das Ziel des *Deutschland-Kuriers*; hinter dem Projekt steht ein AfD-Unterstützerverein, der von solventen Spendern betrieben wird (siehe Kapitel 8). Die Zeitung ist Teil ihrer Werbekampagne für die Partei und das Milieu. Darum lagen Ausgaben des *Kuriers* auch massenhaft kostenlos auf AfD-Parteitagen und an AfD-Infoständen in Innenstädten aus. Immer wieder berichteten überraschte Menschen in München, Stuttgart oder Berlin, dass sie die Zeitung unverlangt im Briefkasten fanden – manchmal sogar gleich vier Exemplare auf einmal.

Die zwei Arten der neurechten Medien könnten gegensätzlicher nicht sein. Sie unterschieden sich wie ein Jaguar E-Type Oldtimer von einem Hummer-SUV. Ein Blick in die Zeitschriften lässt vermuten, dass zwischen den Machern tiefe Gräben verlaufen, habituell wie intellektuell. Tatsächlich bestehen enge Verbindungen zwischen den publizistisch sehr unterschiedlichen Medien. Wie die Vernetzung funktioniert, können wir während eines Besuchs der Leipziger Buchmesse 2018 gut beobachten. Jürgen Elsässer hat uns zum Interview eingeladen. Sein *Compact*-Magazin ist der Auflagen-Platzhirsch im neurechten Milieu. Lange hatten wir vergeblich versucht, Elsässer zum Gespräch zu treffen. Jahrelang hatte er unsere Anfragen immer wieder abgelehnt. «Es sollte sich langsam herumgesprochen haben, dass wir dem Mainstream keine Interviews geben», schrieb er uns einmal. Darum waren wir überrascht, als er plötzlich selbst ein Interview vorschlug. Am Stand seines Heftes auf der Buchmesse. Wie ein Riesen-Ufo in Schwarz und Rot ist *Compact* in Halle 3 gelandet. An den Wänden hängen Plakate: Angela Merkel in DDR-Uniform und die Zeile «Stasi 2.0».

Elsässer, schmal geschnittener Anzug, grauer Seitenscheitel, stützt seine Arme auf den Tresen, beantwortet Leser-Fragen, gibt Autogramme. Wieso der Sinneswandel mit dem Interview nach fünf Jahren Absagen? Seine konkrete Antwort dürfen wir hier nicht veröffentlichen, weil Elsässer sie wenige Tage später wieder zurückzieht. Sinngemäß sagt er, dass er seine Medienstrategie geändert habe, weil ein befreundeter neurechter Verleger gute Erfahrungen mit Artikeln in den «Mainstream-Medien» gemacht habe. Nachdem wir uns eine halbe Stunde mit Elsässer unterhalten haben, huscht Götz Kubitschek am Sicherheitspersonal vorbei ins Innere des *Compact*-Stands. Kubitscheks Leute werben nur ein paar Meter entfernt für den Antaios Verlag, gleich um die Ecke neben dem Crêpes-Wagen. Plötzlich steht Kubitschek hinter Elsässer und legt ihm seine Hand auf die Schulter. «Morgen, Jürgen», sagt er, «wir schwatzen nachher.» Eine Szene mit Symbolkraft. Die beiden erfolgreichsten Verleger der Neuen Rechten haben sich den Markt aufgeteilt: Kubitschek macht Bücher, Elsässer Krawall-Magazine. So erscheinen die Werke des Schriftstellers Akif Pirinçci im Antaios Verlag, das 80-seitige Personality-Magazin *Compact Pirincci* bei Elsässer. Beide Verleger haben sich die Zielgruppen ihrer Medien genau aufgeteilt, sagt Elsässer. Er bediene die «Friseuse», Kubitschek den Bildungsbürger. Nach außen mögen sie wie Konkurrenten erscheinen, aber hinter den Kulissen arbeiten sie eng zusammen. Und sie kämpfen zusammen, zum Beispiel im rechten Kampagnen-Netzwerk Ein Prozent, das beide gemeinsam gegründet haben.

Ein anderes Beispiel der engen Zusammenarbeit unter den neurechten Publizisten erleben wir, als wir die Redaktion von *Jouwatch* in Naumburg besuchen. In seiner Küche sprechen wir mit dem Chefredakteur Thomas Böhm auch über prominente Autoren und fragen, ob er denn Szene-Größen wie Götz Kubitschek persönlich kenne? Böhm druckst herum. «Kubit...? Kubitschek? Hmmm.» Ja, den Namen habe er wohl schon mal gehört, ihn vielleicht auch einmal gesehen. Aber er kenne ihn quasi nicht. Einen Tag nach unserem Besuch erhalten wir überraschend eine E-Mail von der Adresse redaktion@sezession.de. Der verantwortliche Redakteur der Zeitschrift lässt darin wissen, dass er über unsere Recherche und die Themen des Gesprächs informiert ist, «gruß! Kubitschek».

Manche Autoren des Milieus schreiben gleichzeitig für die populistischen Organe und die Theoriezeitschriften. Der rechtsextreme Historiker Sebastian Pella etwa arbeitet nicht nur für *Sezession* oder *Blaue Narzisse*, sondern auch für die niedrigschwelligeren Magazine *Arcadi* und *Zuerst!*. Der AfD-Mann Nicolaus Fest schreibt für das intellektuelle *Cato-Magazin* und gleichzeitig für das Boulevard-Blatt *Deutschland-Kurier*. Der Historiker und AfD-Politiker Stefan Scheil von der revisionistischen Denkfabrik Zeitgeschichtliche Forschungsstelle Ingolstadt publiziert sowohl in *Sezession* als auch im etwas populärer aufgemachten *Zuerst!*-Magazin. Und der emeritierte Staatsrechtler Karl Albrecht Schachtschneider ist Autor sowohl für das *Compact*-Magazin als auch für die *Sezession*.

Kubitscheks Zeitschrift ist wohl das wichtigste Theorie-Organ der Szene. Wer wissen will, welche intellektuellen Debatten die Szene gerade bestimmen, liest die *Sezession*. Sie erscheint alle zwei Monate und wirkt in ihrer zurückhaltenden Gestaltung und dem Blocksatz wie ein wissenschaftliches Journal. Für 11 Euro pro Exemplar erhält der Leser eine Sammlung von Essays und Grundlagenbeiträgen, die in einer Spalte mit Literaturhinweisen und Zitaten von Schriftstellern und Philosophen ergänzt werden. Neben neurechten Intellektuellen tauchen auch linke Autoren wie Jean-Paul Sartre, Rosa Luxemburg, Theodor Adorno, Heinrich Böll oder Helmut Lethen auf. Den Untertitel der Online-Ausgabe ziert der Sinnspruch «Auch wenn alle mitmachen, ich nicht» – auf Lateinisch. Es gibt kaum Werbung, die wenigen Anzeigen kündigen Veröffentlichungen der hauseigenen Projekte Antaios Verlag oder Institut für Staatspolitik an. Die Zeitschrift finanziert sich hauptsächlich mit Hilfe ihrer fast 4000 Abonnenten und durch Spenden (siehe Kapitel 8).

In dem elitären Heft kritisieren Autoren den Kapitalismus von rechts, schreiben über Ökologie oder das Erbe der 1968er-Generation. Gleichzeitig diskutieren die Rechten darin Ideen für einen neuen Eurofaschismus oder eine Gegenstrategie, um der deutschen «Flüchtlingsindustrie» zu begegnen. Laut Selbstbeschreibung will das Journal «Gedanken, Argumente und Lösungsansätze» bündeln. Die Autoren stammen nicht selten aus dem burschenschaftlichen Umfeld. Michael Paulwitz etwa, ehemaliger Politiker der Republikaner und heute Mitarbeiter der AfD im Bundestag, war früher Mitglied der rechtsextremen Burschenschaft Danubia in München. Philip Stein, Leiter der Initiative Ein Prozent, ist Mitglied der Germania Marburg. Und auch der Identitäre Jörg Dittus ist ein deutschnationaler Burschenschafter aus Österreich. Sie alle schreiben für Kubitscheks Blatt. Die Auswahl seiner Autoren verdeutlicht, wie weit Götz Kubitschek seine Netze in verschiedene Richtungen des neurechten Ozeans ausgeworfen hat. Die *Sezession* dient ihm dazu, so unterschiedliche Strömungen wie die rechten Libertären mit Rechtskonservativen und völkischen Nationalisten der AfD untereinander zu verbinden. In den Debattenbeiträgen tauschen die Köpfe der unterschiedlichen Strömungen inhaltliche Differenzen aus und entwickeln die Theorie der Szene auf diese Art weiter.

Neben den Aktivisten der Identitären Bewegung und AfD-Mitarbeitern schreiben auch Vertreter der christlich-konservativen Denkfabrik Studienzentrum Weikersheim für das Blatt. André Lichtschlag, der rechtslibertäre Verleger der politischen Monatsschrift *eigentümlich frei*, gehört ebenso zu den Autoren wie die Ex-DDR-Bürgerrechtlerin Vera Lengsfeld und andere ehemalige Grüne. Benedikt Kaiser, einer der Stammautoren, entstammt der entgegengesetzten politischen Richtung: Er war Anhänger der Neonazi-Gruppe Nationale Sozialisten Chemnitz, heute gibt er sich geläutert. Ein anderer Autor, der zwischenzeitlich für die NPD in einem Landtag saß, durfte nur unter Pseudonym publizieren. «GöKu (Götz Kubitschek) hat mich jetzt übrigens nochmals feierlich darauf eingeschworen, dass ich mit niemandem über meine Autorenschaft reden darf, das wäre unglaublich wichtig», bekannte er in einem internen Chat einem Freund, wie die *taz* berichtete. Am längsten aber arbeitet Kubitschek mit einem anderen Autor zusammen. Felix Menzel schreibt seit Beginn an und bis heute für die *Sezession*. Fast zeitgleich zu ihrer Gründung verlegte der damals gerade 18-jährige Schüler mit Hilfe seines Mentors Kubitschek seine eigene neurechte Theoriezeitschrift in Chemnitz: die *Blaue Narzisse*.

Und noch eine weitere Intellektuellen-Zeitschrift des Spektrums gäbe es wohl ohne Götz Kubitschek nicht. Die Geschichte von *Cato*, dem «Magazin für neue Sachlichkeit», verlief jedoch ganz anders. Das 2017 zum ersten Mal veröffentlichte Heft wurde von Karlheinz Weißmann initiiert, lange Zeit der führende Denker der Neuen Rechten in Deutschland. Drei Jahre zuvor hatte er das Institut für Staatspolitik im Streit um die Ausrichtung mit Kubitschek verlassen – und wandte sich Dieter Stein zu. Die *Cato*-Redaktion sitzt in den Räumen der Bibliothek des Konservatismus, der Verlag der *Jungen Freiheit* ist Gesellschafter von *Cato*. Die Titelthemen der Zeitschrift lauten «Wenn alle wählen, was keiner will» oder «Abschied von unserer Identität». Die Cover ziert mal der Cartoon eines deutsch-tschechischen Künstlers, mal eine Montage, die Angela Merkel als steingewordene Statue zeigt. Namensgebend ist der Feldherr Marcus Porcius Cato der Jüngere, eine Galionsfigur des römischen Konservatismus. Das Heft enthält Interviews mit Kardinälen, Pianisten und Soziologen sowie Berichte über das Neue Hambacher Fest, Papst Franziskus und den Wiederaufbau des Berliner Stadtschlosses – teilweise in alter Rechtschreibung. Hinter der bürgerlich-konservativen Fassade publizieren hier aber vor allem Vertreter der Neuen Rechten. Einige der Autoren hat Chefredakteur Andreas Lombard vom neurechten Verlag Manuscriptum mitgebracht, den er zuvor geleitet hatte. Die Texte pflegen eine antiurbane und antimoderne Grundhaltung. Die *NZZ* verortete den Ton des Blattes zwischen «onkelhafter Larmoyanz und grantiger Zukunftsangst». *Zeit Online* befand, der Tonfall eigne sich, «sämtliche Zielgruppen vom unzufriedenen Bildungsbürger bis zum verschwörungstheoretisch angehauchten Rechtsaußen» zu erreichen.

Die Salon-Nationalisten

Auch die Kunst wird von der Neuen Rechten als Mittel benutzt, um Anschluss an bürgerliche Kreise zu finden. Neben politischen Theorieaufsätzen finden sich in den einschlägigen Journalen darum auch Atelier-Besuche bei Malern, Artikel über die Aktion «Das Trojanische Pferd» von Künstlern aus dem Pegida-Umfeld in Dresden und Berichte über die Wagner-Festspiele in Bayreuth. Die neurechte Publizistik feiert die «patriotischen Künstler der Gegenkultur» ebenso wie nationalistische Künstler aus früheren Jahrhunderten, aber auch liberale Kunstschaffende der Gegenwart. So werden die Werke des jüdischen Schriftstellers Franz Werfel oder des Malers Norbert Bisky für die rechte Ideologie vereinnahmt in dem Versuch, das Bürgertum für die Thesen der Szene zu sensibilisieren.

Ein Text von Vera Lengsfeld für die *eigentümlich frei* zeigt das Kulturverständnis des Milieus und den Versuch der Vereinnahmung moderner Künstler: Lengsfeld hebt an mit der Erzählung über ein Interview mit Neo Rauch, dem Maler der «Neuen Leipziger Schule», das sie auf einem öffentlich-rechtlichen Kulturradiosender gehört habe. Wie interessant sie es fand, dass er in seinem Atelier gern Richard Wagners Oper «Lohengrin» höre, um sich für das Bühnenbild der Festspiele inspirieren zu lassen, das er in diesem Jahr gestalte. Lengsfeld berichtet dann weiter, wie sie daraufhin nach Bayreuth reist, um sich den «Lohengrin» anzusehen. Wie erfreut sie war über die festlich gekleideten Besucher in der Provinz, «anders als die verlotterten Operngänger in Berlin», wie ärgerlich jedoch über die «linke Folklore» im Programmheft. Wagner würdigt sie als «bürgerlichen Revolutionär» gegen «Fürstenwillkür». So hat sie in dieser – zusätzlich mit Mann, Nietzsche und Goethe gespickten – Musikrezension ihre politische Botschaft untergebracht. Hier zeigt sich die neurechte Strategie, vermeintlich unpolitische Themen – wie eine Operninszenierung – mit ideologischen Versatzstücken aufzuladen. Als politische Aktivistin unterstellt Lengsfeld der Bundesregierung einen Rechtsbruch, den sie durch die «illegale Masseneinwanderung» von Flüchtlingen herbeigeführt habe. Als Wagner-Rezensentin übersetzt sie diese Unterstellung in rechten Neusprech und schreibt von «Fürstenwillkür».

Die Botschaft hinter solchen Texten lautet: Deutschland ist eine Kulturnation mit einer reichen Tradition, die weiter zurückreicht als bis zu den zwölf Jahren der Barbarei im Dritten Reich. Alles, was nicht in dieses verklärte Bild deutscher Geschichte passt, wird ausgeblendet. Dass etwa Thomas Mann aus Opposition zum Nationalsozialismus 1933 ins Exil flüchtete, Friedrich Nietzsches Werk vom NS-Regime vereinnahmt wurde und Richard Wagner Antisemit war, lassen die pathetischen Texte in den Kulturressorts der neurechten Zeitschriften unerwähnt. Stattdessen schmücken sie sich mit den Ikonen der germanischen und deutschen Geschichte und bewundern römische Philosophen. Manchmal steuern neurechte Literaten auch selbst

Gedichte bei. In *Sezession* erschien eines mit dem Titel «Das Puzzle» ohne Autorenangabe. Darin heißt es:

«Drum Ohren auf, denn jedes Wort,
als Puzzleteil am richt'gen Ort,
läßt uns der Mächt'gen Plan erraten,
uns so vor Schlimmeren bewahren.
Sei wie ein Kind und tue nichts lieber,
Ohren auf und puzzle wieder!»

Im *Arcadi*-Magazin erscheinen «Altmodische Gedichte» über «Reife Liebe», in *Tumult* veröffentlicht der junge Maler Benjamin Jahn Zschocke Erzählungen und Prosagedichte. Zschocke, der Mitbegründer der *Blauen Narzisse*, veröffentlicht auch in der Literaturzeitschrift *Das Lindenblatt*. Diese «Jahresschrift für Schöne Literatur» ist so etwas wie ein Almanach der Lyrik, Dramatik und Prosa aus der Neuen Rechten. Hier veröffentlichen Autoren ihre literarischen Texte, die man schon von *eigentümlich frei*, *Cato*, der *Jungen Freiheit*, *Sezession*, *Tumult*, *Compact* oder den Verlagen Antaios und Manuscriptum kennt. Götz Kubitschek ist ebenso unter den Autoren wie AfD-Politiker aus dem Bundestag und deren Mitarbeiter. Einige der *Lindenblatt*-Autoren organisieren sich im Arbeitskreis deutsche Dichtung. Der Verein fasst sein Selbstverständnis so zusammen: «Daß im 19. Jahrhundert der Schiller auf fast jeder Ofenbank lag, hat durchaus etwas damit zu tun, daß in dieser Zeit Deutschland zur Großmacht aufstieg.» Bedeutende Schriftsteller der Gegenwart machen nicht mit im rechten Dichter-Zirkel. Und doch haben in den vergangenen Jahren auch immer wieder etablierte Künstler öffentlich ihre Sympathie für Positionen der Neuen Rechten geäußert.

Uwe Tellkamp, der Dresdner Autor des erfolgreichen Wenderomans «Der Turm», behauptete 2018 in einer Diskussionsrunde, dass über 95 Prozent der Flüchtlinge nicht aufgrund von Krieg und Verfolgung fliehen, sondern nur, um «in die Sozialsysteme einzuwandern», und dass es einen «Gesinnungskorridor zwischen erwünschter und geduldeter Meinung» in Deutschland gebe. Tellkamp schreibt wenig später auch für die Onlineausgabe von Kubitscheks *Sezession* und gehört zu den Erstunterzeichnern der «Gemeinsamen Erklärung 2018» von Vera Lengsfeld. Die Autoren unterstellen dem Staat, er habe seine «rechtsstaatliche Ordnung» durch die «Masseneinwanderung» verloren. Die Erklärung ist der Versuch, die öffentliche Debatte um Geflüchtete mit der neurechten Argumentation aufzuladen, die Bundesrepublik würde sich nicht an die eigenen Gesetze halten, und es brauche eine starke autoritäre Führung, die die Rechtmäßigkeit wiederherstelle. Die «Erklärung» ist der öffentliche Brückenschlag zwischen Konservativen und der Neuen Rechten: Zu den Erstunterzeichnern gehören neben Thilo Sarrazin auch die neurechten Verleger Karlheinz Weißmann und Andreas Lombard (beide *Cato*), Dieter Stein (*Junge Freiheit*) und Frank Böckelmann (*Tumult*) – sie sind bereits tief im neurechten Milieu verankert. Die Unterzeichner Max Otte und Matthias Matussek entstammen wie Tellkamp dem konservativen Bürgertum. Die Protestnote zeigt die Erosion der Grenzen zwischen Bourgeoisie, Nationalkonservativen und Vordenkern der Neuen Rechten.

Noch nie zuvor haben sich so viele intellektuelle Kritiker der Asylpolitik konzertiert geäußert. Ihr Zusammenschluss überraschte viele, denn bisher galten Kreative in Deutschland eher als liberal oder links. Die *NZZ* sah in der Petition sogar einen «Strukturwandel der Öffentlichkeit», die Bekennenden hätten keine Angst mehr davor, für ihre rechten Positionen stigmatisiert zu werden. Kurz zuvor hatte sich der Filmregisseur Oskar Roehler («Die Unberührbare»), der aus einem linksintellektuellen Elternhaus stammt, in *Cicero* über die «Gutmenschenhysterie» beschwert und in einer *arte*-Sendung erklärt, er sehe sich als «eher rechts». Im Kulturbetrieb ist seine rechte Haltung schon länger bekannt. Roehlers letzter Kinofilm mit dem Titel «Herrliche Zeiten» basiert auf einem Buch des Schriftstellers und bekennenden rechten Autors Thor Kunkel, der für die AfD Wahlkampagnen entwirft. Der Streifen ist eine irre Gesellschaftssatire, in der sich ein Ehepaar einen Sklaven für ihre Villa sucht. Die Figur des «Arabers» macht sich darin über Deutschland lustig als ein «Land, das von Schwuchteln regiert wird und einer Frau, die ihr Mutti nennt». Matthias Dell nennt die Komödie im *Freitag* einen «Bildungsroman für Herrenmenschen». Der Kinofilm wurde mit fast einer Million Euro von Filmförderung und öffentlich-rechtlichen Sendern finanziert.

Auch der international erfolgreiche Maler Neo Rauch zeigt Verständnis für das neurechte Milieu. In Interviews verteidigt er Tellkamps Thesen, kritisiert «gendersensible Jünglinge» und warnt vor «Blockwarten jeglicher Couleur». Als er in einem Gespräch nach seiner Meinung zu Pegida gefragt wird, antwortet er ausweichend: «Ach, lassen wir das, das führt vom Hundertsten ins Tausendste, und man wird schnell erschossen.» Ein weiterer Vertreter der modernen Malerei-Strömung «Neue Leipziger Schule», Axel Krause, positioniert sich deutlicher: «Ich halte die illegale Masseneinwanderung für einen großen Fehler und die AfD für ein zu begrüßendes Korrektiv im maroden Politikbetrieb.» Roehler, Rauch, Tellkamp und Krause sind nur einige wenige prominente Namen. Nachdem die «Erklärung 2018» im März des Jahres veröffentlicht wurde, wollte unser *Zeit*-Kollege Martin Machowecz genauer wissen, wie es zu diesem überraschenden Bündnis kam. Er sprach mit vielen der Erstunterzeichner – und stieß dabei auf einen klandestinen Gesprächskreis in Berlin. Seit dem Jahr 2015 kommen Intellektuelle der Neuen Rechten zu einem Salon in der Hauptstadt zusammen. Die Mitglieder treffen sich zwei Mal im Jahr, etwa in der Bibliothek des Konservatismus, über dreißig Personen nehmen an den Gesprächsrunden teil. Dieter Stein, der die Bibliotheks-Stiftung leitet, ist dabei wie auch *Cato*-Gründer Karlheinz Weißmann. Auch die Publizisten Matthias Matussek, Frank Böckelmann, Cora Stephan, Vera Lengsfeld und Thilo Sarrazin gehören zu dem elitären Zirkel, ebenso die Schriftsteller Rüdiger Safranski und Monika Maron sowie der Initiator Jörg Baberowski. Der Professor für die Geschichte Osteuropas verfasste 2015 eine Kritik an der Einwanderungspolitik, ein Shitstorm folgte. Die Intellektuellen, die ihm damals beistanden, lud er zum ersten Treffen des Salons ein. «Ein Kreis, in dem sich Menschen unterschiedlicher Couleur treffen. Man kann seine Meinung offen und ohne Konsequenzen sagen, es ist ein Schutzraum, wie ich ihn in der bundesrepublikanischen Öffentlichkeit seit Jahren vermisse», zitiert ihn die *Zeit* zum Ziel des exklusiven Debattierklubs.

Die Runde erinnert an die Kreise und Salons der Vertreter der «Konservativen Revolution» in den zwanziger und dreißiger Jahren des 20. Jahrhunderts. Im «George-Kreis» trafen sich die ästhetischen Fundamentalisten, die Jungkonservativen fanden im «Tat-Kreis» zusammen, andere Gruppierungen nannten sich «Widerstand-Kreis», «Juni-Klub» oder «Gegner-Kreis». An den heutigen Abenden unter Leitung von Professor Baberowski hält jeweils ein Referent einen Impulsvortrag, etwa zur Geschichte des Islams in Europa, über Flüchtlinge oder über Meinungsfreiheit, danach diskutieren die Teilnehmer und essen schließlich gemeinsam. Rechtssein empfinden viele der Teilnehmer als das letzte Abenteuer dieser Tage, schreibt die *Zeit*. Aus dem Kreis um Baberowski und seine Mitstreiter also stammt auch die Idee für die «Gemeinsame Erklärung 2018». Lange galt in Deutschland die Annahme, der Geist steht links. Der Bestseller-Erfolg von Rolf Peter Sieferles «Finis Germania» sowie die öffentlichen Bekenntnisse der Intellektuellen zeigen jedoch, dass eine stramm rechte Haltung kein Grund mehr ist, sie nur hinter verschlossenen Türen eines Debattierklubs zu äußern.

Neue Rechte Welle

«Scheiß auf deine Genderstudies, ich trage Scheitel und stehe auf Frauen, so wie Alice Weidel», rappen zwei junge Männer in ihre Mikros. «So lange hier noch Deutsche stehen, wollen wir eure Fäuste sehen.» Die Identitären vor der Bühne recken ihre Arme in die Luft. Zwischen die Konzertaufnahmen sind immer wieder Bilder von Überwachungskameras geschnitten, die Flüchtlinge zeigen, wie sie versuchen, einen Zaun zu überwinden, oder Aufnahmen von Aktionen der Identitären und Bilder vom Kontrakultur-Haus in Halle, über dem roter Theaternebel wabert. Die beiden Rapper zeigt das YouTube-Video nur von hinten, auf der Straße würde man sie nicht erkennen. Und doch sind sie Stars der neuen rechten Jugendkultur. Sie vertonen den Riss in der deutschen Gesellschaft. Die beiden jungen Männer haben sich die Künstlernamen «Chris Ares» und «Komplott» gegeben und leben einen Widerspruch: Sie machen rechten Hip-Hop. Ein Musikgenre, das seine Wurzeln in den schwarzen Armenvierteln der USA hat und in Deutschland stark von Einwandererkindern geprägt ist. Mit ihren Songs gehören sie jedoch einer Bewegung an, die die Einwanderung nach Deutschland stoppen will.

Rechte Rapper, Liedermacher, Zeichner, Illustratoren, Filmemacher, «patriotische» Modelabels und Künstler – sie alle sind Teil der «Kulturrevolution von rechts». In seinem Buch «Kontrakultur» feiert der identitäre Aktivist Mario Müller die Aneignung des Rap als «Eindringen in eine linke Wohlfühlzone». Die Provokation eines rechten Sprechgesangs dient der Besetzung einer weiteren gesellschaftlichen Nische. Bisher standen eher Rock-Musik von Neonazi-Bands wie «Kategorie C», «Flak» und «Oidoxie» oder Black-Metal-Musik von «Permafrost» für die rechtsextreme Subkultur. Doch schon seit einigen Jahren versuchen sich Neonazis auch an Hip-Hop, wie das Rap-Duo A3stus, das auf NPD-Veranstaltungen auftritt, oder der Rapper Makss Damage mit seinen antisemitischen, nationalistischen und verschwörungstheoretischen Tracks.

Chris Ares (bürgerlich Christoph Zloch) war als Aktivist der Bruderschaft «Bündnis deutscher Patrioten» zuvor in Strukturen der alten Rechten in Bayern unterwegs. Heute tritt er bei der AfD, «Merkel muss weg»-Kundgebungen und den Identitären auf. In seinen Songs, die zum Beispiel «Deutscher Patriot» und «Defend Europe» heißen, rappt er darüber, dass die Bundesrepublik «wieder inländerfreundlicher werden» müsse. Parolen der Identitären tauchen in den Videos der «patriotischen Rapper» genauso auf wie Schnipsel von Götz Kubitschek-Reden. Das große Thema in ihren Songs ist die Heimat, sie bedeutet bei ihnen stets «Volk» und «Nation» und schließt damit Menschen aus, die sie nicht zum eigenen dazuzählen, merkt der Publizist Timo Büchner an. Die neurechte Musik läuft nicht im Radio, sondern auf Facebook und YouTube, wo sie tausend-fach geteilt und wie im Fall von Chris Ares' Videos bis zu 120 000 Mal aufgerufen wird. Anhand der Profile von Menschen, die ihn in den sozialen Medien abonniert haben, lässt sich erkennen, wer seine Fans sind: Sie sympathisieren mit der Hooliganszene oder stammen aus dem Pegida-Milieu. Es sind aber auch Jugendliche darunter, die der rechten Jugendkultur nicht angehören. Mit seiner Musik wolle er «Jugendliche positiv indoktrinieren», sagt Chris Ares in einem YouTube-Interview. Wie in der Neonazi-Szene ist Musik auch für die junge Neue Rechte ein wirksames Mittel, um neue Anhänger zu gewinnen.

Der zweite Rapper, Komplott, der auf dem YouTube-Video zu sehen ist, heißt bürgerlich Patrick Bass und stammt aus dem Umfeld der Autonomen Nationalisten. Während seines Studiums wurde er Mitglied der Burschenschaft Germania Marburg und damit Bundes-bruder von Philip Stein. Dessen Verein Ein Prozent unterstützte Komplott auch finanziell bei der Produktion seines letzten Albums und seiner Musikvideos. Das kulturelle Erbe Deutschlands sei durch «Überfremdung» bedroht, heißt es in seinem Lied «Europa» zu Gangsta-Rap-Beats. Das Video wurde mit 800 000 Aufrufen zu einem Szene-Hit. Patrick Bass' Musik läuft auch als Soundtrack auf Demons-trationen der Identitären. Im Song «Counterculture Eastside» feiert er die angebliche «Gegenkultur» des Ostens als «Widerstandsland» – obwohl Bass selbst aus Schwaben stammt und in Heidelberg lebt. Im Musikvideo zu diesem Lied, in dem er in einem Trabant-Kübelwagen aus DDR-Zeiten durch den Wald fährt, singt er vom «Boss der Bosse Putin», Thilo Sarrazin und dem «Hashtag Genozid». In dem Video tritt auch eine Frau auf, die ein Komplott-Shirt und einen Anglerhut trägt. Zu den Beats schwingt sie einen Baseball-Schläger. Es ist die Sängerin Melanie Schmitz.

Schmitz, Komplott und Chris Ares sind auch die Headliner des ersten «Festivals», das die Identitären organisiert haben. In einem großen Park in der Dresdner Innenstadt stehen ein paar Zelte, eine Bühne und einige Stände. Die Wiese liegt mitten im Zentrum der sächsischen Landeshauptstadt, unweit des Rathauses; die Gläserne Manufaktur von Volkswagen ist vom Gelände aus zu sehen. In diesem urbanen Umfeld will sich die «patriotische Jugend Europas» im August 2018 präsentieren. Die Veranstaltung soll das Woodstock der Identitären Bewegung werden.

Tagsüber hören in den Zelten 500 Besucher Vorträgen über die Beobachtung der Identitären durch den Verfassungsschutz zu oder über die Kampagne #120db; sie essen Steaks vom Grill und decken sich mit rechter Mode ein. Die Stimmung ist angespannt, Hunderte Polizisten und eine Reiterstaffel trennen die Teilnehmer vom lautstarken Protest der Gegendemonstranten vor dem Zaun. Auch auf dem Gelände kommt es immer wieder zu aggressiven Szenen, Identitäre greifen Journalisten an, rechte Ordner und der szenebekannte You-Tuber Alex «Malenki» Kleine werden für eine Zeitlang von der Polizei abgeführt. Wenig später steht Kleine wieder an seinem Stand und verkauft selbstgeimkerten Honig. Die gesamte aktivistische Szene der Neuen Rechten ist mit Infoständen vertreten: von der App «Patriot Peer» über die angebliche Hilfsorganisation «AHA! Alternative Help Association» bis hin zur Kampagne «Defend Europe». Felix Menzel spricht am Stand der *Blauen Narzisse* mit Lesern. Ein braun gebrannter Mann einer «patriotischen Bürgerinitiative» versucht im sächsischen Dialekt, Philip Stein von Ein Prozent einen Datensatz mit «23000 Adressen von der anderen Seite» anzubieten. Stein lehnt ab. Das von ihm vertretene Konzept der «Mosaik-Rechten» ist auf diesem Festival jedoch ganz gut zu beobachten.

Der zweite Mann von Pegida, Siegfried Däbritz, spricht an diesem «Tag der Gegenkultur» angeregt mit Götz Kubitschek. Eine Frau mit AfD-Jutebeutel tauscht sich mit Männern der IB aus Hessen aus. Allein die Kleidung vieler Anwesenden gibt einen guten Überblick über die unterschiedlichen Strömungen, die sich hier vernetzen: Männer tragen Pullover von «Thor Steinar» oder «Alpha Industries», die bei Neonazis beliebt sind. NPD-Politiker sind gekommen. Ein Mann hat sich in ein Kostüm von «Pepe dem Frosch» gezwängt, dem Maskottchen der Internet-Trolle von «Reconquista Germanica». Auf Bierbänken sitzen völkisch gekleidete Mädchen mit Bluse und langem Rock, die sich gegenseitig Zöpfe flechten. Dazwischen ältere Menschen in schwarzen T-Shirts des *Compact*-Magazins («Sieg für Deutschland»). All das wirkt nicht so modern wie auf den Instagram-Accounts der rechten Hipster. Die Veranstaltung erinnert eher an eine Kirmes als ein hedonistisches Fest. Erst am Abend, als die Sonne untergeht, es kühler wird und die Gegendemonstranten, Polizisten und meisten Reporter schon längst gegangen sind, kommt erstmals so etwas wie echte Festivalatmosphäre auf.

Angelockt wurden viele der Teilnehmer wohl auch durch die Musiker der Szene. Die Pegida-nahe «Volksliedertafel Dresden» spielt zuerst Folkloremusik aus dem Erzgebirge und «Die Gedanken sind frei» auf dem Akkordeon. Dazu tanzen junge Männer mit Fassonschnitt und weißen Hemden und junge Frauen in Trachtenkleidern. Die Szene erinnert an eine heidnische Sonnenwendfeier völkischer Siedler. Am Rande der Tanzfläche streiten sich zwei Söhne von Götz Kubitschek so sehr, dass die Auseinandersetzung in einen Faustkampf übergeht. Am Ende prügeln sie in ihren weißen Hemden, auf dem Boden liegend, gegenseitig aufeinander ein. Doch dann werden die Boxen auf der Hauptbühne angestellt, und Melanie Schmitz tritt auf. In Lederjacke und dicken Schal gehüllt, spielt sie einige Lieder ihrer Band «Varieté Identitaire» auf der Gitarre.

Normalerweise tritt sie zusammen mit Till-Lucas Wessels als Chanson-Duo auf. Beide sind Aktivisten der Identitären Bewegung aus dem Umfeld des Kontrakultur-Hauses in Halle – trotz Abgrenzungsbeschluss traten sie bereits auf einer AfD-Wahlparty und einer

Kundgebung der Partei auf. Schmitz singt, und Wessels begleitet sie am Klavier. Genauso wie Komplott wird das Varieté Identitaire von Steins Verein Ein Prozent unterstützt. Schlagartig bekannt wurden sie mit einer spontanen Antwort auf einen AfD-kritischen Song der Sängerin Jennifer Weist von der Band «Jennifer Rostock». Im Konter von Schmitz und Wessels heißt es:

> «Nur die dümmsten Kälber zerstören ihre Heimat selber.
> (…)
> Am Ende dieses fulminanten Multikulti Traumes,
> da wartet auf uns der Verlust des öffentlichen Raumes.
> Gegen diese Invasion hilft nur eins: Remigration.
> (…)
> Da hilft es nur, da gibt's nur eins: Die Altparteien abwählen.
> Deshalb heißt die Direktive: Wir wählen Alternative.»

Im schwarzen Spitzenkleid, mit rotem Zopf, geradem Rücken und übergeschlagenen Beinen sitzt Melanie Schmitz im Video – auch ästhetisch gesehen – dem Lebensmodell von Jennifer Weist konträr gegenüber. Im Hintergrund stehen eine alte Uhr und einige ordentlich drapierte historische Bücher im Ledereinband auf dem Piano. Das Originalvideo ist das absolute Gegenteil: Die Rostocker Sängerin sitzt im weißen T-Shirt, mit Riesen-Creolen und Nasenring vor der Kamera, Tattoos an Hals und Arm. Im Hintergrund stehen Gin- und Whiskey-Flaschen, ein Billy-Regal mit Hunderten abgewetzten Taschenbüchern. In ihrem Lied skizziert sie die erwarteten gesellschaftlichen Auswirkungen, wenn die AfD an die politische Macht käme, und stellt fest: «Scheißt Du auf gesellschaftlichen Fortschritt, sag der freien Welt ade und wähl die AfD / Aber nur die dümmsten Kälber, wählen ihre Metzger selber.» Zwar hat das Original drei Mal so viele Aufrufe auf YouTube wie der Konter der Identitären – aber dennoch sind 500 000 Klicks für das Varieté Identitaire ein Erfolg.

Kurz darauf legten Schmitz und Wessels mit einer Ballade nach, in der sie ihre Überwachung durch den Verfassungsschutz thematisieren («Ich will euch eines sagen, ihr fürchtet uns zurecht»). Ebenso sangen sie die Coverversion eines italienischen Liedes ein, das an den Ungarnaufstand 1956 erinnert, aber auch an die deutschen Opfer des Angriffs auf Dresden. Über antikommunistische Fußballfans in Italien wurde es später bei den Faschisten der Casa Pound beliebt. In den Videos sendet das Duo wenig subtil politische Botschaften. Einmal sagt Wessels am Ende eines Songs: «Wir befinden uns im Krieg. In einem Krieg der Information (…) Jedes unserer Lieder ist ein Splitter im linksliberalen Establishment. Deshalb, kaufen Sie Kriegsanleihen.» Ein anderes Mal liest er nach dem Lied noch aus dem Antaios-Bändchen «Querfront» vor. Im Song «Ich will so gerne mit Sahra Wagenknecht auf den Barrikaden liegen und lieben», besingt er die nationalistischen Ausflüge der Linken-Chefin: «Wir stehen Hand in Hand im Wasserstrahl, vor uns die Knüppel, hinter uns die Wand. Wir sehn' uns an und rufen Vaterland.»

Die neurechten Liedermacher haben kaum etwas mit Frank Rennicke gemein, der mit Landser-Romantik und Heldenverehrung von Nationalsozialisten jahrzehntelang als Musiker bei Neonazi-Veranstaltungen aufgetreten war. Die neuen Songwriter schwärmen nicht mehr von der Wehrmacht, sondern reflektieren aktuelle Debatten und verweisen vielfach auf andere unpolitische popkulturelle Phänomene. So wie der junge Identitären-Liedermacher «Bartender IB», der für einige Videos den Cocktail-Mixbecher gegen eine Gitarre getauscht hat und etwas holprig Coversongs von deutschen Volksliedern oder Popsongs zupft. In seinen eigenen Liedern wird er deutlicher, wenn er seine Zuhörer aufruft: «Steh auf, denn es ist dein Land.» In seinem YouTube-Kanal finden sich auch Videos, in denen er zeigt, wie man Drinks richtig mixt. Selbst in diesem vermeintlich unpolitischen Akt bringt er politische Botschaften unter. Am Ende der Cocktailmix-Anleitungen werden dem Betrachter weitere Videos empfohlen: ein politisches Lied von «Bartender IB» oder der Kanal des Antaios Verlags. Die Szene nutzt den YouTube-Algorithmus, der Zuschauern nach Ende eines Filmchens ähnliche Videos empfiehlt. Über ein Drink-Lehrvideo sollen die User auf politische Inhalte aufmerksam gemacht werden.

Auch andere Neue Rechte betreiben sogenannte Vlogs, also regelmäßige Video-Formate im Internet. Ein sächsischer und ein bayerischer Ibster präsentieren in der Sendung «Laut gedacht» wöchentlich aktuelle Themen aus Medien und Politik, «satirisch und überspitzt kommentiert». Über 20 000 Zuschauer haben den Kanal auf YouTube bereits abonniert. Auf einem weiteren Videokanal präsentiert einer der beiden Moderatoren, Alexander «Malenki» Kleine, wie er sich «Vlad den Pfähler» als Tätowierung auf seine Wade stechen lässt. Vlad, besser bekannt unter seinem Beinamen «Dracula», sei nämlich «bester Mann» und «ein stabiler Typ», sagt er in Jugendsprache. Den wollte er schon länger auf seinem Bein haben, weil er «auf mittelalterliche Weise das Abendland gegen die Türken verteidigt» habe. Auch dieser Filmausschnitt zeigt wieder die Strategie: Vermeintlich unpolitische Alltagsthemen werden genutzt, um damit rechte Ideologie zu verbreiten. Ein Dracula-Tattoo als Trojanisches Pferd für Muslim-Hass.

Ellen Kositza betreibt einen Literatur-Vlog und meldet sich mit Gästen bei «Aufgeblättert. Zugeschlagen – Mit Rechten lesen» zu Wort, eine Art rechtes Literarisches Trio. Zwei identitäre Aktivisten sprechen in ihrem Podcast «Das Leuchtfeuer» über rechtsintellektuelle Themen wie Archeofuturismus oder Propaganda. Und Dieter Stein von der *Jungen Freiheit* präsentiert jede Woche den Podcast «Zeitzeichen». Die Projekte sollen zeigen, dass rechts nicht ewig gestrig bedeuten muss, rechts ist Pop. In diesem YouTube-Universum taucht auch ein weiterer Künstler immer wieder auf: Wolf PMS.

Der Mann mit dem kryptischen Pseudonym kommt ursprünglich aus der Graffiti-Szene, die Abkürzung will er als «politisch motivierte Schriftkunst» verstanden wissen. Er ist aber nicht mehr mit Sprühdose unterwegs, sondern verbreitet seine Botschaften heute mit Besen, Wasser und Kreide auf der Straße. Calligraffiti heißt seine Kunst, eine Mischung aus Kalligraphie, Typographie und Graffiti. Worte und kurze Sätze fegt er in riesigen Buchstaben in Sand, Schnee oder malt sie mit weißer Farbe auf öffentliche Plätze. Vor das Bundesverwaltungsgericht in Leipzig schrieb er den Schriftzug «Kein Volk ist illegal». In seinen Werken nutzt er auch rechte Symbole wie die Odalrune und Begriffe wie «Blut ist mehr als Gold», «Heimattreu» oder «Reconquista». In einem seiner seltenen Interviews in einem Szene-Podcast sagt Wolf PMS, er wolle «unseren Leuten ein Selbstbewusstsein geben: Wir können auch den öffentlichen Raum gestalten».

Wolf PMS arbeitet aber nicht nur auf der Straße, er gestaltet auch Buch-Cover. Für Philip Steins Jungeuropa Verlag zeichnete er den Umschlag eines Werks des französischen Neurechten Dominique Venner. Ein anderes Buch von Venner, das auch bei Jungeuropa erschien, gestaltete der Künstler Ralph Oertel, der als «Art Or» auftritt. Er zeichnete die Kirche Notre-Dame in Paris als Titelmotiv für Venners Roman «Das rebellische Herz». Das zeichnerische Werk Oertels besteht ansonsten aus fotorealistischen Abbildern von Wehrmachtssoldaten mit Patronen zwischen den Zähnen, Porträts von Ernst Jünger oder martialischen Tattoos. Ein weiterer Künstler, der für den Jungeuropa Verlag arbeitet, ist der Illustrator Frank Reißner, der sich selbst Radical Esthétique nennt. Reißner inszeniert sich auf Instagram als Naturbursche, der gern wandert. Zwischen Selbstporträts, Tiroler Bergen und Bildern vom Bogenschießen postet er auch seine Arbeiten und politische Hashtags wie «#fascismo» oder «kill your enemy», töte deinen Feind. Seine Arbeiten haben ihm kleinen Szene-Ruhm eingebracht, das identitäre Jugendmagazin *Arcadi* widmete seinem Schaffen bereits eine Bilderstrecke.

Ein anderer Weg, die Motive neurechter Künstler in die Öffentlichkeit zu bringen, ist das Gestalten von T-Shirts.

Radical Esthétique tritt darum auch als Modelabel auf, hat aber bisher erst ein T-Shirt produziert. Das reicht, um als «Brand aus dem patriotischen Lager», wie es auf Instagram heißt, wahrgenommen zu werden. Dieses Shirt zeigt eine stilisierte Eisenfaust. Die «Eiserne Faust» war eine Gruppe völkisch-nationalistischer Reichswehroffiziere, die faschistisch und antisemitisch eingestellt waren. Das bekannteste Modelabel der Neuen Rechten ist aber Martins Sellners Phalanx Europa, das er zusammen mit dem zweiten Gründer der Identitären aus Österreich betreibt. In ihrem Internet-Shop bieten sie Poloshirts mit dem Logo der IB an und Hoodies mit dem Aufdruck «Islamists not welcome», im Stil des linken Slogans «Refugees are welcome». Auf dem IB-Festival «Europa Nostra» konnten Fans der Marke auch T-Shirts mit dem Aufdruck «MEGA – Make Europe great again» und mit dem Gesicht des Rappers Chris Ares kaufen. Ein Fan zog sein eigenes T-Shirt gleich am Stand aus, um das neuerworbene «Festung Europa»-Bekenntnis-Shirt noch am Stand überzuziehen. Die beiden Funktionäre der «Bewegung» in Österreich verdienen an der Ausstattung der Strömung mit, die sie selbst geschaffen haben. Andere Identitäre übernahmen die Idee und betreiben mit «Cuneus Culture« oder «Konmo» weitere «patriotische Modelabel» und sogar eine Craft-Bier-Marke, das «Pils Identitär». Die rechten Jungunternehmer sehen ihre Projekte als Teil der «echten Gegenkultur». Auf der Webseite der Bierbrauer heißt es, das Geld bleibe «bei unseren Leuten», und Trinker unterstützen gleichzeitig heimische Wirtschaftskreisläufe. Selbst durch den Kauf von Alkohol und der richtigen Kleidung können Anhänger die Gesellschaft verändern – so zumindest die Werbebotschaft. Alles ist «Made in Germany». Politischer Aktivismus und Geschäft gehen dabei Hand in Hand.

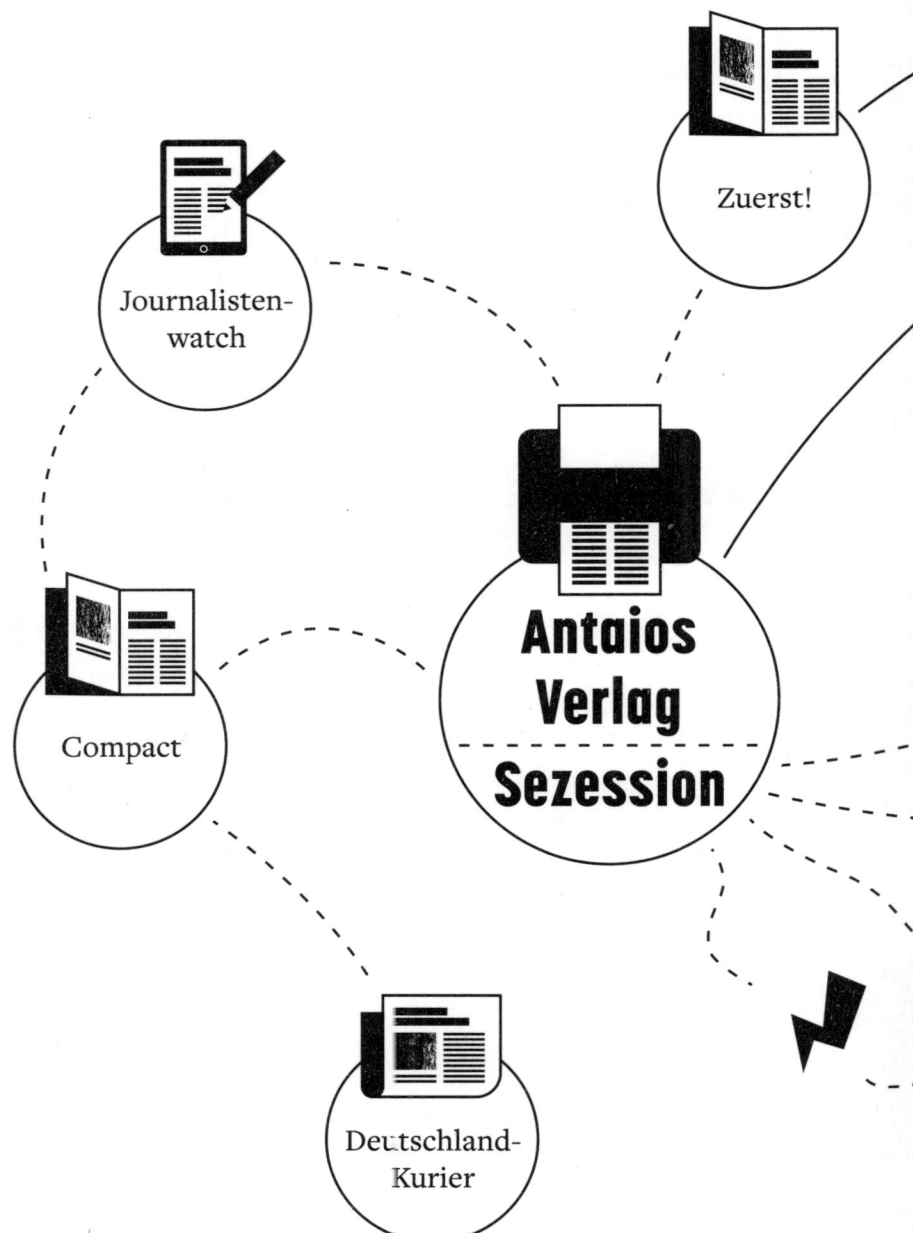

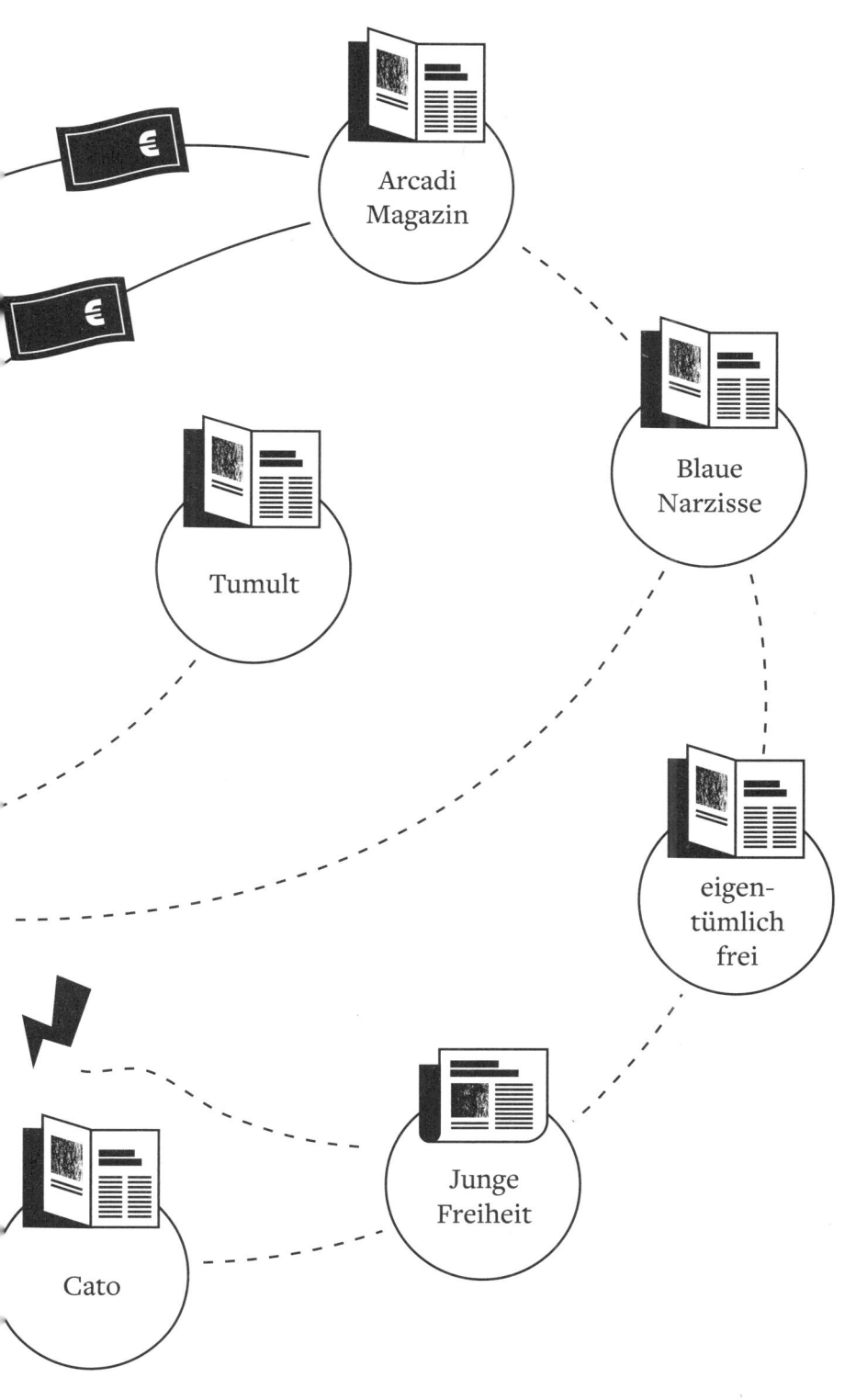

Arcadi
Magazin

Blaue
Narzisse

Tumult

eigen-
tümlich
frei

Junge
Freiheit

Cato

8. Im Verborgenen

Das Netzwerk der Neuen Rechten wächst seit Jahren. Das liegt einerseits am wachsenden Interesse der Gesellschaft an Themen wie Integration, Flucht, Islam und vor allem: der Kritik daran. Auflagen steigen, es kommen ständig weitere Blogs, Thinktanks und Zeitschriften hinzu. Doch gäbe es dieses Wachstum nicht ohne das nötige Geld; große Summen, die den Aufbau jener Organisationen erst ermöglichen. Die Finanziers der Szene allerdings halten sich bedeckt. Wer spendet, fordert meist Diskretion, will nicht öffentlich mit rechtsradikalen Aktivisten in Verbindung gebracht werden. Innerhalb der Neuen Rechten kursieren einige Gerüchte, immer wieder ist von Millionenbeträgen die Rede, mit denen Russland die AfD unterstützt haben soll, gibt es Geschichten über Briefumschläge voller Bargeld aus den Anfangstagen der Partei, die in keinem Spendenbericht auftauchen. Eindeutige Belege für diese Geschichten gibt es bislang aber nicht.

Als wir Philip Stein, den Kopf der Spenden-Plattform Ein Prozent, nach der Quelle des Geldes fragen, das seine Organisation stützt, sagt er: «Bei uns landet zunächst der Durchschnittsbürger, der den Willen hat, in Deutschland etwas zu verändern. Sei es durch die Wahl der AfD oder die Unterstützung einer außerparlamentarischen Plattform wie unserer. Große Spender im klassischen Sinne haben wir gar nicht. Ich möchte Ihnen unsere Zahlen nicht offenlegen, aber ich kann Ihnen sagen, dass die Spenden über 1000 Euro einen Anteil des Gesamtbudgets von drei bis vier Prozent ausmachen. Der durchschnittliche Spendenbetrag bei uns liegt zwischen 15 und 35 Euro.»

Diese Aussagen lassen sich nicht überprüfen, als Verein ist Ein Prozent nicht dazu verpflichtet, seine Geldgeber offenzulegen. Steins Geschichte vom politisch frustrierten «Handwerker aus Sachsen», der sein mühsam verdientes Geld der Neuen Rechten überweist, in der Hoffnung darauf, dass die sich für ihn und seine Belange einsetzen, klingt romantisch, nach Graswurzelbewegung und Volksnähe. Ob sie aber auch stimmt, ist schwer zu sagen. Und Stein ist nicht der Einzige, der so argumentiert: Das Wort «Kleinspenden» hören wir in der Szene ständig, eine reflexartige Erwiderung, wenn wir uns nach der Finanzierung einzelner Projekte und Organisationen erkundigen. Das gilt für Ein Prozent ebenso wie für die AfD, die Identitären und Pegida.

Im Verborgenen jedoch, in Unterlagen der Grundbuchämter und notariell beglaubigten Kaufverträgen, finden sich Spuren ebenjener Großspender, von deren Existenz die Protagonisten der Neuen Rechten angeblich nichts wissen. Es sind Großindustrielle und Unternehmer, die das Milieu mit Teilen ihres Vermögens unterstützen. Ohne sie und ihr Geld wäre der Erfolg der Strömung nicht möglich.

Die Millionen des Schattenmanns

Jedes Jahr gibt der Bundestag einen Rechenschaftsbericht heraus. Darin müssen alle Parteien ihre Finanzen offenlegen. Wie viel Mitgliedsbeiträge haben sie eingenommen? Wie viel für Personal und Wahlkämpfe ausgegeben? Und wer hat ihnen Geld gespendet? Im Jahr 2013 taucht zum ersten Mal auch die AfD in den Unterlagen auf. Für eine Partei, die sich nur wenige Monate zuvor gegründet hat, ist das Spendenaufkommen gewaltig: 4,1 Millionen Euro steht in der Zeile «Spenden von natürlichen Personen». Auch Bernd Lucke und seine Leute werden später erklären, dass die Summe durch viele kleine Einzelbeträge zusammengekommen ist, es habe kaum Großspender gegeben.

Doch finden sich ein paar Seiten weiter die Namen aller Unterstützer, die der AfD 2013 mehr als 10000 Euro überwiesen haben. Niemand, der auf der Liste steht, ist wirklich bekannt, ein Hochschulprofessor der Universität Mannheim spendet 28 203 Euro, ein Unternehmen namens Wahl-Bau GmbH aus Baden-Württemberg 50 000 Euro. Ein Nachname taucht gleich zwei Mal auf: Folkard und Erika Edler aus Hamburg sind mit je 50 000 Euro eingetragen. Die beiden sind zu diesem Zeitpunkt die größten Spender der AfD. Wir wollen wissen, wer hinter der Großspende steckt, und machen uns auf die Suche nach den Edlers.

Im *Spiegel* stoßen wir auf eine kurze Meldung, sie trägt den Titel «Heikle Finanzspritze für die Euro-Gegner». Demnach hat Folkard Edler der AfD kurz vor der Bundestagswahl 2013 zwei Darlehen in Höhe von je 500 000 Euro gewährt. Für die Partei, deren Chef die Mitglieder damals noch anhielt, selbstgeschmierte Stullen mit zum Parteitag zu bringen, war der Kredit eine riesige Hilfe: Raummieten mussten gezahlt, Werbeplakate gedruckt und Reisen gebucht werden. Die ersten Mitgliedsbeiträge reichten dazu nicht aus. Edlers Darlehen jedoch verlieh der AfD und ihren Leuten ganz neue Möglichkeiten. Offenbar war er einer der maßgeblichen Finanziers, die den Aufstieg der Partei erst möglich gemacht haben. Wer aber ist der Mann?

Im März 2013 bekommt Bernd Lucke einen Anruf. Ein Parteikollege berichtet ihm von dem Angebot eines wohlhabenden Spenders aus Hamburg. Der wolle Luckes Professorengehalt fortzahlen, ohne dass dieser an der Uni in Hamburg weiterarbeiten müsse. Dann könne er sich voll auf die Arbeit als Chef der AfD konzentrieren. Auch wolle der ominöse Unterstützer sich bald persönlich vorstellen. Sein Name: Folkard Edler.

Zu diesem Zeitpunkt ist kaum etwas über ihn bekannt. Er ist 83 Jahre alt, ein Reeder und Unternehmer aus Hamburg. Er war Geschäftsführer diverser Schifffahrtsgesellschaften, hat Millionen verdient und geht gern golfen. Mit seiner Frau führt er ein zurückgezogenes Leben an der vornehmen Elbchaussee. Mehr gibt es über ihn nicht zu erfahren. Sein politisches Engagement hat er immer geheim gehalten. Tatsächlich, so finden wir im Laufe unserer Recherche heraus, hat Edler nicht nur die AfD unterstützt. Abseits der Öffentlichkeit bemüht sich der Unternehmer seit knapp zwei Jahrzehnten um den Aufstieg der Neuen Rechten: Fast fünf Millionen Euro hat er dafür aufgewendet. Niemand hat so viel Geld in die Szene gesteckt wie er. Edlers Name steht im Jahr 2013 nicht zum ersten Mal in einem Rechenschaftsbericht des Bundestags. Schon 2001 taucht er in den Unterlagen auf, er wird darin als Großspender der Deutschen Partei (DP) geführt, mit 25 000 Mark hat er sie demnach unterstützt. Die DP ist zu dieser Zeit eine rechtsextreme Splittergruppe, bei diversen Landtagswahlen bringt sie es kaum auf ein Prozent Stimmenanteil. Ihr Vorsitzender Heiner Kappel schimpft auf die deutsche Einwanderungspolitik, die er zu lasch findet, wettert gegen kriminelle Ausländer und wirbt für ein «Europa der Vaterländer». Die Deutsche Partei von damals klingt wie die AfD von heute. Und Edler? Spendet jedes Jahr mehr. Bis 2004 überweist er insgesamt gut 100 000 Euro an die Partei.

Kurz darauf nimmt der Verfassungsschutz von Thüringen die DP in seinen Bericht auf. Unter Kappel habe die Partei versucht, zu einem «Sammelbecken für Angehörige anderer rechtsextremistischer Organisationen» zu werden, heißt es darin. Der Parteichef trifft sich mit dem Holocaust-Leugner Horst Mahler. «Nur um zu sehen, wie der so tickt», sagt Kappel, als wir ihn zum Gespräch in seiner Heimat im Taunus treffen. Die Behörden haben für so viel Neugier kein Verständnis: Der Geheimdienst beobachtet jetzt die DP. Und plötzlich steht Edlers Name nicht mehr in den Spendenlisten. Stört ihn die rechtsradikale Gesinnung von Kappel und seinen Kameraden? Oder hat er schlicht Angst, dass sein Engagement öffentlich wird?

Edler lehnt unsere Gesprächsanfrage ab. «Ein Gespräch über Sachverhalte, die viele Jahre zurückliegen, keinen Neuigkeitswert haben und für mich längst abgeschlossen sind, erübrigt sich damit», antwortet er per Mail. Und schreibt dann noch: «An einen ca. 15 Jahre zurückliegenden Kontakt mit Herrn Kappel habe ich allenfalls bruchstückhafte Erinnerungen.» Ohnehin sei er «seit mehreren Jahren politisch nicht mehr engagiert». Kappel hingegen behauptet, dass er immer noch ab und zu mit Edler telefoniere. Einen Bruch zwischen den beiden habe es nie gegeben. «Ein reservierter Mann, aber hochseriös», so lautet Kappels Urteil. Edler sei ein echter Konservativer geblieben, auch dann noch, als Merkel und ihre CDU in die politische Mitte gerückt seien.

Wie dieser Mann denkt, lassen die Leserbriefe erahnen, die Edler einst schrieb. Im Jahr 2003 wettert er in der *FAZ* gegen die Gewerkschaften, die zuerst für den Euro eingetreten seien, sich nun aber gegen die dadurch nötig gewordenen Arbeitsmarktreformen aussprächen. «Vor nicht allzu langer Zeit» seien die Gewerkschaften noch «vollmundig auf Seiten derer» gewesen, «die diese europäische Währungsgemeinschaft à tout prix einforderten», schreibt Edler. Dem *Handelsblatt* wirft er 2007 vor, all jene zu «diffamieren», die an der These des menschengemachten Klimawandels zweifeln. Ein Euro-Kritiker und Klima-Skeptiker, schon damals. Kein Wunder also, dass der Reeder sich später für Bernd Lucke und seine AfD begeistert. Woher aber stammt all das Geld, mit dem Edler seine politischen Wunschträume finanziert?

Auf der Suche nach seinen Einkommensquellen stoßen wir auf ein globales Netzwerk von Unternehmen und Beteiligungen. Über unsere Schreibtische breiten sich zu dieser Zeit die DIN-A3-Seiten mit Edlers Firmengeflecht aus, darauf an die fünfzig Pfeile, die Geschäftspartner und Tochtergesellschaften miteinander verbinden. Edler führte mehrere Schifffahrtsgesellschaften, unter anderem auf Zypern, und verwaltete in Deutschland Immobilien. In den neunziger Jahren war der Diplom-Kaufmann Geschäftsführer von mehr als einem halben Dutzend Unternehmen gleichzeitig.

Unter Hamburgs Reedern gilt Edler als einer, der sich hochgearbeitet hat: Obwohl er nicht aus einer der alteingesessenen Reederfamilien stammt, unterhält er mit der ICL Holding eine zeitweise hochprofitable Linie, spezialisiert auf den Transport von Bier der Marke Heineken aus dem Hafen in Antwerpen nach Jacksonville im US-Bundesstaat Florida. Unter anderem arbeitete Edler mit einigen

Großen der Branche zusammen, darunter Horst Rahe, Besitzer der Deutschen Seereederei, der ihn einen «ehrlichen Geschäftspartner» nennt, mit der Familie Döhle, die mehr als 400 Schiffe unterhält, und mit Nikolaus W. Schües, dem Inhaber der Traditionsreederei Laeisz. Die Bilanzsumme seiner diversen Unternehmen beläuft sich auf einen mindestens zweistelligen Millionenbetrag. Die ICL Holding verfügte 2015 über ein Eigenkapital von 10,5 Millionen Euro, die Schufa attestiert beste Bonität.

Im engsten Kreis seiner Unternehmungen scheinen 2017 vor allem zwei Personen zu stehen: seine Frau und seine Sekretärin. Beide hat Edler mit enormer Macht innerhalb seines Imperiums ausgestattet, sie sind Geschäftsführerinnen und haben Vollmachten, um Verträge unterzeichnen zu können. «Edler lebt extrem zurückgezogen und ist ein verschlossener Typ», berichtet ein alteingesessener Hamburger Reeder. Auf Society-Events tauche er so gut wie nie auf, Empfänge meide er, Golf-Turniere für gewöhnlich auch.

Ebenso diskret ist Edler bei der Förderung seiner politischen Anliegen. Nie tritt er öffentlich mit Politikern auf, die er unterstützt. Er bittet zu Treffen im kleinen Kreis, empfängt Gäste in seinen Geschäftsräumen an der Elbchaussee oder bespricht seine Pläne am Telefon. Es gibt kein einziges Foto von ihm im Netz.

Nur wenige Wochen nach dem Anruf seines Parteikollegen im März 2013 empfängt der Wirtschaftsprofessor Bernd Lucke den mysteriösen Spender in seinem Büro an der Universität in Hamburg. Edler stellt sich vor, und schnell wird klar: Lucke hat es dem Reeder angetan. Edler stellt in Aussicht, die AfD künftig finanziell zu unterstützen. So erzählt es uns ein ehemaliger Parteifreund Luckes. Wenig später dann überweisen Folkard Edler und seine Frau die jeweils 50 000 Euro, die später im Rechenschaftsbericht der Partei auftauchen werden. Die wirklich großen Summen aber kommen erst noch.

Für das nächste Gespräch besuchen Lucke und der damalige Hamburger AfD-Chef Jörn Kruse Edler Ende Juni 2013 an der Elbchaussee. Er eröffnet den beiden, dass er die Partei im Wahlkampf mit zwei Darlehen in Höhe von je 500000 Euro unterstützen wolle. Ein paar Tage später berichtet Lucke seinen Kollegen in einer Rundmail von den traumhaften Konditionen, die Edler ihm gewährt habe: Sie hätten sich auf einen «günstigen Zinssatz (2 Prozent p.a.)» geeinigt, außerdem begnüge Edler sich mit «40 Prozent der Wahlkampfkostenerstattung» als Sicherheit. Und, noch besser: «Beim zweiten Darlehen hat der Darlehensgeber auf Sicherheiten vollständig verzichtet.» Eine Million für Luckes AfD. Zu so günstigen Bedingungen, dass Juristen kritisierten, es könnte sich um eine verdeckte Parteispende handeln.

Was öffentlich 2013 nicht bekannt ist: Die Laufzeit des Vertrags ist auf fünf Jahre angelegt. Edler erklärt heute per Mail, das Geld sei «für den Bundestagswahlkampf 2013 vollständig verbraucht» worden. Er war es, der damals die Anschubfinanzierung für die Lucke-AfD leistete. Doch profitiert die Partei, in der heute Männer wie Alexander Gauland das Sagen haben, noch immer davon. Und die AfD ist nicht das einzige Projekt, das Edler in dieser Zeit vorantreibt: Im Amtsgericht von Berlin-Charlottenburg geht im Frühling 2013 das Schreiben eines Hamburger Notars ein. Es enthält die Urkunde über den Kauf des Gebäudes an der Fasanenstraße 4 nahe dem Berliner Zoo. Käufer ist die Objekt Fasanenstraße-Verwaltungs GmbH. Alleiniger Gesellschafter ist Folkard Edler. Der Kaufpreis: 3,6 Millionen Euro. Heute hat die Bibliothek des Konservatismus dort ihre Räume (siehe Kapitel 4).

Im Hintergrund lässt Edler seine Anteile an der Gebäude-GmbH auf die «Förderstiftung Konservative Bildung und Forschung» übertragen, die nun über die Immobilie verfügen kann. Leiter der Stiftung ist *Junge Freiheit*-Chefredakteur Dieter Stein. Für ihn und seine Leute fallen nun keine Mietkosten mehr an, das Team kann sich auf die Pflege des Bibliotheksbestands und die Organisation der Vorträge konzentrieren, denen alle zwei Wochen bis zu 140 Menschen lauschen. Unterlagen aus Handelsregister und Grundbuch, die wir eingesehen haben, verraten nicht, ob je Geld an Edler geflossen ist. Und auch Dieter Stein will sich nicht zu den Details der Finanzierung äußern: «Insbesondere hinsichtlich der Namen und der Beiträge unserer vielen Spender sind wir natürlich zur Vertraulichkeit verpflichtet», schreibt er in einer E-Mail. Über eineinhalb Jahre kämpfen wir juristisch um Einsicht in den Jahresabschluss der Förderstiftung. Darin finden wir schließlich den Beweis: Folkard Edler hat sein Haus in der Berliner Fasanenstraße 4 an die Bibliothek des Konservatismus verschenkt: «Die Immobilie ist damit in das Eigentum der Förderstiftung übergegangen.»

Im Winter 2013 kommen Lucke und Edler ein letztes Mal zusammen. Edler ist verärgert, ein Parteikollege Luckes hat ihn als Kreditgeber der AfD enttarnt, obwohl er seinen Namen nicht in der Presse lesen wollte. Der Reeder lässt den Politiker wissen, dass er die Partei vorerst nicht mehr finanziell unterstützen werde. Sein Erbe treten andere an: Ein Sägewerkbetreiber aus Hann. Münden überweist über Jahre hinweg 25 000 Euro an die Partei, ein Unternehmer aus Köln gibt 75 000 Euro und ein Mann aus Weinheim/Bergstraße sogar 100 000 Euro. Bei Redaktionsschluss noch unbekannt waren jedoch die Spender, die Alice Weidel und ihrem AfD-Kreisverband im Wahlkampf 2017 über eine niederländische Stiftung insgesamt 199 000 Euro und über eine Schweizer Pharmafirma über 130 000 Euro zukommen ließen – in 18 kleinen Tranchen, mutmaßlich, damit die AfD die Spende unter der Meldegrenze nicht bei der Bundestagsverwaltung deklarieren musste und um anonym zu bleiben. Geheimniskrämerei scheint die Großspender der AfD zu verbinden. Auch Folkard Edler beendete sein Engagement, als sein Name bekannt wurde.

Vielleicht hatte er auch Angst, durch Offenlegung seines Engagements für die AfD zum Anschlagsziel für linksextreme Gruppen zu werden. Drei Jahre später wird seine Befürchtung wahr. In der Nacht des 11. August 2016 brennt vor Edlers Geschäftssitz an der Elbchaussee ein Porsche Carrera. Grüne und gelbe Farbe läuft an der Hausfassade hinter den Hecken herab. Auf dem Kies der Einfahrt liegen die Scherben von neun Marmeladengläsern. Am nächsten Morgen taucht im Netz ein Bekennerschreiben auf. Absender: Antifa 309. Eine

Gruppe linksextremer Aktivisten, dem Verfassungsschutz bekannt. Der Angriff habe Edler gegolten, wegen dessen Engagement für die «völkische rassistische Partei AfD».

Liebesgrüße aus Johannesberg

Das Klingelschild an der Tür des Hauses in der Adam-Kuckhoff-Straße 16 in Halle liest sich im Sommer 2018 wie ein Auszug aus der Gästeliste zum Jahrestreffen der Neuen Rechten:

Dr. Hans-Thomas Tillschneider, Außenstelle Wahlkreisbüro, Alternative für Deutschland
Institut für Staatspolitik
Ein Prozent
Mario Müller, Melanie Schmitz, Dorian S., Florian M. – die Namen prominenter Identitärer

In Halle an der Saale ist in den vergangenen Jahren ein Knotenpunkt des Netzwerks entstanden. An zwei Tagen in der Woche arbeitet Philip Stein von seinem Büro im ersten Stock des Hauses an kommenden Ein-Prozent-Kampagnen, Kubitscheks Mitarbeiter Benedikt Kaiser vom Antaios Verlag sitzt zwei Türen weiter, und mittendrin steht der Schreibtisch des AfD-Landtagsabgeordneten Tillschneider. Über ihren Köpfen, im zweiten Stock, wohnen die Identitären: Mario Müller, seine Freundin Melanie Schmitz und deren Kameraden. Einmal im Monat lädt das Institut für Staatspolitik zum Vortragsabend, die Identitären veranstalten Lesungen und trainieren Kampfsport in den Räumen. «Flamberg» haben die Bewohner ihr Haus getauft – nach einem beidhändig geführten Schwert, mit dem Soldaten in der frühen Neuzeit Breschen in die Front der Feinde schlugen. So verstehen sie ihre Arbeit in der Adam-Kuckhoff-Straße.

Ein normaler Vermieter hätte sich niemals darauf eingelassen, die versammelte Prominenz der Szene bei sich einziehen zu lassen – aus politischen Gründen oder weil er die Angriffe der Antifa fürchten würde, die seit Eröffnung des Hauses im Sommer 2017 ihre Spuren an der Fassade hinterlassen haben: Rote und schwarze Farbflecken überziehen die Hauswand, dort, wo die Farbbeutel der Linken aufklatschten.

Wem aber gehört das Haus? Wir besuchen das Grundbuchamt der Stadt Halle, es ist im Keller des Amtsgerichts untergebracht, einem schmucklosen Bau im Süden der Stadt. Als wir nach der Akte für die Adam-Kuckhoff-Straße 16 fragen, verschwindet die zuständige Mitarbeiterin für ein paar Minuten im Archiv. Und kommt mit einem dicken Ordner wieder heraus. Darin: Anwaltskorrespondenz der vergangenen Jahre, Bekanntmachungen an die Stadt Halle. Und dazwischen: ein Kaufvertrag aus dem Jahr 2016. Für 330 000 Euro kaufte damals ein Mann namens Helmut E. die vierstöckige Immobilie mit einer Grundfläche von 338 Quadratmetern.

Über E. ist ähnlich wenig bekannt wie über den Reeder Folkard Edler. Auch er hat mit Tagespolitik nichts zu tun, auch er lebt zurückgezogen, nicht wie Edler in Hamburg, sondern in Johannesberg, einem Dorf in Bayern. Seinen Namen finden wir auch in Dokumenten der Stiftungsaufsicht Unterfranken: in der Akte der Titurel-Stiftung. Auf deren Website ist zu lesen: «Wo sich der Staat zurückzieht, entstehen Notwendigkeit und Raum für gemeinnütziges Engagement.» Worum es bei diesem Engagement genau gehen soll, erfährt der Besucher der Seite nicht. E. ist Stifter und Vorsitzender, das Vermögen seiner Organisation beläuft sich im Jahr 2014 auf 273 000 Euro. Sollte die Stiftung jemals aufgelöst werden, so sieht es die Satzung vor, geht das Geld an die Förderstiftung Konservative Bildung und Forschung. Jenem Thinktank unter Leitung von *Junge Freiheit*-Chefredakteur Dieter Stein, der die Bibliothek des Konservatismus in Berlin betreibt und auch von Reeder Edler unterstützt wird. Offenbar ist E. nicht zufällig an die Identitären geraten, er kennt die Szene und ihre Köpfe.

Und es gibt noch eine weitere Verbindung: Wir bekommen den

Hinweis, dass die Titurel-Stiftung in der Vergangenheit Projekte der Zeitschrift *Sezession* und des Verlags Antaios gefördert hat. Wir fragen den Verleger Götz Kubitschek per E-Mail, ob er E. kennt und je Geld von ihm bekommen hat. Einen Tag später erhalten wir seine Antwort. Zuerst leugnet Kubitschek, dass die *Sezession* von der Titurel-Stiftung finanziell unterstützt wurde. Als wir ihn mit internen Dokumenten der Stiftungsaufsicht konfrontierten, gibt er die Förderung durch Helmut E. zu. Vor sieben Jahre habe die Stiftung ein Projekt der *Sezession* unterstützt, mit dem Antaios Verlag sei eine weitere Zusammenarbeit vereinbart worden, dazu sei es aber nie gekommen. «Ist ebenfalls Jahre her», schreibt Kubitschek. Wie Reeder Edler gehört auch Helmut E. zu den verborgenen Unterstützern der Szene.

Anruf bei E., wir wollen wissen, ob er das Haus in Halle gezielt gekauft hat, um daraus jenes «patriotische Leuchtturmprojekt» zu machen, mit dem sich Müller und Stein heute schmücken. Am anderen Ende der Leitung meldet sich eine schwache Stimme.

Herr E.?
E: Ja.
(...) Wir würden gerne mit Ihnen über Ihr politisches Engagement sprechen.
E: Daran habe ich kein Interesse.
Ist Ihnen denn bewusst, dass die Aktivisten der Identitären Bewegung in Ihrem Haus in Halle wohnen?
E: Ich habe diese Leute noch nie getroffen.
Aber wieso wohnen diese Leute dann überhaupt in Ihrem Haus?
E: Fragen Sie Herrn Lichert.

Dann legt er auf. Andreas Lichert sitzt seit Oktober 2018 für die AfD im Landtag von Hessen. Helmut E. verweist uns nicht ohne Grund an ihn: Im Grundbuchamt von Halle steht auch Licherts Name seit Jahren im Kaufvertrag der Immobilie an der Adam-Kuckhoff-Straße, er ist als Bevollmächtigter eingetragen. Gleichzeitig ist er stellvertretender Vorsitzender von E.s Titurel-Stiftung. Und: Er saß im Vorstand von Kubitscheks Institut für Staatspolitik. Darüber, wie er und E. zusammengefunden haben, will Lichert nicht sprechen. Aber er erzählt uns, dass der Mann aus Bayern Unternehmer gewesen und zu Wohlstand gekommen sei. Den wolle er jetzt nutzen, «um konservative Belange zu fördern». E. sei zwar kein Superreicher, habe aber keine Kinder und könne sein Geld deshalb für politische Zwecke ausgeben. «Herr E. nutzt sein Vermögen heute, um konservative Belange zu fördern. Etwa, indem er Ein Prozent und dem Institut für Staatspolitik seine Immobilie in Halle vermietet und ermöglicht, dass dort Veranstaltungen und Vorträge stattfinden», sagt Lichert.

Nur sind die Aktionen der Identitären keine «konservativen Belange». Sondern das Werk fremdenfeindlicher Aktivisten. Lichert allerdings sieht das anders. «Den Abgrenzungsbeschluss unseres Bundesvorstands gegenüber der IB finde ich persönlich falsch, weil meines Wissens weder Mittel noch Ziele extremistisch sind», sagt er. So sorglos übergehen AfD-Politiker mittlerweile die Vorgaben ihrer Parteiführung. Dass er als Politiker eine Scharnierfunktion zwischen dem konservativen Unternehmer und den Identitären einnimmt, hielt er lange Zeit für völlig unproblematisch. Erst nach seinem Einzug in den Hessischen Landtag teilte er uns auf Anfrage mit, dass er seit Ende 2018 nicht mehr Hausverwalter des identitären Zentrums ist. Und offenbar ist er nicht der Einzige: Kein ranghoher AfD-Funktionär hatte sich bis dahin kritisch zu seiner Doppelrolle geäußert. Für E. ist Licherts Chuzpe ein Geschenk: Mit seiner Hilfe kann er weite Teile seines Vermögens in die Szene pumpen. Und muss dafür nicht einmal selbst in Erscheinung treten. E. gibt das Geld, Lichert übernimmt zeitweise den Papierkram.

Die Spur führt in die Schweiz

Dafür, dass der Gasthof «Sonnenberg» in Büdingen liegt, einer kleinen Stadt in Hessen, hat sich eine Menge AfD-Prominenz eingefunden. Unter den Kronleuchtern im Clubraum des Restaurants sollen an diesem Abend im Mai 2017 der Ex-CDU-Mann Martin Hohmann und Alexander Gauland sprechen. Doch zuallererst tritt ein junger Mann ans Mikro. Er trägt viel Gel in den schwarzen Haaren und eine Deutschlandfahne als Anstecknadel am Revers seines Sakkos. Mit tiefer Stimme schimpft der Mann auf die «rot lackierten Nazihanseln», die vor dem Restaurant gegen die Veranstaltung demonstrieren. Er kritisiert Merkels Politik, die «irrlichtert zwischen Marx und Murks», und ruft: «Multikulti ist gescheitert.» Am Ende jubeln ihm die hundert Gäste zu. Er sagt: «In Hinblick auf die Wahlen gibt es nur eine Alternative: die AfD! Packen wir es also gemeinsam an, und holen wir uns unser Land zurück.»

Eigentlich ist David Bendels gar kein AfD-Politiker, er ist nicht mal Mitglied der Partei. Bendels leitet den «Verein zur Erhaltung der Rechtsstaatlichkeit und bürgerlichen Freiheiten e.V.», kurz «Recht und Freiheit» genannt, eine Unterstützerorganisation, die es sich zum Ziel gesetzt hat, der AfD möglichst gute Wahlergebnisse zu beschaffen. Seit 2016 hat Bendels zu jeder Landtags- und zuletzt auch zur Bundestagswahl riesige Wahlkampagnen organisiert: Er lässt Großplakate aufstellen, schaltet Anzeigen in der *Neuen Zürcher Zeitung*, der *Frankfurter Allgemeinen*, bezahlt Werbung auf Google und lässt Millionen Exemplare der Wahlkampfzeitung *Extrablatt* verteilen. Neben Gauland trat er auch bereits mit Alice Weidel und dem Chef der Jungen Alternative auf. Seine Botschaft ist immer dieselbe: «Jetzt AfD wählen.» Nach unseren Recherchen hat der Verein für alle Aktionen und Kampagnen bisher eine mittlere zweistellige Millionensumme ausgegeben.

Eine riesige Summe, die eine kleine Partei wie die AfD im Wahlkampf so sonst nie hätte aufbringen können. Wie groß Bendels' Anteil am Erfolg der AfD ist, lässt sich schwer beziffern. Dass er ihren Aufstieg maßgeblich unterstützt hat, gilt als unstrittig.

David Bendels stammt eigentlich aus Duisburg. Nach dem Studium der Politikwissenschaften zog er nach Bayern und trägt gern Lederhosen, seitdem begrüßt er sein Gegenüber mit «Grüß Gott!». Er trat in die CSU ein und ist voll des Lobes für Franz Josef Strauß. Dessen Partei allerdings verließ Bendels wenige Jahre nach seinem Eintritt wieder und wandte seine Aufmerksamkeit der AfD zu. Mit «Recht und Freiheit» will Bendels nun eine Gegenöffentlichkeit zur «politisch korrekten Gesinnungsnomenklatur» schaffen. Dazu arbeitet Bendels mit dem Thinktank Studienzentrum Weikersheim zusammen, veranstaltete eine Lesung mit Thilo Sarrazin und traf sich in der Bibliothek des Konservatismus in Berlin zu Gesprächen. Neben seiner Tätigkeit als Chef des Unterstützervereins ist er auch Herausgeber und Chefredakteur der rechten Zeitung *Deutschland-Kurier* – die auch aus seiner Kasse finanziert wird. Von dem Konto seines Vereins also, dessen Spender als eines der bestgehüteten Geheimnisse der Szene gelten. Denn bislang weiß niemand, wer die riesigen Summen bereitstellt, mit denen Bendels im ganzen Land für die AfD wirbt.

In Berlin kursieren seit Jahren Gerüchte um die Finanziers des Vereins. Anfangs war von zwölf Millionären die Rede, die ihr Geld dem Verein überwiesen hätten, damit sie nicht namentlich im AfD-Spendenbericht auftauchen. Dann kursierten Geschichten von einigen süddeutschen Konzernchefs mit einem Faible für die Partei, die sich aus Angst um den guten Ruf ihrer Unternehmen an Bendels und seine Organisation gewandt hätten. Keine dieser Thesen konnte bisher belegt werden. Nur ein Name der Hintermänner wurde bekannt: August von Finck, ein Bankier und Immobilienbesitzer. Der 89-jährige deutsche Milliardär lebt in der Schweiz. Über die PR-Agentur einer Strohfrau soll er laut *Spiegel* und Schweizer Wochenzeitung *WOZ* in der Anfangsphase der Partei nicht nur Parteiveranstaltungen der AfD mit rund 100 000 Euro finanziert und mit seiner Firma Degussa mit dem Goldshop der AfD kooperiert haben. Sondern er soll im Frühjahr

2017 auch die Gründung des *Deutschland-Kurier* unterstützt haben. Eine Verbindung vom Großindustriellen Finck zum AfD-Unterstützerclub ist also nicht unwahrscheinlich. Die anderen Unterstützer bleiben jedoch noch im Verborgenen. Der Verein ist eine Blackbox – wer spendet, bleibt anonym.

Wir erkundigen uns bereits Anfang 2017 bei der AfD, wollen wissen, wie sie zu den großzügigen Unterstützer-Kampagnen steht. Und ob sie weiß, wer da sein Geld gibt. Die Antwort fällt knapp aus: Die Partei kenne weder «Recht und Freiheit» noch dessen Mitglieder. Doch das stimmt schlicht nicht: Schließlich ist Bendels über zehn Mal auf Veranstaltungen mit AfD-Prominenz aufgetreten – so wie im Gasthof «Sonnenberg» in Büdingen. Verein und AfD haben gleiche Kampagnen gestartet, die vom selben Werbe-Fachmann geplant und durchgeführt wurden. Denn er arbeitete parallel für «Recht und Freiheit» und die Partei. So warnte der Verein 2016 auf Postern «Schluss mit Bargeld – Das will die Regierung Merkel» und zur gleichen Zeit warb die AfD auf Plakaten mit «Nein zum Bargeldverbot». Interne Mails, die uns vorliegen, belegen die engen Absprachen zwischen dem Werber und der Parteispitze. Außerdem gab Parteichef Meuthen Bendels *Extrablatt* im März 2016 ein Interview und mehrere AfD-Bundestagsabgeordnete sowie Erika Steinbach, die Chefin der parteinahen Desiderius-Erasmus-Stiftung, schreiben bis heute für seinen *Deutschland-Kurier*. Im Herbst 2018 konnten wir zudem nachweisen, dass AfD-Kandidaten in Bayern die Zeitung kostenlos in großen Mengen beim Verein bestellt haben und sie durch Parteimitglieder im Wahlkampf verteilt wurde.

Doch die AfD stellt sich dumm. Aber wieso tut sie das? Tatsächlich folgt ihre vorgetäuschte Ahnungslosigkeit einem Kalkül. Denn sollte herauskommen, dass sich die AfD je mit dem Verein abgesprochen und die Wahlkampf-Kampagnen koordiniert hat, wäre das ein Verstoß gegen das Parteiengesetz. Dieses verpflichtet Spender dazu, ihren Namen und ihre Adresse anzugeben. Das Geschäftsmodell von «Recht und Freiheit» jedoch besteht darin, genau diese Angaben zu verschleiern. Kann der AfD nachgewiesen werden, dass sie eng mit dem Verein zusammenarbeitet, drohen Strafzahlungen in Millionenhöhe. «Das könnte uns finanziell ruinieren», sagt ein Mitglied des Bundesvorstands.

Im Juli 2018 untersagt die AfD-Parteispitze dem Verein die Nutzung ihres Logos. So versucht sie, sich öffentlich so weit wie möglich von dem Verein zu distanzieren. Denn inzwischen prüft auch die Bundestagsverwaltung den Vorwurf der illegalen Parteienfinanzierung. Die Beamten in Berlin hegen mittlerweile den Verdacht, dass es sich bei der Unterstützung durch Bendels' Verein um «unzulässige Spenden» handeln könnte. Noch läuft die Prüfung. Sollte sich der Verdacht erhärten, muss sich die AfD für einen gewaltigen Skandal rechtfertigen. Sie hätte nicht nur das Gesetz gebrochen, sondern mit Hilfe anonymer Spender Wahlen beeinflusst. Und das wäre nicht nur eine Straftat, sondern ein Angriff auf die Demokratie. Seit zwei Jahren versuchen auch wir herauszubekommen, wer hinter dem Millionen-Budget des Vereins steckt.

Im Gasthaus in Büdingen ist es nach den Wahlkampfreden spät geworden. David Bendels steht an der Bar, wir stellen uns dazu. Bendels ordert ein Weißbier und erzählt: Nach seinem CSU-Austritt sei er gefragt worden, ob er «Recht und Freiheit» führen wolle. Wer hat ihn angesprochen? Das wolle er nicht sagen. Weiß er denn, woher das Geld für die Kampagnen stammt? Auch über die Spender könne er keine Angaben machen, «aus Persönlichkeitsrechtsgründen». 20000 Unterstützer habe der Verein, immerhin das sagt uns Bendels, die Bandbreite reiche von der Oma, die nur einen Euro überweise, bis zum mittelständischen Unternehmer, der auch größere Summen spendet. Aber kommen so Millionen zusammen? «Darüber habe ich keinerlei Kenntnis», sagt Bendels. Auch wer die Idee für den Verein gehabt habe, könne er leider nicht sagen. Der Vereinschef macht es wie die AfD-Spitze und gibt sich ahnungslos. Im Gespräch ist er freundlich, aber nicht besonders auskunftsfreudig. Zurück im Büro, beantragen wir beim Amtsgericht die Vereinsunterlagen. Im Vereinsregister stehen neben Bendels noch sechs weitere Gründungsmitglieder.

Anruf beim zweiten Vorsitzenden Hans S., einem ehemaligen Notar. Seine Frau Rotraud, ebenfalls Gründungsmitglied, hebt ab. «Ich gebe keine Auskünfte. Danke schön.»

Anruf bei Schatzmeister Karl D., ehemaliger Arzt: «Wir haben eine Abmachung, dass der Herr Bendels für den Verein spricht. Daran muss ich mich halten.»

Anruf bei Barbara H., Sekretärin von D.: «Bitte rufen Sie im Vereinssekretariat an.»

Anruf bei Maria J., Rentnerin, laut Unterlagen Gründungsmitglied: «Sie sind falsch verbunden.»

Anruf bei Jutta M., Behördenmitarbeiterin, auch Mitglied: «Rufen Sie den Pressesprecher an!»

– Wer ist denn der Pressesprecher?

«Na, da müssen Sie selbst gucken.»

– Sie wissen also nicht mal, wer der Pressesprecher ist?

Aufgelegt.

Bendels sagt uns in Büdingen noch, dass keiner der Gründer Mitglied in der AfD sei. Die Telefonate wirken auf uns, als hätten die meisten von ihnen noch nicht mal eine Ahnung, was ihr Verein eigentlich tut. Sie wirken wie Strohleute. Aber für wen? Laut Protokoll trafen sich am 21. September 2016 nicht nur die sieben Gründer in einem Stuttgarter Gewerbegebiet zur Vereinsgründung. Es war noch eine achte Person anwesend. Die «Leitung der Versammlung» hatte der Stuttgarter Rechtsanwalt Rolf Schlierer übernommen. Schlierer ist unter Deutschlands Rechten eine Bekanntheit: Zwanzig Jahre lang war er Bundesvorsitzender der Partei Die Republikaner, die als rechtsextrem vom Verfassungsschutz beobachtet wurde. Warum aber war er bei der Gründung von «Recht und Freiheit» dabei? Am Telefon erzählt er, er sei «nur als Dienstleister für die rechtliche Beratung» zuständig gewesen. Tatsächlich aber ist er nicht der einzige Republikaner im Umfeld des Vereins. Auch sein ehemaliger Assistent Michael Paulwitz hat für den Verein gearbeitet, eine Zeitlang stand sein Name als Ansprechpartner im Impressum der Vereins-Webseite.

Paulwitz ist freier Journalist, er schreibt für Dieter Steins *Junge Freiheit* und die *Sezession*. 2011 veröffentlichte er ein Buch mit dem Titel «Deutsche Opfer, fremde Täter. Ausländergewalt in Deutschland» im Antaios Verlag. Sein Koautor damals: Götz Kubitschek. Ein Autor aus dem Dunstkreis des großen Strippenziehers des Milieus baut einen AfD-Unterstützerverein mit auf. Wie Schlierer ist auch Paulwitz einer, der schon vor dem Aufstieg der AfD von einem ziemlich rechten Deutschland träumte. Und wie Schlierer versucht auch er, seine Verbindung zu «Recht und Freiheit» kleinzureden: Der Verein sei bloß ein Kunde seines PR-Büros gewesen. Wer ihn damals beauftragt hat, könne er aber nicht sagen. Weder Schlierer noch Paulwitz wollen heute noch etwas mit dem Verein zu tun haben. Besonders Paulwitz legt Wert auf diese Aussage. Doch kurz nachdem wir mit Schlierer telefonieren, ruft der bei Bendels an, um ihn über unsere Recherchen zu informieren. Und das, obwohl er vorgibt, keinen Kontakt mehr zum Verein zu haben. Paulwitz arbeitet heute im Pressestab der AfD-Bundestagsfraktion. Auch das ein merkwürdiger Zufall.

Die *Frankfurter Allgemeine Sonntagszeitung* findet Anfang 2017 heraus, dass die Adresse von Bendels' «Recht und Freiheit»-Verein in Stuttgart nur zu einem Büro-Dienstleister führt, der ankommende Briefe an ein Postfach in der Schweiz weiterleitet. Dort hat auch die Goal AG ihren Sitz, eine Werbeagentur unter Leitung des berüchtigten Polit-Werbers Alexander Segert. Seine Büros liegen in einem schmucklosen Gebäude zwischen Einfamilienhäusern, das Grundstück ist mit Eisentor und Kameras gesichert. Auf der Klingel zwei Schilder, «Privat» steht auf dem einen, «Geschäft» auf dem anderen. Segerts Goal AG betreut von Beginn an den Internet-Auftritt von «Recht und Freiheit», gestaltet Plakatmotive und Anzeigen und produziert das *Extrablatt*. Hatten vor Bendels andere Männer den Chefposten inne, so war Segert die einzige personelle Konstante im Umfeld der Unterstützergruppe, von Beginn an war er mit seiner Agentur zu Diensten. Der Bericht in der *FAS* legt nahe, dass der Schweizer Werber sogar die Post des deutschen Vereins bekommt.

Es ist nicht das erste Mal, dass Alexander Segert sich um den Erfolg rechter Organisationen bemüht. Segert ist Deutscher, doch arbeitete er schon vor Jahren für die Schweizer Volkspartei (SVP), entwarf Werbeplakate und Wahlkampfmotive im immer selben Stil: unterkomplex und aggressiv. Seine bekannteste Arbeit für die SVP zeigt weiße Schafe auf einer Schweizer Flagge, eines kickt mit den Hinterläufen ein schwarzes Schaf aus dem Land. Darunter die Zeile: «JA zur Ausschaffung krimineller Ausländer». Er entwarf ein Poster, auf dem eine voll verschleierte Frau, umgeben von raketenförmigen Minaretten, zu sehen ist – sein Aufruf zum Baustopp für Minarette in der Schweiz. Segert provozierte. Und es lief eine Zeitlang gut für ihn, auch die Freiheitliche Partei Österreichs (FPÖ) kaufte seinen kreativen Rat ein. Als die Auftragslage schlechter wurde, exportierte Segert seine alten Ideen in andere Länder, bot dem damaligen Front National in Frankreich an, ihn zu beraten, büffelte dafür sogar Französisch. So erzählte es uns ein ehemaliger Mitarbeiter. Der belgische Vlaams Belang beauftragte ihn, das Anti-Minarett-Plakat verkaufte er an die rechtsradikale Pro NRW-Partei. Und er gewann die Fraktion «ENF – Europe of Nations and Freedom» im Europaparlament als Kunden. Die ENF ist ein Zusammenschluss rechter Parteien, darunter die Lega aus Italien, der Front-National-Nachfolger Rassemblement national, die FPÖ und Vlaams Belang. Für deren gemeinsame Stiftung, die Foundation for a Europe of Nations and Freedom, arbeitete Segerts Agentur an der Internetseite. Segert ist neben Bendels eine der zentralen Figuren in der Untersuchung des Bundestags. Seine Verbindungen zu Europas Rechten und die intransparenten Steuergesetze in der Schweiz machen ihn und seine Goal AG zu einer möglichen Quelle des Geldes, aus der sich der Verein «Recht und Freiheit» finanziert.

Die Finanziers

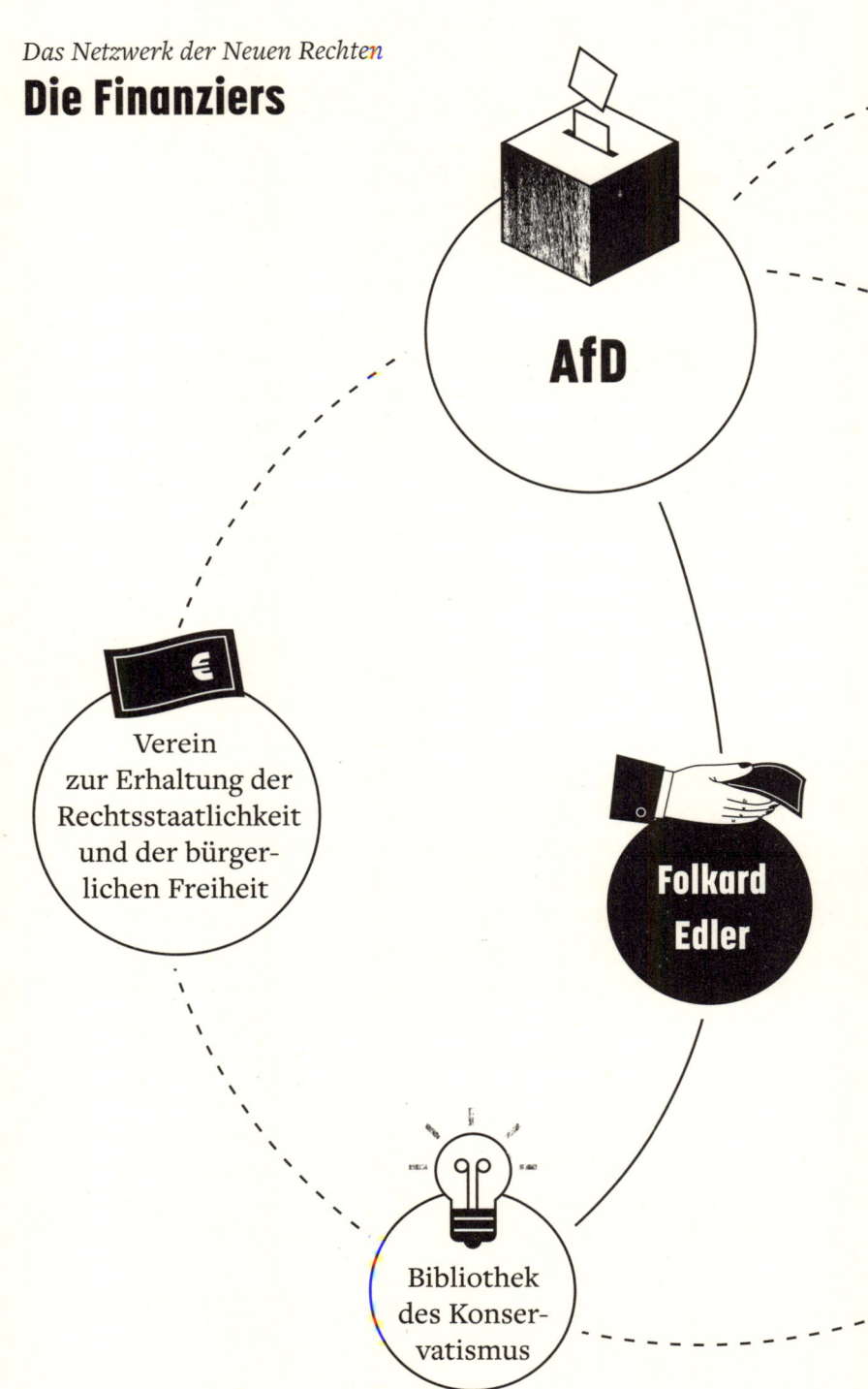

AfD

Verein
zur Erhaltung der
Rechtsstaatlichkeit
und der bürger-
lichen Freiheit

Folkard
Edler

Bibliothek
des Konser-
vatismus

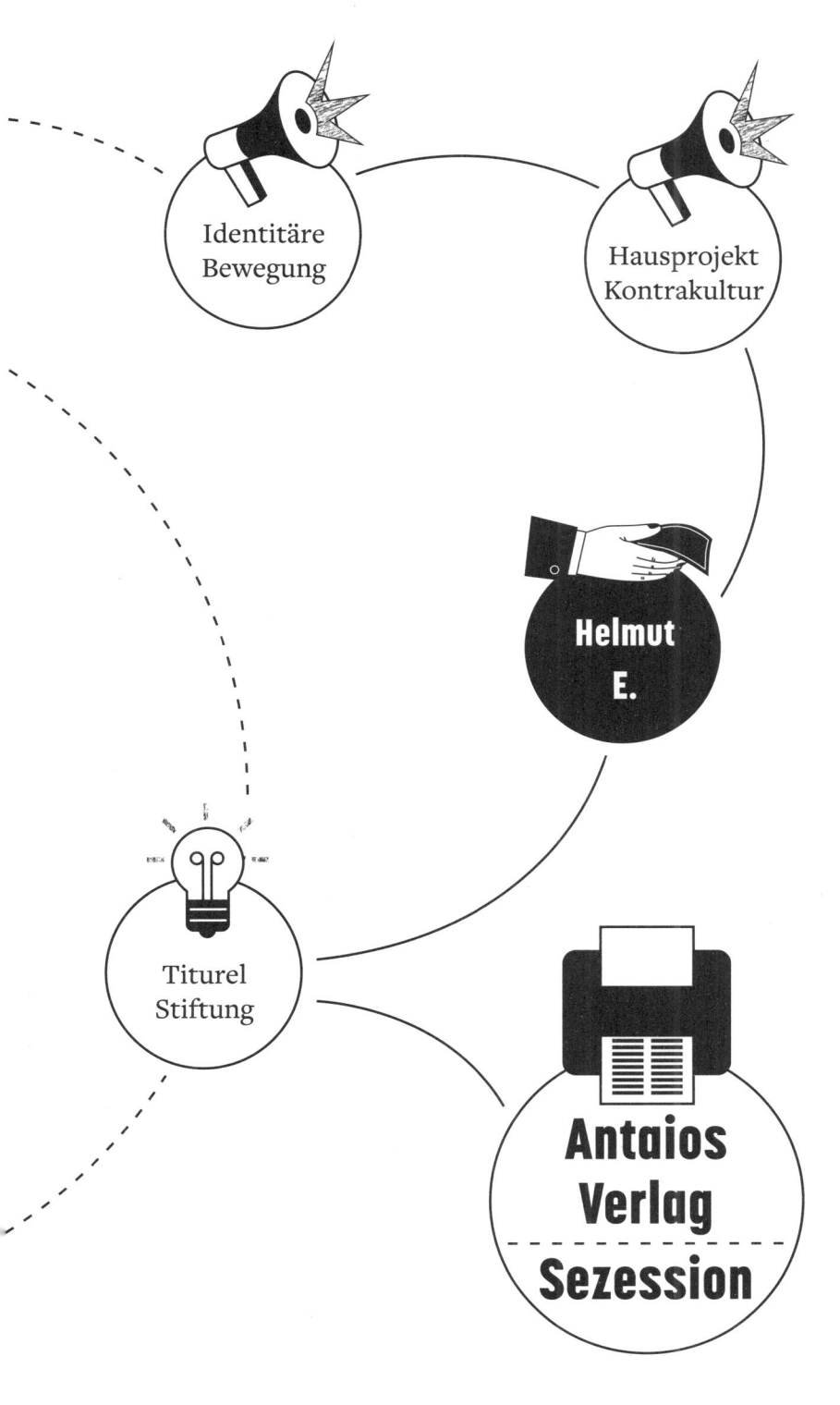

Identitäre
Bewegung

Hausprojekt
Kontrakultur

Helmut
E.

Titurel
Stiftung

Antaios
Verlag
Sezession

9. Im Ausland

Die Russland-Connection

Am späten Abend des 19. Februar 2017 reisen drei Politiker der AfD in ein Land, das es offiziell gar nicht gibt. Zunächst sind sie nach Jerewan geflogen, in die Hauptstadt Armeniens, jetzt reisen sie im Geländewagen weiter. Sie heißen Holger Arppe, Enrico Komning und Thomas Rudy und sitzen zu dieser Zeit noch für die AfD in den Landtagen von Mecklenburg-Vorpommern und Thüringen. Über die schmalen Passstraßen des Kaukasus geht es durch die Dunkelheit in Richtung Grenze. Ihr Ziel: die Republik Berg-Karabach. Ihre Mission: das Referendum über die Einführung eines Präsidialsystems begleiten, als internationale Wahlbeobachter. Es sei eine heikle Reise gewesen, wird einer der Männer später sagen, als er von der Fahrt erzählt: Der Grenzübertritt ohne Erlaubnis gilt in Aserbaidschan als Straftat. Denn Berg-Karabach liegt auf dem Staatsgebiet Aserbaidschans, wird aber von der armenischen Armee besetzt gehalten und unter Kontrolle Armeniens regiert – mit Unterstützung Russlands. Die internationale Staatengemeinschaft erkennt Berg-Karabach daher nicht als eigenständigen Staat an.

Und so überqueren die AfDler aus der deutschen Provinz in dieser Nacht nicht bloß illegal eine Grenze, sie preschen mitten hinein in den Konflikt zwischen Armenien und Aserbaidschan, der erst ein Jahr zuvor Dutzende Tote forderte. Im Gepäck haben sie deutschen Gin und Wildsalami aus Mecklenburger Wäldern. Geschenke für die Gastgeber. Es ist nicht die erste Reise von AfD-Politikern in die ehemaligen Gebiete der Sowjetunion. Seit der Gründung der Partei im Jahr 2013 sind mindestens elf ihrer Landtagsabgeordneten als Wahlbeobachter in Osteuropa und Westasien unterwegs gewesen, im Donbass, in den besetzten Gebieten um Donezk und in Luhansk. Und eben in Berg-Karabach. Im März 2018 reisten mehrere Bundestagsabgeordnete der Partei als Beobachter zu den Präsidentschaftswahlen nach Russland. Dass der russische Präsident Wladimir Putin rechte Strömungen in Westeuropa unterstützt, um die Europäische Union (EU) zu destabilisieren, ist längst bekannt. Moskau fördere gezielt «Parteien aus dem rechten Lager, die für populistische Ziele werben und für gute Beziehungen zu Russland einstehen», heißt es in einer Expertise deutscher Geheimdienste für das Kanzleramt. So gewährte eine Kreml-nahe Bank den französischen Rechtspopulisten des Front National von Marine Le Pen Kredite in Höhe von mindestens neun Millionen Euro. Welchen Nutzen Russland jedoch aus dieser Art der Unterstützung zieht, war lange unbekannt. Am Beispiel der AfD-Mission nach Berg-Karabach wird deutlich: Abgeordnete wie Arppe, Komning und Rudy helfen dabei, Wahlen in völkerrechtswidrig besetzten Regionen den Anschein der Legitimität zu verschaffen.

Wir treffen Thomas Rudy 2017, wenige Tage vor der Sommerpause im Thüringer Landtag, in den Räumen der AfD-Fraktion zum Gespräch. Rudy schwärmt von der Reise nach Berg-Karabach. Sie seien in Minibussen von Wahllokal zu Wahllokal gefahren worden, erzählt er, als offizielle deutsche Delegation in einer Gruppe von hundert internationalen Wahlbeobachtern, unter ihnen auch Politiker vom Front National, von Forza Italia, dem Vlaams Belang und der FPÖ. Die drei gaben Pressekonferenzen, traten im Fernsehen auf und teilten mit, wie die Wahl aus ihrer Sicht gelaufen sei. Sie konnten in Berg-Karabach keine Unregelmäßigkeiten feststellen: alles in Ordnung. Wenige Monate zuvor bei den sogenannten Vorwahlen in der Region Donezk in der Ukraine waren AfD-Politiker zu einem ähnlichen Schluss gekommen: vorbildlich. Und in Luhansk? Keine Beanstandungen. Einzig bei den Kommunalwahlen 2015 in der Ukraine, im international anerkannten Westen des Landes, monierten sie Mängel.

Üblicherweise werden internationale Wahlbeobachtungen im

europäischen Raum von der Organisation für Sicherheit und Zusammenarbeit in Europa (OSZE) durchgeführt, einem Zusammenschluss von 57 Staaten, unter ihnen auch Russland. Die Organisation übernimmt jedoch nur Wahlbeobachtungen in international anerkannten Staaten. In Regionen wie Berg-Karabach reisen die Vertreter der OSZE daher nicht.

Ihm gehe es einzig und allein um ein «gutes Verhältnis zu Russland», erzählt uns Thomas Rudy in Erfurt. «Da helfe ich, wo ich kann.» Er habe sich schon immer für Osteuropa interessiert, sagt er, seine erste Frau sei Ukrainerin gewesen, gemeinsam seien sie oft in ihre Heimat gereist. Auf einem AfD-Parteitag Anfang 2014 habe ihm ein Parteikollege deshalb geraten, sich doch einmal an einen echten Russland-Kenner zu wenden: an Manuel Ochsenreiter. Er ist unter Deutschlands extremen Rechten eine Szenegröße. Knapp sieben Jahre lang war er Chefredakteur der *Deutschen Militärzeitschrift*, eines Magazins, das unter seiner Führung «unkritisch und teilweise mit geschichtsrevisionistischer Tendenz» über den Zweiten Weltkrieg berichtete, wie die Bundesregierung 2006 auf eine Anfrage hin im Parlament feststellte. Heute ist Ochsenreiter Chefredakteur der Zeitschrift *Zuerst!*. In seinen Artikeln beklagt er den Moralverfall des Westens und wettert gegen das «totalitäre Meinungsklima» in Deutschland. Im September 2014 steht sein Name im Programm einer antisemitischen Konferenz in Teheran; ihr Thema: «Die israelische Lobby in Deutschland».

Immer wieder tritt er auf Veranstaltungen und Konferenzen nationalistischer Thinktanks in Russland in Erscheinung. Und: Ochsenreiter stellt Wahlbeobachtermissionen zusammen. In der E-Mail an einen AfD-Abgeordneten vom Oktober 2015 wird Ochsenreiter einem interessierten Parteikollegen als Organisator einer bevorstehenden Wahlbeobachtermission genannt. Für die Vorbereitung solle der Abgeordnete den Scan seines Reisepasses an Ochsenreiter schicken, «bitte möglichst heute noch». Die E-Mail wirkt, als sei Ochsenreiter nicht der Chefredakteur eines Magazins, sondern ein Reiseveranstalter.

An einem sonnigen Nachmittag im Juli 2017 erklärt uns Manuel

Ochsenreiter vor einem Café in Berlin-Mitte, wie sein Engagement in Osteuropa aussieht, er trägt Jackett und Sonnenbrille. Zwei bis drei Missionen organisiere er im Jahr, sagt er. Vertreter der jeweiligen Region oder von Nichtregierungsorganisationen träten an ihn heran und fragten, ob er ihnen helfen könne, eine Delegation zusammenzustellen. Geld verdiene er damit nicht. Natürlich fragten die Veranstalter der Wahlen jemanden mit einem Netzwerk, «das ihnen eher zugetan ist», sagt Ochsenreiter. Jemanden wie ihn. Das Ziel der Beobachtungsreisen wird im Gespräch für uns offenkundig: Es geht nicht darum, freie Wahlen zu garantieren, sondern darum, befreundete Politiker einzufliegen.

Dafür werden AfD-Abgeordnete wie Arppe, Komning und Rudy gesucht. Die machen gern mit, denn die Reisen sind offenbar höchst komfortabel, ehemalige Teilnehmer von der AfD erinnern sich uns gegenüber sogar an «hübsche Dolmetscherinnen». Die Gastgeber zahlen die Flüge und luxuriösen Hotels und bekommen im Gegenzug das Glaubwürdigkeitssiegel deutscher Mandatsträger. Ochsenreiter ist Teil eines internationalen Netzwerkes, das diese Wahlbeobachtungsreisen nach Osteuropa organisiert.

Eine zentrale Figur in diesem Geschäft mit der Glaubwürdigkeit ist der Pole Mateusz Piskorski, ein Mann mit einer schillernden politischen Karriere, die ihn bis ins polnische Parlament führte. Seit Jahren organisiert er Wahlbeobachtungsmissionen westeuropäischer Rechtspopulisten nach Osteuropa. Ein Insider berichtete der polnischen Wochenzeitung *Newsweek Polska*, eine Kreml-nahe russische Organisation, Cis-Emo, habe Piskorskis Organisation dafür einhundert- bis zweihunderttausend Euro pro Mission zur Verfügung gestellt.

Im April 2016 gründen Ochsenreiter und Piskorski in Berlin zusammen das Deutsche Zentrum für Eurasische Studien. Hier sollen die deutschsprachigen Delegationen für die Wahlbeobachtungen zusammengestellt werden.

Vordenker der eurasischen Idee ist Alexander Dugin. Der russische Publizist ist nicht nur einer der wichtigsten Theoretiker der Neuen

Rechten, er schuf auch den intellektuellen Überbau für Putins Expansionsbestrebungen der vergangenen Jahre. Dugins Einfluss soll bis in den Kreml reichen. In seinen Veröffentlichungen beschwört er die kulturelle Einheit von Lissabon bis Wladiwostok und geißelt den vermeintlich verweichlichten Westen, hetzt gegen Schwule und gegen die USA. Mateusz Piskorski hält seit Jahren Kontakt zu ihm, Ochsenreiter nennt Dugin einen «langjährigen väterlichen Freund».

Wenige Tage nach der Gründung des Zentrums für Eurasische Studien wird Piskorski in Warschau festgenommen. Der Vorwurf: er sei ein russischer Agent. Es geht um angebliche Treffen mit russischen Geheimdienstmitarbeitern und um Geldzahlungen aus Russland. Eine Organisation Piskorskis habe über eine Tarnfirma mindestens 21000 Euro angeblich russischen Schwarzgelds erhalten, berichtete das osteuropäische Investigativnetzwerk OCCRP, das auf Korruption und organisiertes Verbrechen spezialisiert ist. Mittlerweile hat die polnische Staatsanwaltschaft Piskorski angeklagt; sie beschuldigt ihn, zwischen 2009 und 2016 für die russischen Geheimdienste FSB (Inland) und SWR (Ausland) und 2015 für den chinesischen Geheimdienst gearbeitet zu haben. Auch deutschen Nachrichtendiensten liegen Hinweise vor, dass eine von Piskorskis Wahlbeobachtermissionen auf der Krim «durch russische Nachrichtendienste gesteuert oder zumindest maßgeblich beeinflusst wurde».

Wahlbeobachtungen außerhalb der OSZE sind nicht grundsätzlich verboten. Es ist auch nicht illegal, die Unabhängigkeit einzelner Regionen zu fordern. Doch die Wahlbeobachtungen von Piskorski, Ochsenreiter und den AfD-Politikern sind mehr als bloß die Unterstützung von Bestrebungen nach Selbstbestimmung: Sie sind ein Instrument der russischen Außenpolitik und dienen dazu, Moskaus Weltsicht zu verbreiten. Neben Ochsenreiter, dem Vorsitzenden, Piskorski, dem Stellvertreter, sowie Thomas Rudy, dem Abgeordneten, gibt es noch ein weiteres prominentes Mitglied des Eurasischen Zentrums. Es ist Markus Frohnmaier. Er ist heute Bundestagsabgeordneter der AfD – einer seiner Mitarbeiter war zeitweise: Manuel Ochsenreiter, «Fachreferent», Büro 4205, Deutscher Bundestag. Nach nur fünf Monaten trennt sich Frohnmaier nicht ganz freiwillig bereits wieder von ihm als Berater. Es waren Vorwürfe bekannt geworden, Ochsenreiter habe einen Terroranschlag in der Ukraine beauftragt und durchgeführt.

Als die Männer den Wahlbeobachter-Verein gründeten, war Frohnmaier noch einer von zwei Chefs der Jungen Alternative und Sprecher von Spitzenkandidatin Alice Weidel. Er gehört in dieser Zeit zum engen Führungszirkel der Partei. Und: Auch sein Name steht im Gründungsprotokoll des Vereins, seine Unterschrift findet sich gleich unter der von Piskorski. Es sind AfD-Leute wie Frohnmaier und Rudy, die gemeinsam mit einem radikalen Journalisten sowie einem mutmaßlichen russischen Spion an der Legitimation völkerrechtswidriger Wahlen in Osteuropa gearbeitet haben. Für den erst 28 Jahre alten Frohnmaier ist es nicht die einzige Verbindung nach Moskau.

Eine Partei geht auf Reisen

Im März 2017 sitzt Markus Frohnmaier auf dem Beifahrersitz einer schwarzen BMW-Limousine. Er ist auf dem Weg nach Smederevska Palanka, einer kleinen Industriestadt im Osten von Serbien. In ein paar Wochen wählt das Land ein neues Parlament. Frohnmaier ist angereist, um den prorussischen Nationalisten Miroslav Parović im Wahlkampf zu unterstützen. Er hat uns eingeladen, ihn auf seiner Reise zu begleiten, damit wir einen Eindruck davon bekommen, wie sich die AfD um gute Beziehungen zu «unseren Partnern in Osteuropa» bemüht. Als Frohnmaier in Jeans und Steppjacke aus dem Auto steigt, stehen Parović und seine Parteifreunde schon auf dem Bürgersteig und erwarten den Gast aus Deutschland. Umarmung, Kuss links, Kuss rechts, dann betreten die beiden Politiker gemeinsam das baufällige Theater, in dem rund 150 Zuhörer auf abgewetzten roten Klappsitzen Platz genommen haben.

Während Frohnmaier die Stufen zur Bühne hochsteigt, schwenken junge Männer auf den Rängen serbische Fahnen. Schnell wird deutlich, mit welcher Botschaft der junge AfD-Politiker hergekommen ist. «Brüssel will unsere Identität, unser gemeinsames christlich-abendländisches Erbe zerstören», ruft er und zählt auf, was ihm an der EU nicht passt: Patchwork-Familien, Millionen von muslimischen Flüchtlingen, eine aggressive Außenpolitik gegenüber Russland. Frohnmaiers Sätze sind wohlkalkuliert. Weite Teile der serbischen Gesellschaft leben streng konservativ, nach Jahren des Krieges gegen Bosnien sind der Islam und seine Anhänger bei vielen verhasst. Frohnmaier spielt mit diesen Gefühlen. «Mein Ratschlag: Nein zur EU», ruft er am Ende seines Vortrags. Parović schüttelt ihm die Hand, bedankt sich für seine Unterstützung. Am nächsten Tag nimmt Frohnmaier den Flieger zurück nach Deutschland.

Es ist nicht die erste und nicht die letzte Reise dieser Art, die Frohmaier unternimmt. Stolz erzählt er uns damals, wie er einmal Nikolaj Schljamin traf, den Vorsitzenden der Putin-nahen Jugendorganisation Vereinte Junge Front. Und wie er mit Marcus Pretzell 2016 zum Yalta International Economic Forum auf die von Russland besetzte Krim reiste – unter lautem Protest der ukrainischen Regierung. Frohnmaier sagt, er wolle die deutschen Beziehungen zu Osteuropa und Russland verbessern. Besonders Russland sei Vorbild und Partner, werde von der Bundesregierung aber behandelt wie ein Gegner. Die angespannten diplomatischen Beziehungen mit Moskau, die russischen Soldaten im Osten der Ukraine, Putins Intervention im Bürgerkrieg in Syrien – all das spielt für ihn, wenn überhaupt, nur eine untergeordnete Rolle. «Wir müssen endlich aufhören, anderen Staaten vorzuschreiben, was sie zu tun und was sie zu lassen haben», sagt er.

Frohnmaier ist mit seiner unkritischen Faszination für Russland in der AfD nicht allein. Die Partei und ihre Wähler blicken sehnsüchtig nach Osten. Dort sehen sie einen Präsidenten, der weder Flüchtlinge willkommen heißt noch die gleichgeschlechtliche Ehe erlaubt, der hart gegen kritische Künstler und Journalisten vorgeht, sich von den Medien nichts sagen lässt (in Wahrheit beherrscht er sie) und selbstgewiss für die nationale Souveränität seines Landes eintritt. Es ist diese Kultur der harten Hand, nach der sich viele in der AfD sehnen. Auf Parteitagen bringen Mitglieder Anträge ein, in denen sie den Austritt aus der NATO und ein Ende der Sanktionen gegen Moskau fordern. Aber es ist nicht Sehnsucht allein, die Frohnmaier und seine Partei dazu bringen, Russland so zu hofieren.

In Deutschland leben rund 1,6 Millionen Russlanddeutsche. Jahrelang galten sie als treue CDU-Wähler. Mit Angela Merkel jedoch können viele von ihnen nichts anfangen – sie gilt als zu liberal und zu kritisch gegenüber der Regierung in der alten Heimat. Die AfD versucht nach Kräften, in diese Lücke zu stoßen, wirbt gezielt in Stadtteilen, in denen viele Spätaussiedler leben, übersetzt Plakate und Wahlprogramme ins Russische, schaltet Anzeigen im russischen Staatsfernsehen und unterhält ein Netzwerk von Mitgliedern mit russischen Wurzeln. Und die Partei zielt damit nicht nur auf die Spätaussiedler, sondern auch auf die nichtrussischstämmigen Wähler in Ostdeutschland – dort ist die Sicht auf Moskau und Präsident Putin oft deutlich weniger kritisch als im Westen.

Um zu bekräftigen, wie ernst es ihnen mit ihrem Engagement gegen Wirtschaftssanktionen und für eine enge Partnerschaft ist, sind in den vergangenen Jahren immer wieder auch Mitglieder des AfD-Bundesvorstands nach Russland gereist. Alexander Gauland flog 2015 auf Einladung des russischen Oligarchen und selbsterklärten Demokratiefeindes Konstantin Malofejew mit Kollegen nach St. Petersburg und traf dort den Kreml-Vordenker Dugin. Frauke Petry besuchte in Moskau neben einigen Duma-Abgeordneten auch den radikalen Nationalisten Wladimir Schirinowski. Als der Bundestagsabgeordnete Ulrich Oehme im März 2018 auf die Krim reiste, sagte er dort gegenüber russischen Medien, er habe nach Gesprächen mit den Menschen vor Ort nicht den Eindruck, dass sie die Annektion durch Russland bereuten. Seit 2016 reisten, einer Analyse der *Welt* zufolge, 16 Abgeordnete aus Landtagen und dem Bundestag auf die Halbinsel. Für die russische Regierung sind die freundschaftlichen Besuche deutscher Parlamentarier eine Werbekampagne von unschätzbarem Wert. Für die AfD scheint sich das Engagement ihrer Parteispitze bislang allerdings nicht beim Wahlvolk auszuzahlen: Einer Studie der Uni Duisburg-Essen zufolge stimmten bei der Bundestagswahl nur 15 Prozent der wahlberechtigten Deutschrussen für die AfD – nur knapp mehr, als die Partei im Bundesdurchschnitt bekam.

Frohnmaier, Rudy, Oehme und die anderen Parlamentarier wirken auf ihren Reisen gen Osten nicht immer so, als ob sie die politische Tragweite ihrer Auftritte wirklich begreifen. Im März 2018 besuchte beispielsweise eine Gruppe von AfD-Leuten ein Regime, das seit sieben Jahren einen blutigen Bürgerkrieg gegen das eigene Volk führt: Angeführt von Christian Blex, einem Physiklehrer und Abgeordneten des Landtags von Nordrhein-Westfalen, reisten die AfD-Politiker am Abend des 5. März über den libanesischen Grenzübergang Masnaa nach Syrien ein. Von dort aus fuhr die Gruppe weiter nach Damaskus. In dieser Zeit kämpften wenige Kilometer vor der Stadtgrenze die Truppen des Diktators Baschar al-Assad gegen islamistische Rebellen. Christian Blex postete zur gleichen Zeit auf Twitter seine Eindrücke aus den Straßen der Hauptstadt, Bilder von Frauen ohne Kopftuch («In Mekka kaum vorstellbar – in Berlin-Neukölln leider auch nicht»), vom Nuss-Verkäufer auf dem Basar («Alles total entspannt hier») und aus dem Restaurant («Das Essen schmeckt ausgezeichnet»). Blex ist ein Mann, über den selbst seine AfD-Kollegen die Augen verdrehen, wenn er beim Parteitag wieder einmal das Saalmikrophon ergreift, um auch ja ein paar Sätze loszuwerden. In Syrien traf er erst den regimetreuen Großmufti Ahmad Badr al-Din Hassoun und dann einen Minister der Assad-Regierung. Blex und seine Gefährten – alle ohne nennenswerte Erfahrung in Sachen Außenpolitik – hatten sich mitten hineinbegeben in einen der gefährlichsten und verfahrensten Konflikte der Welt.

Ihre Botschaft hingegen war schlicht: Seht her, so stellte es Blex auf Twitter dar, Syrien ist ein sicheres Land mit einer anständigen Regierung, die Flüchtlinge in Deutschland können nun endlich heimkehren und am Wiederaufbau ihres Landes mitarbeiten. Große Teile Syriens sind mittlerweile wieder unter Kontrolle des Assad-Regimes. Dazu hat es Giftgas gegen das eigene Volk eingesetzt und Zehntausende Zivilisten getötet. Weite Teile des Landes sind vollständig zerstört, noch immer kämpfen Rebellen gegen die Armee der Regierung, die sowohl von der russischen Armee wie auch von iranischen Truppen unterstützt wird. Blex aber postet im März 2018 Bilder von ausgebombten Wohnvierteln in Homs, versehen mit dem Spruch: «Vieles wurde in der Zwischenzeit wieder aufgebaut, manches bleibt zu tun.» Erneut stürzten sich vor allem russische Medien auf die Reise der AfD-Leute. Das Nachrichtenportal *RT Deutsch* schrieb: «AfD-Delegation kehrt aus Syrien zurück: ‹Die Flüchtlinge können zurück in ihr Land›.»

Tatsächlich ist diese Reise nichts anderes als ein weiterer Versuch, das Konzept der «Remigration», für das Blex und die anderen während ihres Ausflugs in das Bürgerkriegsland warben, in Deutschland populär zu machen. Die Köpfe der Neuen Rechten diskutieren schon seit Jahren darüber, wie Deutschland die Flüchtlinge möglichst bald und möglichst vollständig wieder loswird. Neben Massenabschiebungen ist die freiwillige Rückreise in die Heimat in vielen rechten Zirkeln das favorisierte Modell – weitgehend ungeachtet der Zustände in den jeweiligen Ländern. Und die AfD-Bundestagsfraktion hat einen Sechs-Punkte-Plan für die Rückkehr syrischer Flüchtlinge ins Parlament eingebracht. Es sind Blex und seine Mitstreiter, die seit ihrer Reise als stolze Pioniere dieser Idee auftreten.

Nicht immer machen AfD-Politiker aus ihren Treffen mit ausländischen Gesprächspartnern eine solche Show. Die Schießübungen des wichtigsten Außenpolitikers der AfD, des Bundestagsabgeordneten Petr Bystron, auf seiner «Einzeldienstreise» zu einem rechtsradikalen Verein in Südafrika im Jahr 2018 kamen erst durch Recherchen des SWR heraus. Die Mitglieder jener paramilitärischen Gruppe sind Rassisten, die an einen Rassenkrieg zwischen Schwarzen und Weißen glauben. Auch eine andere Reise sollte eher im Stillen stattfinden. Im März

2018 reisen Beatrix von Storch und Alice Weidel nach Zürich, als Privatpersonen, wie es später heißt. Beide sitzen an diesem Abend unter den 1400 Gästen in der Halle 622 im Publikum und hören einem Mann zu, auf den die europäische Rechte voller Bewunderung schaut: Steve Bannon, der Architekt hinter Donald Trumps Wahlsieg, diskutiert auf der Bühne mit Roger Köppel, dem Chefredakteur der rechtskonservativen Schweizer *Weltwoche*, über die Zukunft der europäischen Rechtspopulisten. Zwei von ihnen lädt er am selben Tag in seine Suite im Hotel Park Hyatt ein: Es sind Weidel und von Storch. Eineinhalb Stunden dauert ihr Gespräch. Worüber sie sich unterhalten, wollen die beiden Politikerinnen später nicht verraten.

Als wir Bannon ein paar Wochen später persönlich nach dem Treffen fragen, sagt er:

«Wenn die Partei junge Führungskräfte wie sie [Weidel und von Storch] hat und Politiker, die sie so gut vertreten, die so wohlartikuliert sind, so klug, dann wird Deutschland ziemlich gut dastehen.»

Ein Treffen mit Darth Vader

Wer Steve Bannon treffen will, muss zwei WhatsApp-Nachrichten, drei Mails und 43 SMS verschicken und ein paar Dutzend Mal bei seiner Sprecherin in New York anrufen – all das in einem Zeitraum von gut zwei Monaten. Irgendwann zwischendrin kommt eine SMS zurück: «Können Sie am Dienstag in Prag sein?» Können wir. In der tschechischen Hauptstadt soll Bannon an diesem Abend eine Rede halten. Nur wo genau, das hat seine Sprecherin nicht gesagt. Nachhaken bei der Hochschule, die seinen Auftritt organisiert. «Das findet im Sophienpalast statt, etwa zehn Minuten von hier», sagt uns ein Professor.

Die vergangenen drei Jahre haben aus Steve Bannons Leben eine der ungewöhnlichsten Politikgeschichten gemacht, die es derzeit zu erzählen gibt: Der Kopf der rechten Pöbel-Website *Breitbart* ruft erst den Kandidaten Donald Trump zum Helden der weißen Mittelschicht aus, dann heuert er als dessen Wahlkampfchef an. Und führt ihn trotz dessen desaströsen Auftretens ans Ziel: ins Weiße Haus. Dort wird Bannon Trumps Chefstratege und weicht ihm kaum von der Seite. Er entwirft die nationalistische Politik des Präsidenten, aggressiv gegenüber dem Ausland, aggressiv gegenüber Ausländern, vor allem solchen aus arabischen Staaten und aus Südamerika. Die rechtsradikale Alt-Right-Bewegung feiert Bannon als Vorkämpfer eines neuen weißen Ethno-Staats, die US-Öffentlichkeit nennt ihn «Darth Vader» und «den dunklen Lord». Trump fühlt sich irgendwann von Bannon bevormundet. Und wirft ihn raus.

Heute ist Bannon auf einer neuen Mission unterwegs: Er versucht, den Trumpismus nach Europa zu exportieren. Dazu reist er quer über den Kontinent, berät sich mit Rechtspopulisten in Italien, trifft Weidel und von Storch in der Schweiz und spricht auf dem Parteitag des Front National in Frankreich. Seine zweite Europareise führt ihn in den Osten, nach Tschechien und Ungarn. Wir begleiten ihn. Und erleben einen Mann, der wirkt, als sei er auf der Flucht vor dem eigenen Bedeutungsverlust.

Das Sophienpalais liegt auf einer Insel in der Moldau. Touristen mit Selfie-Sticks versuchen, ihr Gesicht und den Prachtbau auf ein Foto zu bekommen. Drinnen ist kaum etwas los. Nur aus einem Raum mit Kronleuchtern und hohen Decken dringen Stimmen. Eine Kamerafrau baut ihr Equipment auf, ein junger Mann hetzt mit Blick auf sein Handy durch den Saal. Der Mann heißt Raheem Kassam, er unterstützt Bannon auf seiner Reise durch Europa. Heute, sagt Kassam, werde es mit dem Interview wohl nichts mehr. Vielleicht morgen, dann aber in Budapest. Ein paar Meter hinter Kassam steht Bannon selbst, ganz in Schwarz, wie so oft hat er zwei Hemden übereinander angezogen, die beiden Kragen umrahmen sein unrasiertes Kinn. Der Händedruck ist weich und warm.

«Hi, schön, Sie kennenzulernen.» Er freue sich auf das Interview.

Dann schließen sich die Türen hinter ihm. Er wolle jetzt nicht zu

Mittag essen, sondern ein bisschen an seiner Rede arbeiten, sagt er noch, an Kassam gewandt. Eineinhalb Stunden später wird Bannon mit einer Dose Red Bull in der Hand die Marmorstufen des Palais hinaufsteigen und auf der Bühne im ersten Stock vor tschechischen Politikwissenschaftlern und Unternehmern mit Lanny Davis diskutieren, einem ehemaligen Berater von US-Präsident Bill Clinton. Er wird sagen, dass Angela Merkel «in die Geschichte eingehen wird als die schlechteste politische Figur des 21. Jahrhunderts» und Europa sich «schämen sollte», dass es seine Verteidigungsausgaben nicht endlich erhöhe.

Er wird auftreten als Steve Bannon, der Mann, der den Präsidenten Donald Trump erschaffen hat. Der sieben Monate lang im Weißen Haus an allen wichtigen Entscheidungen beteiligt war. Als Steve Bannon, Ex-Schattenpräsident der USA.

Begleitet wird Bannon auf seiner Europa-Reise von seinem Neffen Sean, einem freundlichen jungen Kerl, der offenbar sein Bodyguard ist und seinen Onkel überallhin begleitet, sogar auf die Toilette. Auch Kassam findet sich immer an Bannons Seite, er trägt ein seidenes Halstuch und eine Hornbrille auf der Nase. Mehrere Jahre war er Chef des *Breitbart*-Korrespondentenbüros in London. Nun organisiert er Bannons Reisen, vereinbart Interviews, hält dessen Red-Bull-Dose, als der nach seiner Rede in Prag von der Bühne steigt. Kassam, 31, ist in London aufgewachsen, seine Eltern sind Einwanderer aus Tansania mit indischen Wurzeln. Er ist als Muslim groß geworden, hat aber vor ein paar Jahren einmal gesagt, dass er nicht mehr praktiziert. Trotz seiner wütenden Reden gegen Einwanderung und den Islam hat Bannon offenbar kein Problem, sich von einem Einwandererkind und ehemaligen Muslim unterstützen zu lassen. Es ist eine seltsame Reisegruppe, die sich da aufgemacht hat, um die rechte Revolte in Europa zu unterstützen.

Budapest, am nächsten Tag. SMS-Wechsel mit Kassam: «Guten Morgen, Raheem, gibt es schon was Neues wegen des Interviews?» «Noch nicht.» So geht es hin und her, stundenlang, irgendwann schreibt er: «Ich weiß es wirklich nicht. Ich versuche, dass es klappt.»

Es klappt. Abends, auf einer Konferenz der Visegrád-Staaten Polen, Tschechien, Slowakei und Ungarn, betritt Bannon erneut die Bühne. Der Saal ist voll, Hunderte Zuhörer sitzen auf Klappstühlen im Dunkeln. Bannon hält eine Rede, die der gestern in Prag ähnelt: Trump sei eine Art Volkstribun, der die Sorgen und Nöte der einfachen Leute ernst nehme. Die Banken der Wall Street hätten die USA verraten. Und Europa müsse endlich zusehen, dass es allein klarkomme, ohne amerikanische Hilfe. Abgang, verhaltener Applaus. Jetzt das Interview. «Sie haben zehn Minuten», sagt der Assistent. Vereinbart war eine knappe halbe Stunde. Auch das gehört zur Bannon-Show: Die Presse muss sich eben fügen, so wie damals, im Weißen Haus.

Mister Bannon, was machen Sie eigentlich hier in Europa? «Ich bin hier, um zu lernen. Die populistische Bewegung in Europa ist wahrscheinlich ein Jahr weiter als in den USA.»

Glaubt er das wirklich? Oder versucht er nur, seiner Mission einen Sinn zu verleihen? Er gebe auch gern Ratschläge, sagt Bannon, Matteo Salvini zum Beispiel, dem Star der italienischen Rechtsaußen-Partei Lega. Ihm und einem Parteikollegen habe Bannon empfohlen, «sich wirklich Mühe zu geben und zu versuchen, eine Einheitsregierung zusammenzustellen».

In Italien zeichnet sich nach Bannons Ansicht ab, was er schon seit Jahren prophezeit: Nicht mehr Linke und Rechte stehen sich gegenüber, sondern Globalisten und Nationalisten – solche, die Einwanderung, offene Grenzen und Freihandel befürworten, und jene, die all das ablehnen. Die Regierung von Lega und den Fünf Sternen, über die in dieser Zeit in Rom noch verhandelt wird, nennt Bannon eine «echte Anti-Establishment-Regierung» – es ist das höchste Lob, das einer wie er aussprechen kann. Denn Bannons Hass auf die etablierte Politik ist grenzenlos. Er wirft ihr vor, die einfachen Leute im Stich gelassen zu haben, Politik nicht für das Volk, sondern ausschließlich für reiche Spender zu machen (deren Geld er allerdings selbst nicht scheut). Das in den USA erfolgreiche Freund-Feind-Denken wendet er nun auf Europa an.

Als er im Gespräch gerade dazu ansetzt, erneut die Flüchtlingspolitik der Bundeskanzlerin zu kritisieren, immer lauter wird, Merkel
«Arroganz und Inkompetenz» vorwirft, unterbricht ihn sein Sprecher
Kassam: «Wir müssen jetzt wirklich los.» – «Danke, Bro», sagt Bannon
zu uns und tritt mit seinen Begleitern ins Freie, überquert die Straße
und geht an Bord eines großen Dampfers, der am Ufer auf sie wartet.
Der nächste Termin, eine Flusskreuzfahrt über die Donau, nur für
geladene Gäste. SMS an Kassam: «Können wir morgen weiterreden?»
Antwort: «8 Uhr, Hotel Kempinski?»

Am nächsten Morgen öffnet Bannon die Tür seiner Suite im sieb-
ten Stock, Zimmer 730. Es ist kurz vor neun. Seine Haare sind noch
feucht, er trägt eine Leinenhose und dunkle Slipper. «Danke, dass Sie
dageblieben sind», sagt er und setzt sich an einen runden Tisch mit
Blick über die Stadt.

Bannon: Wo waren wir gestern? Ich glaube, ich habe Sie angebrüllt.

Haben Sie.

Bannon (lacht): Komm schon, Dude, habe ich nicht.

*Sie haben auf die Bundeskanzlerin geschimpft. Ich würde gern mit Ihnen
über Deutschland sprechen. Sie haben kritisiert, dass …*

Bannon: Wissen Sie, dass ich deutsch bin?

Er erzählt von seiner Mutter, die deutsche und irische Wurzeln
hatte. Dann kommt er wieder auf die Kanzlerin zu sprechen, arbeitet
sich minutenlang an ihr und ihrer Regierung ab. Sagt, dass er mit der
deutschen Delegation bei Merkels erstem Besuch in Washington ein
«hartes Gespräch» geführt und darauf beharrt habe, dass Deutschland endlich zwei Prozent seines Bruttoinlandsprodukts für den Ver-
teidigungshaushalt ausgeben müsse, wie die NATO es vorschreibt. Es
könne nicht sein, dass ein Land, «das so reich ist, das einen Haushalts-
überschuss hat», sich verhalte «wie ein Protektorat der USA».

*Glauben Sie, die AfD hätte das Potenzial, Deutschland in Ihrem Sinne
zu verändern?*

Bannon: Wissen Sie, ich bin ein Populist und ein Nationalist. Ich
habe großes Vertrauen in die neue, junge Führung der Alternative

für Deutschland. Wenn ich mir Alice Weidel und Beatrix von Storch anschaue, dann denke ich, dass sie im Laufe der Zeit in der Lage sein werden, die Mittelklasse anzusprechen, um einem jungen Publikum den Nationalismus näherzubringen. Das könnte wirklich gut werden.

In Deutschland wird die AfD für ihre Nähe zu Russland kritisiert. Wie stehen Sie dazu?

Bannon: Das ist kompliziert. Als ich ein junger Navy-Offizier war, hat das US-Militär all seine Kräfte auf die Sowjetunion konzentriert. Auch heute gilt Russland in Washington noch als der große Satan. Aber die russische Wirtschaft ist so groß wie die von Italien oder die des Bundesstaats New York. Das Land ist kein Riese. Natürlich wird es von schlechten Typen regiert. Allerdings müssen wir den jüdisch-christlichen Westen vereinen, und ich denke, Russland gehört dazu.

Russland ist Teil des Westens?

Bannon: Absolut. Russland ist ein europäischer Staat, die Sowjetunion war es nicht. China, Persien und die Türkei – das ist die Achse, die dieses Jahrhundert bestimmen wird. In Washington mag das keiner hören, aber ich denke, es ist an der Zeit, den Kalten Krieg zu beenden. Und damit das gelingt, braucht es das Können von Leuten wie Merkel, Macron, Präsident Trump und Viktor Orbán. Wir hätten den Kalten Krieg schon vor 25 Jahren beenden können. Aber wir haben es versaut, und jetzt gehen wir einander wieder an die Gurgel. Ich bin ein traditioneller Amerikaner, für den die westliche Allianz das Wichtigste ist. Aber ich verstehe, wenn Leute jetzt sagen: Man muss Russland mit neuen Augen sehen.

Bannons Weltbild entspricht in weiten Teilen dem der Neuen Rechten in Europa: Auch er zielt auf eine Erosion der westlichen Staaten, auch er zeichnet die EU-Wirtschaftspolitik der vergangenen Jahre als Keil, der die Gesellschaft in superreiche Eliten auf der einen und frustrierte Arbeitnehmer auf der anderen Seite spaltet. Und auch er sieht in Männern wie Orbán, Putin oder Salvini mutige Anführer, die ihre Staaten ohne Kompromisse gegen Einwanderer und das Diktat der EU verteidigen.

Nach ungefähr einer halben Stunde stellen wir die Frage, die das Gespräch beendet: *Reden Sie noch mit Trump?*

Er könne dazu nichts sagen, erklärt Bannon in knappen Worten, schließlich sei er Teil der Untersuchungen eines Sonderermittlers, der die Beeinflussung der US-Wahl durch Russland untersucht. Er rede nur mit seinen Anwälten. Kassam greift sofort ein: «Die Zeit ist um.» Bannon verlangt, dass wir das gesamte Interview mit ihm im Wortlaut im Netz veröffentlichen, auf Deutsch und auf Englisch, damit niemand seine Aussagen missinterpretieren könne. Wir willigen ein.

Mit jedem Tag, den Steve Bannon nicht mehr im Weißen Haus arbeitet, schwindet sein Glanz. Dass Trump noch mit ihm spricht, ist unwahrscheinlich. Schließlich hatte Bannon gegenüber dem Autor Michael Wolff in dessen Buch «Feuer und Zorn» über Trumps Familie gelästert, hatte sie «verräterisch» und «unpatriotisch» genannt, woraufhin Trump twitterte, Bannon habe «den Verstand verloren». Doch zuzugeben, dass er keinen oder kaum Kontakt mehr zum Präsidenten hat, wäre ein Eingeständnis seines eigenen Abstiegs. Bannon würde damit den Blick freigeben auf die Tatsache, dass er möglicherweise nur deshalb Europa bereist, weil er derzeit in den USA als Ausgestoßener gilt. Und er würde eine Erklärung dafür liefern, warum weder in Prag noch in Budapest hohe Mitglieder der jeweiligen Regierungen seine Vorträge besucht haben – denn auch sie ahnen wohl, dass, wer sich derzeit mit Bannon sehen lässt, Trumps Zorn auf sich zieht.

Ein paar Wochen nach unserem Treffen in Budapest erscheint auf der US-Nachrichtenseite *The Daily Beast* ein Artikel über Bannon. Er plane mit eigenem Geld den Aufbau einer Stiftung, ist dort zu lesen. «The Movement» soll als eine Art Zentralstelle der Neuen Rechten in Europa funktionieren, mindestens zehn Mitarbeiter sollen fortan in einem «War Room» von Brüssel aus Wählerdaten auswerten, um personalisierte Wahlwerbung im Internet platzieren zu können, und befreundete Parteien im Wahlkampf beraten. Hatte Bannon uns in Ungarn noch von seiner Idee eines «Global Populist Movement» vorgeschwärmt, einer weltweiten Bewegung der Rechtspopulisten, so unternimmt er nun einen Schritt in genau diese Richtung. Nach dem Brexit, der Regierungsbeteiligung der Rechtspopulisten der FPÖ in Österreich und dem Wahlerfolg von Salvinis Lega in Italien zielt er nun auf die anstehenden Europawahlen 2019. Salvini ist auch der Erste, der im September 2018 öffentlich bekennt, «The Movement» beizutreten. AfD und Front-National-Nachfolger Rassemblement national sollen aus Sicht Bannons folgen. Die AfD-Größen Beatrix von Storch und Petr Bystron trafen Bannon 2018, auch mit Alice Weidel soll er noch regelmäßig telefonieren. Schon heute sitzen Dutzende EU-Gegner als Abgeordnete im Straßburger Parlament. Bannon will, dass es noch viel mehr werden. In seiner Logik ist das nur folgerichtig: Blockieren die Rechten als nationale «Supergroup» das Parlament, würde die EU als Ganzes schweren Schaden nehmen.

Bannon inszeniert sich seit der Gründung von «The Movement» als Gegenspieler des amerikanischen Investors George Soros. Der Milliardär finanziert mit Hilfe seiner Open Society Foundations seit den achtziger Jahren gemeinnützige Projekte auf der ganzen Welt, er steckt Milliarden in liberale Nichtregierungsorganisationen, die sich mit Menschenrechten, Gesundheit oder der Gleichstellung von Mann und Frau beschäftigen. Sowohl in der AfD als auch beim Front National oder bei den US-Republikanern ist Soros dafür verhasst. «Soros ist brillant», lässt sich Bannon im *Daily Beast* zitieren, «böse, aber brillant.» Bannon will mit «The Movement» nun ähnlich großen Einfluss nehmen wie seine Nemesis Soros. Im Angesicht von dessen enormem Privatvermögen und den 32 Milliarden US-Dollar, die Soros nach eigenen Angaben bereits in seine Stiftung gesteckt hat, wirkt Bannons Absichtserklärung jedoch schlicht realitätsfern. Die Europawahl wird für ihn deshalb zum Showdown: Erzielen die Rechten mit seiner Hilfe starke Ergebnisse, wäre er zumindest auf europäischem Boden als strategisches Genie rehabilitiert. Verlieren sie die Wahl oder lehnen sie auch nur Bannons Hilfsangebot ab, wäre das wohl das Ende seiner kometenhaften Karriere.

Nationalisten aller Länder, vereinigt euch!

In Oberösterreich ist an diesem Wochenende im März 2018 frischer Schnee gefallen. Der Dorfplatz von Aistersheim ist weiß, der Burggraben um das Wasserschloss zugefroren. Auf dem Eis wedelt ein junger Mann mit einem Besen herum, fegt Linien und Kreise in den Schnee. Es entstehen riesige Buchstaben in Runen-Schrift, gemeinsam bilden sie die Worte «Verteidiger Europas». Von der Brücke der Burg ist sein Werk zu erkennen. Es ist der Künstler Wolf PMS. Während er draußen Parolen aufs Eis malt, kommen drinnen im Rittersaal Blogger, Verleger und Aktivisten zum größten Treffen der neurechten Intellektuellen-Szene im deutschsprachigen Raum zusammen. Unter den Stuckdecken und Fresken mit mythologischen Bildern sitzen 500 Menschen in langen Stuhlreihen zusammen, auf der Bühne sprechen Politiker der österreichischen FPÖ, André Poggenburg, damals in der AfD, Philip Stein von Ein Prozent und der *Blaue Narzisse*-Verleger Felix Menzel. Auch der Anmelder der islamkritischen «Zukunft Heimat»-Demonstrationen aus Cottbus tritt auf. Als Teilnehmer und Aussteller des Kongresses «gegen die ethnokulturelle Verdrängung der europäischen Völker» ist das gesamte Spektrum der neurechten Szene aus Deutschland angereist – Lutz Bachmann von Pegida ist da, Götz Kubitschek natürlich auch. Sogar die amerikanische Alt-Right-Aktivistin Brittany Pettibone und der serbische Homosexuellen-Feind Misa Djurkovic sind gekommen. Zur ersten Konferenz dieser Art zwei Jahre zuvor waren die verschwörungstheoretische syrische Bloggerin Maram Susli und der selbsternannte Dugin-Vertraute und *Zuerst!*-Chefredakteur Manuel Ochsenreiter eingeladen. Sie alle schmieden ein neues globales Bündnis: eine Art Reaktionäre Internationale.

Es klingt wie ein Widerspruch: Eine Bewegung, die Deutschland von der Außenwelt abschotten will und sich als national und antiglobalistisch versteht, sucht Kontakte ins Ausland. Doch die Neue Rechte hierzulande hat inhaltlich vieles mit anderen rechten Strömungen in Europa und den Vereinigten Staaten gemein. Sie verbindet die Überzeugung, für das Anti-Establishment zu sprechen. Sie wähnen sich als jeweiliger nationaler Vertreter des angeblichen «Volkswillens» im gemeinsamen Kampf gegen die globale Elite und die Europäische Union: «Normalitäre» gegen «Pluralitäre» nennt Jonas Schaible diesen Konflikt. Die internationale Rechte eint die Angst vor dem Tempo, mit dem die Globalisierung den Alltag verändert. Bis ins Jahr 1990 wurden Männer nicht bestraft, wenn sie ihre eigene Frau vergewaltigten; es gab zwar Kritik an der Atomkraft, in Frage gestellt wurde sie jedoch nie; Homosexuelle durften nicht heiraten und wer ein Steak aus industrieller Landwirtschaft aß, musste sich nicht dafür rechtfertigen, dass die Tiere unter den schlechten Bedingungen in den Ställen litten, die Landarbeiter ausgebeutet, die Regenwälder im globalen Süden für die Futterproduktion abgeholzt wurden und dass sich die Menschheit durch die in den Ställen entstehenden multiresistenten Keime langsam selbst abschafft. Fast alle Staatenlenker waren weiß, männlich, heterosexuell und Christen. Seit Ende des Kalten Krieges öffneten sich die aufgeklärten Demokratien, stärkten die Rechte von Minderheiten. Trans- und Intersexuelle wurden sichtbarer, Sexismus wurde geächtet, Konsumenten kauften bewusster ein. In den USA wurde ein Farbiger Präsident, in Deutschland eine Frau Bundeskanzlerin, Schwule führten Bundesländer, Muslime zogen in die Parlamente ein. Die gesellschaftlichen Privilegien galten nun nicht mehr automatisch qua Geschlecht, Hautfarbe, Sexualität und Religion. Der Wandel überforderte die «Normalitären», sie bekamen Modernisierungsschmerzen, weil sich in weniger als zwei Jahrzehnten der gesellschaftliche Konsens darüber verändert hat, was als normal gilt. Es sind Bürger, die eine weitere Liberalisierung, Pluralismus und den zunehmenden Kosmopolitismus ablehnen und eine Auslöschung ihrer eigenen Kultur fürchten. Treffen wie der Kongress in Aistersheim sind darum der Gegenentwurf, hier versammeln sich all jene, die die Bürger hinter sich versammeln wollen, die in den Veränderungen vor allem den Angriff auf ihre Normalität sehen. Diese Menschen scheinen offener für rechte Konzepte wie Identität und «Ethnopluralismus». Die Konferenz in Österreich dient darum zwei Zielen: Einerseits will die Szene hier demonstrieren, wie stark sie in den vergangenen Jahren gewachsen ist. Dass es ihr gelingt, Hunderte Aktivisten aus ganz Europa zu einer Art Klassentreffen zusammenzubringen. Andererseits ist auch den Nationalisten klar, dass sie stärker sind, wenn sie einander unterstützen – finanziell, aber auch ideell und auf der Straße.

Der österreichische Identitären-Chef Martin Sellner etwa absolvierte einst ein Praktikum bei Götz Kubitschek in Schnellroda, produzierte Videos für das deutsche Ein-Prozent-Netzwerk und nahm mit anderen Österreichern im Jahr 2015 an der «Besetzung» des Landtags von Sachsen teil. Dabei hielt er, der Österreicher, auch ein Transparent mit der Aufschrift «Unser Land, unsere Werte» hoch. Deutsche AfD-Politiker und Identitäre besuchten im Gegenzug die große IB-Demo, die eineinhalb Jahre später unter dem Motto «Remigration – Die Integration ist gescheitert» in Wien stattfand. Deutsche Identitäre demonstrierten auch im belgischen Molenbeek und in Paris mit. Sympathisanten der niederländischen «Identitair Verzet» hängten zusammen mit deutschen Aktivisten ein Banner mit der Aufschrift «Nie wieder Schande von Köln! Remigration» am Kölner Hauptbahnhof auf. Sogar die Bundesregierung beobachtet diese Verbindungen. Auf Anfrage teilte sie mit, dass die Identitäre Bewegung in Deutschland auch Kontakte nach Tschechien, Polen und in die Schweiz unterhält.

Die europäischen Rechten hängen längst nicht mehr so sehr am Nationalstaatsgedanken wie ihre politischen Vorgänger. Sie experimentieren, weiten den Staatsbegriff zu einem exklusiven Kulturbegriff aus: Europäer stehen gemeinsam gegen die Feinde von außen. Im Zentrum der Debatten steht die Idee eines «Europas der Vaterländer», ein loser Zusammenschluss souveräner Staaten, die sich keine gemeinsamen Verpflichtungen zur Aufnahme von Flüchtlingen oder zu der Rettung von Banken auferlegen. Das gemeinsame Feindbild sind die westlichen Eliten in Politik, Wirtschaft und Medien, die im Verborgenen an der «Auflösung der Staaten, der Völker, der Kulturen» arbeiteten, wie Björn Höcke es in einer Rede formulierte, und Europa gezielt mit

Flüchtlingen fluten würden, um die eigene Kultur zu zerstören. Hat die alte Rechte noch das eigene Volk zur Krone der Schöpfung erklärt und dadurch gleichzeitig potenzielle politische Partner in Nachbarstaaten abgewertet, definiert sich die internationale Rechte heute als «Festung Europa», als Trutzburg gegen muslimische Invasoren. Dieses Narrativ teilen die Identitären in Frankreich, Österreich und Deutschland genauso wie britische White Supremacists, niederländische, ungarische und viele deutsche Rechtspopulisten. Nach Ansicht der Publizistin Liane Bednarz können sich hinter der Erzählung der «Überfremdung» und des «Großen Austauschs» durch «Fremde» zahlreiche europäische Rechte einreihen.

Die Idee des «Großen Austauschs» fußt auf den Schriften des französischen Rechtsintellektuellen Renaud Camus. Seit Jahrzehnten ist Frankreichs Rechte für die gesamte europäische Szene stilprägend: In deutschen Kleinverlagen erscheinen Dutzende Übersetzungen der französischen Klassiker, Kubitscheks Antaios Verlag hat die «Revolte gegen den großen Austausch» von Camus im Programm, Philip Steins Jungeuropa-Verlag gibt Schriften von Alain de Benoist und Dominique Venner heraus. Im Oktober 2012 veröffentlichte die génération identitaire den Videoclip «Identitäre Generation – Die Kriegserklärung», der bald auch von einer deutschen Gruppe der Identitären geteilt wurde. Noch im selben Jahr gründete sich eine Sektion in Österreich. Ihr Sprecher wurde Martin Sellner. Gemeinsam mit dem Autor Martin Lichtmesz und Götz Kubitschek fuhr er schon im Jahr 2012 nach Orange in Frankreich, um Kontakt mit dem Bloc Identitaire aufzubauen. Diese erste identitäre Jugendgruppe Europas zieht seit Jahren deutsche Aktivisten an – und das schon vor der Flüchtlingskrise von 2015. Auf dem schwedischen Kongress «Identitär Idé» im Jahr 2013 diskutierte *Zuerst!*-Chefredakteur Manuel Ochsenreiter auf der Bühne mit einem französischen Aktivisten. Für Götz Kubitschek ist das Konzept der französischen Jugendströmung die Vollendung seiner Idee eines Guerilla-Aktivismus von rechts. Mit seiner Sponti-Truppe Konservativ-Subversive Aktion hatte er Jahre zuvor ein ganz ähnliches

Konzept bereits einmal in Deutschland ausprobiert – damals allerdings mit wenig Erfolg. Inspiriert wurden Kubitschek und die Identitären für ihre Form des jungen Protestes auch von Aktivisten aus Italien. Zu Casa Pound unterhält die deutsche Neue Rechte seit Jahren enge Kontakte. Die italienische nationalistische Bewegung, die nichts gegen die Bezeichnung «Faschisten des dritten Jahrtausends» hat, existiert bereits seit 2003. Aus einem besetzten Haus im multikulturellen Viertel Esquilino in Rom in der Nähe des Hauptbahnhofes Termini heraus planen sie ihre Aktionen. Die Aktivisten besetzten Buchhandlungen, einen Bahnhof und weitere Häuser in fünfzig Orten in Italien. Über Kampfsportangebote für Jugendliche, finanzielle Unterstützung von Erdbebenopfern und Hilfe bei der Suche nach günstigem Wohnraum inszeniert sich Casa Pound als soziale Bewegung. So wollen die Aufrührer die «Raum- und Deutungshoheit» erobern – eine Idee, die dem Konzept der «kulturellen Hegemonie» ähnelt. Immer wieder reisten in der Vergangenheit auch Vertreter der hiesigen Bewegung zu Konferenzen der Casa Pound. Philip Stein von Ein Prozent hielt auf Einladung der Faschisten eine Rede in Rom, bei der im Publikum neben einem ehemaligen NPD-Funktionär auch der Aktivist John Hoewer saß – er arbeitet mittlerweile für die AfD im Bundestag.

Stein lud 2018 Casa-Pound-Aktivisten und ukrainische Rechte des Regiments Asow zu einer Art Salon, dem «Jungeuropa-Forum», nach Dresden ein. Sie diskutierten über eine Europapolitik von rechts, eine der Veranstaltungen trug den Titel «Die soziale Frage als Motor der Jugendrevolte in Europa?». Der Antaios Verlag brachte 2014 die Übersetzung eines italienischen Romans heraus, der die Entstehung von Casa Pound heroisch nacherzählt. Karlheinz Weißmann sieht die italienischen Aktivisten als Vorbild für Deutschland, weil sie es schaffen, die «neofaschistische Weltanschauung (...) mit avantgardistischem Futurismus zu verknüpfen». Während Philip Stein noch die, in der italienischen Mehrheitsgesellschaft kaum anerkannten, Aufrührer der Casa Pound trifft, wagt Götz Kubitschek sich längst in den realpolitischen Raum vor. Gemeinsam mit seiner Frau Ellen Kositza besuchte er 2015 eine Konferenz der rechtspopulistischen Partei Lega in Rom «gegen die Überfremdung des Abendlandes». Er sprach über die Straßenbewegung Pegida und lud Vertreter der Lega dazu ein, eine der Demonstrationen in Dresden zu besuchen, Pegida-Mann Lutz Bachmann spricht seitdem von den Italienern als «meine Freunde». Zurück kam Kubitschek aus Rom mit einem Foto, das ihn an der Seite von Matteo Salvini zeigt, dem heutigen Innenminister und stellvertretenden Ministerpräsidenten Italiens. Salvini gilt als Hardliner, er ist berüchtigt für seine rassistischen Ausfälle. So forderte er U-Bahn-Waggons ohne Zutritt für Ausländer und eine Zählung von Angehörigen der Roma-Minderheit in Italien. Mit Salvini habe er über «konservative Widerstandsformen» gesprochen, sagte Götz Kubitschek später. In einem Beitrag schrieb er vom besonderen «metapolitischen Milieu», das in Rom geherrscht habe. Auch für die europäische Vernetzung sei die Reise ein Erfolg gewesen: «Verzahnungen in alle Richtungen (...) zu regionalen identitären Gruppen, zu Querfrontverlagen, Aktivisten, zur Casa Pound und eben auch ins Ausland.» In Italien stehe schon das «Widerstandsgebäude», von dem sie in Deutschland noch immer träumten.

Die Neurechte Internationale breitet sich aber nicht nur vom italienischen Süden bis nach Nordeuropa aus, wo mit der Freiheitspartei in den Niederlanden, der Dansk Folkeparti in Dänemark und den Schwedendemokraten in Schweden starke politische Strömungen entstanden sind. Die antiglobalistische Bewegung in Europa hat längst Verbindungen zu ihren Mitstreitern in den USA aufgebaut. Daniel Pipes vom US-Thinktank Middle East Forum finanziert islamfeindliche Hetzseiten und rechte Stiftungen in Deutschland. Die selbsternannten amerikanischen «Anti-Dschihadisten» der Organisation Stop Islamization of America unterstützen die rechtspopulistische English Defence League in Großbritannien und Pegida in Deutschland. Die Identitären sammelten auf der US-Spendenplattform Wesearchr für ihre «Defend-Europe»-Kampagne gegen private Seenotrettung auf dem Mittelmeer bei der Alt-Right-Bewegung in Amerika ein. Dass die europäischen Rechten in ihren Schriften und Reden Amerika meist nur als kulturlose, vom Kapitalismus zerfressene Wegwerfgesellschaft zeichnen, ändert nichts an ihrer Bereitschaft, sich von der finanzstarken Alt-Right-Bewegung unterstützen zu lassen. Auch hier eint beide Seiten des Atlantiks das gemeinsame Feindbild. «Zu schade, dass ihr keine Torpedos habt», kommentiert ein amerikanischer Nutzer das US-Crowdfunding-Projekt gegen die Seenotrettung, «ihr könntet die militärische Invasion Europas in drei Tagen beenden.»

In den Staaten warben zwei junge rechte YouTuberinnen für die identitäre PR-Aktion. Die Amerikanerin Brittany Pettibone und die Kanadierin Lauren Southern sind in Alt-Right-Kreisen Stars. Southern produziert Webvideos, sie nennt sich «unabhängige Journalistin», hat mehr als 600 000 Abonnenten auf YouTube, ihre Clips wurden mehr als 50 Millionen Mal geklickt. Tatsächlich verbreitet sie jene Inhalte, mit denen Donald Trump im Wahlkampf die Alt-Right-Bewegung hinter sich vereinigte: Einwanderung, Grenzschutz und den Hass auf die Linke in den USA. Im vergangenen Jahr drehte sie einen Film über die angebliche Diskriminierung weißer Farmer durch die schwarze Mehrheitsbevölkerung in Südafrika, in dem sie vor einem «weißen Genozid» warnte. Und freute sich sichtlich, als Donald Trump im August 2018 auf Twitter verkündete, er habe seinen Außenminister angewiesen, die «vielen Tötungen» weißer Bauern durch schwarze Südafrikaner zu untersuchen. Brittany Pettibone hingegen verkörpert die radikale Antifeministin. Feminismus sei «giftig und zerstörerisch», sagte sie in einem YouTube-Video. Sie ist eng befreundet mit den Aktivisten der Identitären Bewegung, oft reist sie nach Europa, besucht Pegida-Demonstrationen. Sie posiert als Covergirl für das deutsche *Arcadi*-Magazin und nimmt Videos für die IB-Aktion #120db auf, in der sie andere Frauen dazu ermutigt, Vorfälle von Ausländerkriminalität öffentlich zu machen. Allerdings ist es wohl nicht nur politische Nähe, die Southern und Pettibone dazu bringt, das europäische Netzwerk zu unterstützen: Indem sie an der Seite von Europas Szene-Größen auftreten, wächst auch ihre eigene Bedeutung in Nordamerika – und ihr globales Publikum.

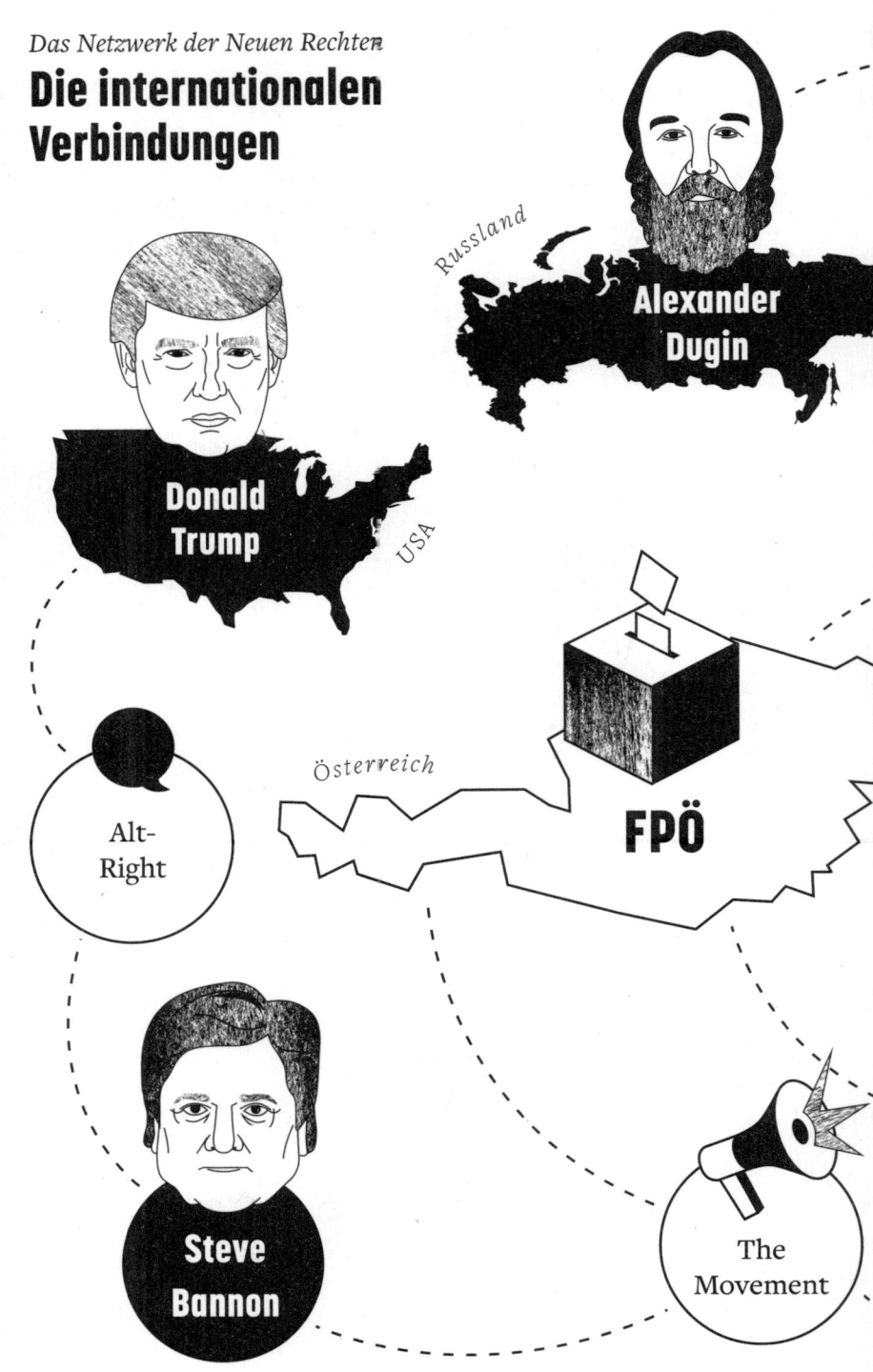

Das Netzwerk der Neuen Rechten

Die internationalen Verbindungen

Russland

Alexander Dugin

Donald Trump

USA

Österreich

FPÖ

Alt-Right

Steve Bannon

The Movement

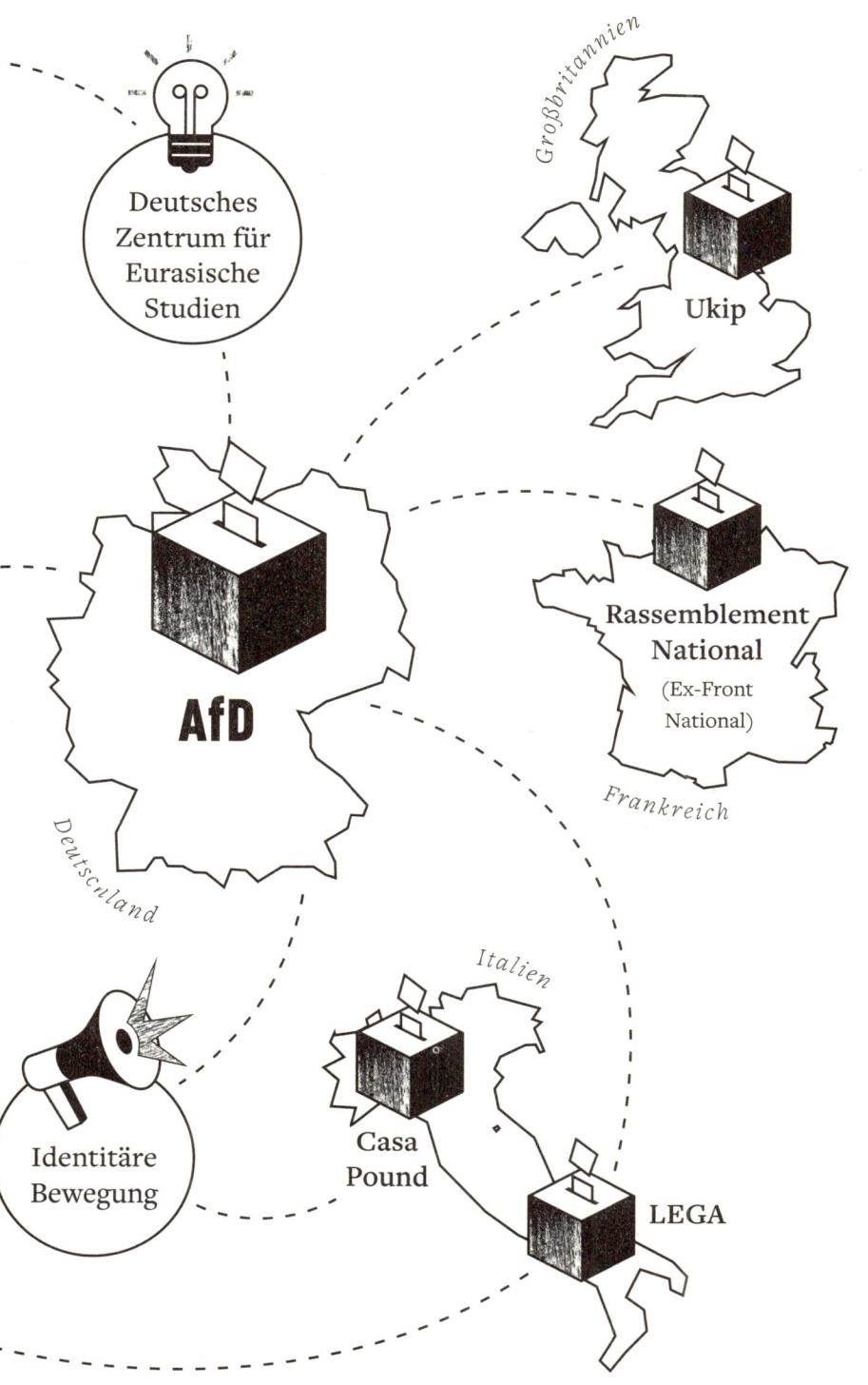

10. Im Fokus der Behörden

Extremistisch oder nicht?

Hans-Georg Maaßen ist im Urlaub. Gerade jetzt, wo in Berlin alle nach einer Erklärung verlangen. Wo FDP-Chef Christian Lindner ihn zu einer Befragung vorladen will und der grüne Innenpolitiker Konstantin von Notz fordert, dass sich das parlamentarische Kontrollgremium zu einer Sondersitzung trifft. Der Chef des deutschen Inlandsgeheimdienstes ist in den Sommerferien. Eine offizielle Stellungnahme von ihm gibt es nicht.

Es ist ein Buch, das die Aufregung in der Hauptstadt aufgelöst hat. «Inside AfD» heißt es und stammt von Franziska Schreiber, die sich selbst eine «Aussteigerin» nennt. Vier Jahre lang war sie in der Partei, sie führte den Landesverband der Jungen Alternative in Sachsen und gehörte für ein paar Monate dem Bundesvorstand an. Kurz vor der Bundestagswahl verließ Schreiber die AfD wieder. Und schrieb auf, was sie während der vergangenen vier Jahre erlebt hat: Von gemeinsamen Feiern der Jungen Alternative mit Aktivsten der Identitären Bewegung ist bei ihr zu lesen, von einem Bundestagsabgeordneten, der in einer Rede die Arbeit der NPD lobt. Doch all das interessiert in diesen Tagen niemanden. Es ist eine andere Passage, die für Ärger sorgt.

«Frauke Petry forderte im Dezember 2015 Höckes Rücktritt und bereitete ein Parteiausschlussverfahren vor. Sie tat dies auf dringenden Rat des Mannes, der den Auftrag hat, das Land gegen Verfassungsfeinde zu schützen. Der damalige Präsident des Bundesamtes für Verfassungsschutz Hans-Georg Maaßen suchte den Kontakt zu Petry.» Laut Schreiber traf die AfD-Chefin sich im Jahr 2015 mit Maaßen zum

Gespräch. Und der habe ihr geraten, Björn Höcke aus der Partei zu werfen, weil seine Behörde sonst gegen die AfD vorgehen müsse. Wäre etwas dran an Schreibers Darstellung, stünde der Verfassungsschutzchef vor einem riesigen Problem: Er müsste erklären, warum er der Vorsitzenden einer Partei mit offenbar mindestens einem Rechtsextremen dabei half, der Beobachtung durch seine Beamten zu entgehen.

In den Tagen nach der Veröffentlichung von Schreibers Buch aber folgt ein Dementi dem nächsten: Frauke Petry erklärt, Schreibers Behauptungen seien «frei erfunden», das Innenministerium teilt der *Welt* mit, Maaßen habe «keine Empfehlungen oder Ratschläge hinsichtlich des Umgangs mit Personen oder Strömungen der AfD gegeben». Kein Grund zur Aufregung also? Das Innenministerium veröffentlicht noch eine weitere Information: Tatsächlich habe es zwei Treffen zwischen Petry und Maaßen gegeben, beide in der zweiten Jahreshälfte 2015. Die Gespräche hätten einem «allgemeinen Austausch» gedient, es sei um «Fragen der Gefährdungseinschätzung» gegangen. Die Treffen also gab es tatsächlich, mindestens eines kam auf die Initiative des Geheimdienstchefs zustande.

Nach Darstellung des Innenministeriums ist das gängige Praxis. Eine Sprecherin verweist auf die rund zweihundert Gespräche mit Politikern von Union, SPD, Grünen, FDP, der Linkspartei und der AfD, die Maaßen seit seinem Amtsantritt 2013 geführt habe. Bemerkenswert an den Treffen mit Petry aber ist der Zeitpunkt: 2015 war die AfD im Bund noch eine außerparlamentarische Partei, ihre Vorsitzende nur Abgeordnete in Sachsen. Tagelang diskutieren in Berlin Juristen über die Kompetenzen der Verfassungsschutzchefs, über den Unterschied zwischen politischen Gesprächen und illegaler Politikberatung. Sie kommen zu dem Schluss, dass es sich bei den Treffen zwischen Maaßen und Petry zwar um eine sensible Angelegenheit, nicht aber um einen Skandal handelt. Dass sich zwischendrin Alexander Gauland meldet und erklärt, auch er habe Maaßen erst kürzlich getroffen, um über einen möglichen russischen Spion in seiner Bundestagsfraktion zu sprechen, ändert an dieser Bewertung nichts.

Die Aufregung in diesen Tagen ist auch deshalb so groß, weil Verfassungsschutz und AfD bisher stets als Gegenspieler galten: Die einen haben den Auftrag, die Ordnung des Landes zu bewahren, die anderen haben es sich zum Ziel gesetzt, ebenjene Ordnung zu erschüttern. Seit Gründung der Partei gibt es Forderungen nach einer Beobachtung ihres Personals durch den Inlandsgeheimdienst. Die AfD sei eine Anlaufstelle für Rechtsextremisten geworden, argumentieren ihre Gegner und verweisen auf die Kontakte einzelner Mitglieder zur Identitären Bewegung, zur «Heimattreuen Deutschen Jugend» oder zu Pegida. Jedes Mal, wenn ein AfD-Politiker in einer Rede gegen Muslime hetzt, den Nationalsozialismus verharmlost oder die politische Konkurrenz bedroht, rufen Kritiker nach dem Verfassungsschutz. Ausschnitte aus Reden, Tweets und Interviews werden als Belege für eine extremistische Gesinnung innerhalb der Partei verwendet. Wie sonst seien Beatrix von Storchs Äußerungen zum Schießbefehl an der deutschen Grenze zu verstehen, wie Björn Höckes Ausspruch vom «Denkmal der Schande» oder Gaulands Aufforderung, die SPD-Politikerin Aydan Özoguz in Anatolien zu «entsorgen»?

Auch das politische Spitzenpersonal der Bundesrepublik hat Maaßen und seinen Leuten zu diesem Zeitpunkt schon seit Monaten nahegelegt, die Partei zu überwachen. «Wer Menschen aufgrund ihrer Herkunft oder Abstammung diskriminiert, agiert immer offener rassistisch und nationalistisch. Teile der AfD sind längst auf dem Weg, ein Fall für den Verfassungsschutz zu werden», sagte SPD-Justizminister Heiko Maas im März 2018 dem *Spiegel*. Der Grünen-Chef Robert Habeck erklärte in der *Süddeutschen Zeitung*: «Ich bin der Auffassung, der Bund sollte genau prüfen, ob die AfD vom Verfassungsschutz überwacht werden muss. Die Grenze, an der die Grundfeste des Staates in Frage gestellt wird, ist an vielen Stellen überschritten.» Und auch Volker Kauder, damaliger Fraktionschef der CDU im Bundestag, forderte, dass zwar nicht die Beobachtung der ganzen Partei, aber von einzelnen Mitgliedern der AfD geprüft werden müsse.

Was aber bedeutet es, wenn der Verfassungsschutz eine Partei beobachtet, so wie es der Dienst seit Jahren mit der NPD oder der kurdischen Arbeiterpartei PKK tut?

In der ersten Stufe der Beobachtung legen die Beamten Akten zu Mitgliedern, Mandatsträgern und Landesverbänden an, durchsuchen Websites und Zeitungen nach Hinweisen darauf, dass Mitglieder Gewalttaten vorbereiten oder gezielt planen, gegen andere Gesetze zu verstoßen. In Härtefällen hingegen dürfen Mitarbeiter der Behörde auch Telefongespräche überwachen, Chats mitschneiden, Verdächtige observieren und Vertrauenspersonen im Umfeld der Partei anwerben, um Informationen zu gewinnen – ein massiver Eingriff in die Privatsphäre des Betroffenen, den die Beamten gut begründen müssen.

Im Sommer 2017 stoßen wir im Netz auf Tausende geleakte Chat-Nachrichten aus einer internen WhatsApp-Gruppe der AfD in Sachsen-Anhalt. Darin verwendet der damalige AfD-Landesvorsitzende von Sachsen-Anhalt, André Poggenburg, den NPD-Slogan «Deutschland den Deutschen», seine Parteikollegen beschimpfen Muslime und verherrlichen den SA-Führer Ernst Röhm. Ein Bundespolizist fordert sogar, nach der «Machtübernahme» alle «volksfeindlichen Medien» zu verbieten. Wir fragen bei Jochen Hollmann nach, dem Chef des Verfassungsschutzes in Magdeburg: Wie schaut er auf die Äußerungen in der Chat-Gruppe?

Hollmann lädt uns zum Gespräch in sein Büro, er reicht selbstgebackene Plätzchen und nimmt vor einer großen Karte Platz, die das Heilige Land zeigt, Galiläa, Jerusalem und Jericho – ein Jerichower Land gibt es auch in Sachsen-Anhalt. Seine Behörde habe in den Wochen rund achttausend Nachrichten ausgewertet, erklärt Hollmann. Gerade mal ein Drittel der Chats sei «verfassungsschutzrelevant»; nach abgeschlossener Prüfung ließen sich in weniger als 0,5 Prozent aller Passagen problematische Äußerungen feststellen. Hollmann und seine Ermittler kommen nach Prüfung dieser Äußerungen zu dem Schluss, dass zwar einzelne Mitglieder der AfD verfassungsfeindliche Positionen vertreten, die gesamte Partei aber stufen sie nicht als staatsgefährdend ein. Sätze wie «Deutschland den Deutschen» deuteten auf eine rechte Gesinnung, seien jedoch nicht verfassungsfeindlich. Auch seien Äußerungen wie die von Poggenburg nicht repräsentativ für den gesamten Landesverband.

So lief es bislang immer. Denn um eine Partei zu beobachten, muss ihr nachgewiesen werden können, dass sie die freiheitlich-demokratische Grundordnung der Bundesrepublik nicht anerkennt, so schreibt es das Gesetz vor. Die AfD erfüllte diese Anforderungen in den Augen der Verfassungsschützer lange nicht. Zwar gebe es einzelne Mitglieder mit extremistischen Ansichten, argumentierten die Beamten. So stand etwa der ehemalige bayerische Landesvorsitzende Petr Bystron mehrere Monate unter Beobachtung, nachdem er erklärt hatte, die AfD müsse «als parlamentarische Partei das Schutzschild» für die rechtsextremen Aktivisten der Identitären Bewegung bilden. Trotz Fällen wie dem von Bystron war das Innenministerium der Ansicht, dass der AfD in der «Gesamtbetrachtung» keine extremistischen Positionen zugerechnet werden könnten. Die Partei sei rechts, aber eben nicht durchgängig rechtsextrem.

Lange waren die Partei und ihr Umfeld nicht für den Verfassungsschutz relevant. Aber andere Sicherheitsbehörden und Staatsanwaltschaften mussten sich bereits häufiger mit Mandatsträgern der AfD beschäftigen. Im Sommer 2017 erhebt die Staatsanwaltschaft Neuruppin zum Beispiel Anklage wegen Steuerhinterziehung gegen einen AfD-Landtagsabgeordneten, der Brandenburger soll Zigaretten im Millionenwert geschmuggelt haben. Der Mann wird verurteilt, sollte das Urteil rechtskräftig werden, würde er sein Landtagsmandat verlieren. Seit zwei Jahren ermitteln die Behörden zudem gegen einen anderen Landtagsabgeordneten der AfD aus Sachsen-Anhalt. Ihm wird vorgeworfen, seine Referentin auf einer Dienstreise vergewaltigt zu haben. Der Parlamentarier bestreitet die Vorwürfe, eine Anklage wurde noch nicht erhoben. Und ein AfD-Bundestagsabgeordneter musste sich kurz vor dem Einzug in das Hohe Haus 2017 vor Gericht verantworten, weil er an einem Angriff von Hooligans des 1. FC Kaiserslautern auf gegnerische Fans beteiligt gewesen sein soll. Dabei wurden zwei Personen bewusstlos geschlagen. Bei der Durchsuchung seiner Wohnung fand die Polizei einen Teleskop-Schlagstock. Er wurde wegen Beihilfe zu gefährlicher Körperverletzung zu einer Geldstrafe von 16 200 Euro verurteilt.

Dies ist nur ein kleiner Ausschnitt aus der Strafakte der AfD. Und doch ist er bemerkenswert. Denn die Politiker der Partei halten große Stücke darauf, für Recht und Ordnung zu stehen und den angeblichen «Rechtsbruch Merkels» durch ihre Entscheidungen in der Flüchtlingspolitik bekämpfen zu wollen. Die Mahner des Rechts scheinen es jedoch selbst nicht immer so genau zu nehmen mit dem Gesetz. Die *Welt am Sonntag* hat im Mai 2018 einmal nachgezählt: Fast jeder zehnte Mandatsträger der AfD steht zu diesem Zeitpunkt in Konflikt mit dem Recht. Im Vergleich zu allen anderen Parteien in den Parlamenten seien damit fast doppelt so viele AfD-Politiker ein Fall für die Justiz. Die Delikte reichen von Trunkenheit im Verkehr über Betrug bis hin zu Beihilfe zur gefährlichen Körperverletzung und Verbreitung kinderpornographischer Schriften. Auch politische Taten wie der Verstoß gegen das Versammlungsrecht, die Verwendung verfassungsfeindlicher Kennzeichen oder Volksverhetzung werden ihnen vorgeworfen. Zum Zeitpunkt der *WamS*-Recherche wurde gegen 22 Abgeordnete im Bundestag und in den Landtagen in 24 Verfahren ermittelt. Einige von ihnen wurden auch bereits bestraft. Um gegen Parlamentarier ermitteln zu können, muss zuerst ihre politische Immunität aufgehoben werden. Auch bei diesen Verfahren ist die AfD Spitzenreiter. Das ist bemerkenswert, denn in der AfD engagieren sich überproportional viele Polizisten, die beruflich eigentlich das Gesetz verteidigen sollen.

Eine Thüringer AfD-Abgeordnete wurde beispielsweise rechtskräftig für schuldig befunden, einen Vertrag mit einem Mitarbeiter gefälscht zu haben, um mehr Geld aus der Staatskasse abzugreifen. Ein damaliger Landtagspolitiker der AfD aus Mecklenburg-Vorpommern wurde wegen Volksverhetzung verurteilt. Zuvor hatte er in Chats geschrieben, man müsse «durch ständige Stichelei das System

(...) destabilisieren». Anschließend könne man «erst mal das ganze rotgrüne Geschmeiß aufs Schafott schicken. Und dann das Fallbeil hoch und runter, dass die Schwarte kracht!» Wenn es so weit sei, müsse man alle Gegner «an die Wand» stellen. Außerdem äußerte er pädophile und kannibalistische Phantasien.

Nur sehr selten führen solche strafrechtlichen oder moralischen Verfehlungen zum Parteiausschluss der Personen. Auch wenn die Politiker nach Veröffentlichungen von Journalisten und unter dem Druck der Öffentlichkeit manchmal von ihren Ämtern und Funktionen zurücktreten mussten, so ließ die Partei sie weiter in ihren Reihen gewähren. Straftaten und moralische Grenzüberschreitungen werden bei der AfD nur selten sanktioniert. Egal, ob ein Bundestagsabgeordneter Migranten öffentlich als «Gesindel» bezeichnet oder über seinen Twitter-Account der Sohn eines Prominenten als «Halbneger» bezeichnet wird. Egal, ob Björn Höcke vom «afrikanischen Ausbreitungstyp» spricht und damit rassistische Stereotype verbreitet. Und auch egal, ob ein Landtagsabgeordneter aus Baden-Württemberg den Holocaust leugnet: Keine dieser Handlungen führte zu einem Parteiausschluss.

Anfang August 2018 tippt der Vorsitzende der AfD-Jugend in Niedersachsen verhängnisvolle Sätze auf seine Facebook-Seite. Lars Steinke schreibt über den Hitler-Attentäter Claus Schenk Graf von Stauffenberg, er sei «kein Held und der 20. Juli 1944 war kein Glanzstück, es war der beschämende Versuch eines Feiglings, die eigene Haut vor dem kommenden Sieger zu retten». Stauffenberg sei ein «Verräter». Steinke tritt eine Lawine los. Erst leitet die AfD ein Parteiausschlussverfahren gegen ihn ein. Und plötzlch regen sich auch die Nachrichtendienste. Nur Tage nach Steinkes Post kündigt der niedersächsische Verfassungsschutz an, den AfD-Nachwuchs in dem Bundesland künftig zu beobachten. Daraufhin gliedert die Junge Alternative ihren Landesverband in Niedersachsen im November 2018 ab. Auch die Inlandsnachrichtendienste in Bremen und Baden-Württemberg kündigen kurze Zeit später an, die AfD-Jugend ins Visier zu nehmen.

Zu eng seien deren Verbindungen zum Rechtsextremismus, erklärt Niedersachsens Innenminister Boris Pistorius, und: «Die Junge Alternative vertritt ein Weltbild, in dem Minderheiten wie Flüchtlinge oder Homosexuelle systematisch abgewertet und diffamiert werden.» Im November 2018 gibt der Verfassungsschutz in Bayern bekannt, dass er drei AfD-Abgeordnete aus dem Landtag wegen ihrer Nähe zu Rechtsextremen oder verfassungsfeindlichen Aussagen beobachtet. Kurz zuvor hat bereits der Geheimdienst in Thüringen wissen lassen, dass er eine Beobachtung der gesamten Partei in dem Bundesland prüfe.

Bis zu diesem Zeitpunkt hat die AfD regelmäßig die Legitimität des Verfassungsschutzes angezweifelt und die Dienste als politische Instrumente der «Altparteien» beschimpft, die nur dazu da seien, unliebsame Konkurrenz auszuschalten. Nun aber, da die Behörden Ernst machten, greift in der Partei plötzlich Angst um sich. Der Bundesvorsitzende der Jungen Alternative kündigt kurzerhand an, die beiden Landesverbände in Niedersachsen und Bremen aufzulösen – wohl um so einer Beobachtung seines Bundesverbands zu entgehen. Alice Weidel setzt eine parteiinterne Kommission ein, die durch juristische, organisatorische und «kommunikative» Gegenstrategien jedes weitere Eingreifen der Behörden verhindern soll. Und selbst Hans-Thomas Tillschneider, der bislang so engagiert für eine Annäherung der AfD an die Identitäre Bewegung geworben hatte, schließt im Oktober 2018 sein Bürgerbüro im Haus der Aktivisten in Halle. Das bestätigt er uns auf Nachfrage. Auch die «Patriotische Plattform», den Zusammenschluss der Rechtsnationalen in der AfD, der zwischenzeitlich ins Visier des nordrhein-westfälischen Verfassungsschutzes geraten war, will Tillschneider laut *Spiegel* auflösen. Aus Furcht vor der Beobachtung täuscht die Partei Aktionismus vor. Doch sie kommt zu spät.

Im Januar 2019 tritt Maaßens Nachfolger Thomas Haldenwang vor die Kameras. Und er argumentiert ganz ähnlich wie Pistorius: Er erkenne «erste tatsächliche Anhaltspunkte» für eine Politik, die sich gegen die freiheitlich-demokratische Grundordnung richte, sagt Haldenwang in Berlin. Aussagen einzelner AfD-Politiker seien «mit der Garantie der Menschenwürde unvereinbar». Deshalb werde seine Behörde die AfD nun als Prüffall behandeln: Bestätigt sich der Verdacht, wird sein Dienst die Partei künftig beobachten, inklusive der Möglichhkeit, V-Männer einzuschleusen, Personen zu observieren und Telefonate abzuhören. Noch drastischer wird Haldenwang mit Blick auf die innerparteiliche Sammlungsbewegung «Flügel» und die Junge Alternative: Zu radikal seien die beiden Organisationen im Laufe der Jahre geworden, zu eng die Verbindungen ins rechtsextreme Mileu, als dass seine Behörde sie einfach gewähren lassen könnte. Die völkischen Nationalisten rund um Höcke und der Parteinachwuchs stehen seitdem unter Beobachtung. Kaum zwei Monate ist Hans-Georg Maaßen nicht mehr im Amt, nimmt das Bundesamt unter neuer Führung die AfD ins Visier.

Das Netzwerk der Neuen Rechten

Der Einfluss der Extremisten

Ein
Prozent

Identitäre
Bewegung

German
Defense
League

Neonazi-
Kamerad-
schaften

verboten

teilweise verboten

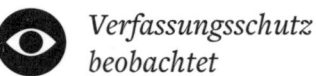
*Verfassungsschutz
beobachtet*

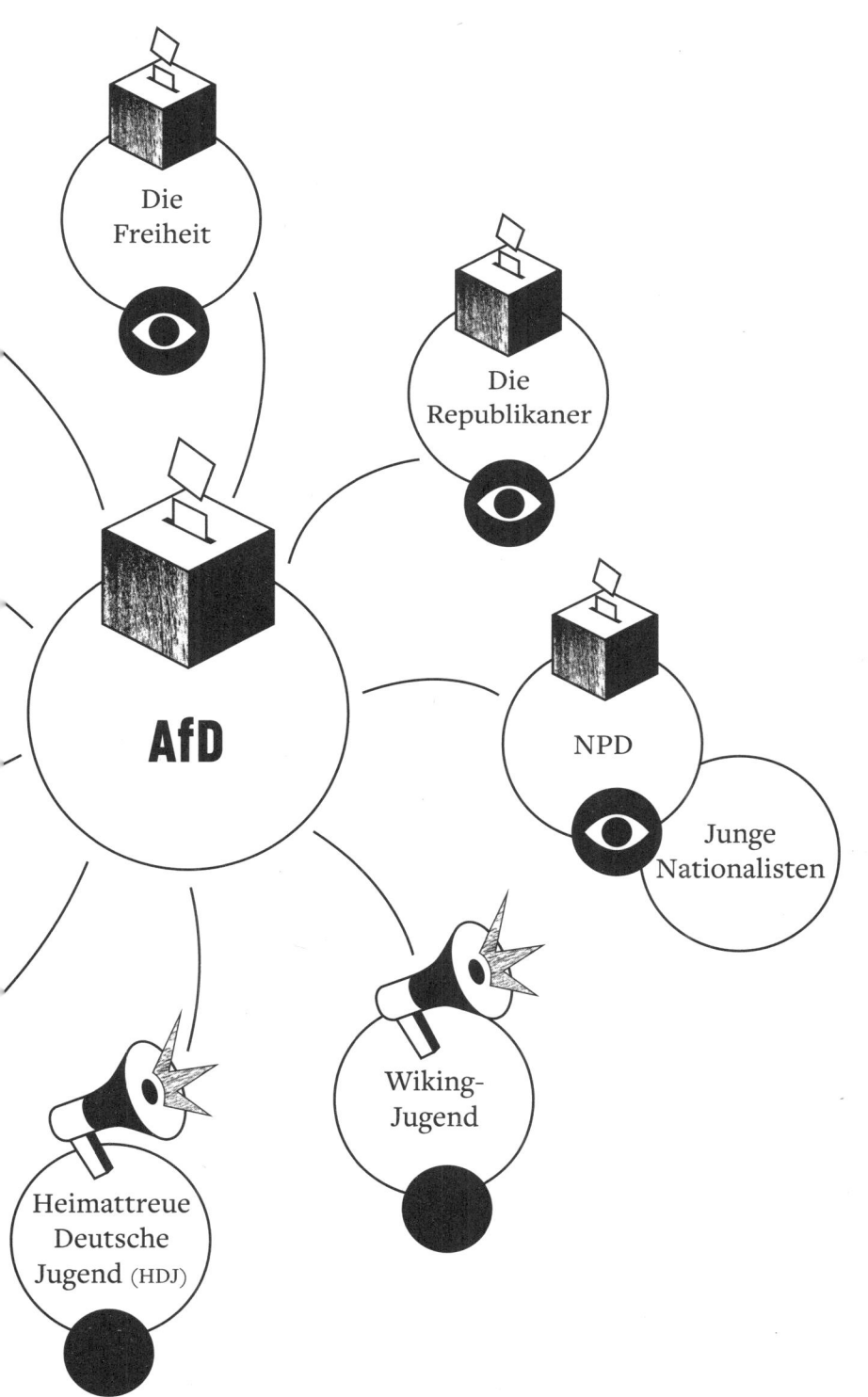

Die
Freiheit

Die
Republikaner

AfD

NPD

Junge
Nationalisten

Wiking-
Jugend

Heimattreue
Deutsche
Jugend (HDJ)

Epilog

Es ist nicht das beste Wetter für eine Kirmes, dicke Wolken hängen am Himmel. Und trotzdem kommen über hunderttausend Menschen an diesem Samstag Ende August 2018 zum Chemnitzer Stadtfest. Die Innenstadt ist eine große Partymeile mit Bühnen, Achterbahn, Hüpfburgen und Lichtshow zum Stadtjubiläum. Das Motto: #einfachfeiern. Aber nicht Zuckerwatte und Riesenrad werden von diesem Wochenende in Erinnerung bleiben. In der Nacht von Samstag auf Sonntag treffen an diesem 26. August gegen 3:15 Uhr, nicht weit entfernt vom Volksfest am Karl-Marx-Monument, mehrere Männer aufeinander. Zwischen dem Geldautomaten der Sparkasse und dem «Alanya 1»-Dönerimbiss in der Brückenstraße brüllen sie sich an. Einer zückt ein Messer, wenig später wird es hinter der Hauptbühne am Marx-Kopf gefunden. Drei Männer werden noch in der Nacht schwer verletzt in ein Krankenhaus eingeliefert. Der 35-jährige Chemnitzer Daniel H. stirbt an seinen Verletzungen durch fünf Messerstiche in Oberkörper, Herz und Lunge.

Am Sonntagvormittag, wenige Stunden nach der Tat, kursieren die ersten Gerüchte in den sozialen Medien und WhatsApp-Chats. Angeblich habe Daniel H. einer Frau helfen wollen, die von Flüchtlingen sexuell belästigt wurde. Und es gebe noch ein zweites Opfer. Beide Informationen stellen sich später als Falschmeldungen heraus. Noch aber weiß niemand Genaues, Ausländer seien es gewesen, schon wieder. Es dauert nicht lange, bis das rechte Bürgerbündnis Pro Chemnitz und die rechtsextreme Ultra-Gruppierung «Kaotic Chemnitz» zu Kundgebungen aufrufen; die Hooligans wollen «zeigen, wer in der Stadt das Sagen hat». Die Stadtverwaltung entscheidet, das Volksfest aus Anteilnahme mit den Angehörigen vorzeitig abzubrechen.

Zur selben Zeit nimmt die Polizei zwei Tatverdächtige fest: den 22-jährigen Jussif A., einen Asylbewerber aus dem Irak, und den 23-jährigen Syrer Alaa S. Die Staatsanwaltschaft Chemnitz wirft ihnen gemeinschaftlichen Totschlag vor. Zwei Tage nach der Tat schreiben die Ermittler einen dritten Tatverdächtigen zur Fahndung aus, den 22-jährigen Iraker Farhad R. Einer der drei Verdächtigen, Jussif A., ist bereits mehrfach wegen Körperverletzung und Verstoßes gegen das Betäubungsmittelgesetz vorbestraft, er hätte längst abgeschoben sein müssen. Die Ausweisdokumente, mit denen er Asyl beantragt hatte, waren gefälscht. Drei Wochen später wird der Haftbefehl gegen ihn jedoch wieder aufgehoben, A. wird aus der Untersuchungshaft entlassen, weil die Ermittlungen gegen ihn keinen dringenden Tatverdacht ergeben haben. Am Nachmittag der Verhaftung halten die AfD und Pegida eine kleine Kundgebung am Tatort ab.

Gegen 16:30 Uhr versammeln sich rund 800 Demonstranten am Karl-Marx-Monument, diese Versammlung ist allerdings nicht angemeldet. Die Teilnehmer tragen T-Shirts, auf denen «Tradition statt Invasion» steht, Männer mit Glatzen sind gekommen, einige tragen Tattoos im Gesicht. Die Gruppe ignoriert die Polizei, die darauf dringt, die Kundgebung abzubrechen. Stattdessen setzt sich der Zug in Bewegung, läuft los in Richtung Innenstadt. Einige Teilnehmer werfen Flaschen auf die Beamten. Kleine Gruppen lösen sich aus der Demonstration und rennen durch den Stadthallenpark, sie brüllen: «Kanakenklatschen!» Menschen flüchten, Schreie sind zu hören. «Für jeden toten Deutschen einen toten Ausländer», ruft ein Demonstrant. Auf dem Parkplatz direkt neben einer Kirche schlägt ein Mann mit einer umgedrehten Bierflasche einem Afghanen sein Smartphone aus der Hand, so berichtet er später dem Portal *ze.tt*. Er habe sich gewehrt, die Deutschen hätten ihn und seinen Freund daraufhin geschubst und geschlagen. Auf einem später veröffentlichten Video greift eine Gruppe von Männern kurz darauf die beiden Flüchtlinge an. Einer der Angreifer ruft: «Was ist denn, ihr Kanaken?», dann: «Da könnt ihr rennen, ihr Fotzen.» Augenzeugen berichten von mehreren Attacken auf

Migranten, Demonstranten greifen Journalisten an. Die Staatsanwaltschaft Chemnitz eröffnet in den folgenden Tagen 150 Ermittlungsverfahren, in 30 Fällen geht es um Körperverletzung, die Behörde untersucht Hinweise auf Sachbeschädigung und die Verwendung verfassungswidriger Kennzeichen. Was an diesem Abend noch aussieht wie ein spontaner Wutausbruch von Rechtsextremen, stellt sich bald als gesteuerter Protest heraus.

Am nächsten Tag, einem Montag, setzt sich der identitäre Rapper Chris Ares in sein Auto und nimmt ein YouTube-Video auf, der Titel: «Migranten-Mord Chemnitz – Lage artet aus». Innerhalb weniger Stunden klettert der Clip auf Platz eins der Video-Charts, eine halbe Million Menschen sehen ihn. Mit falschen Informationen über die Tat heizt Ares die Stimmung weiter an. Am Abend versammeln sich wieder Menschen in der Innenstadt von Chemnitz, dieses Mal hat die rechte Bewegung Pro Chemnitz die Veranstaltung angemeldet. Auf einem großen Transparent der Rechten steht «Deitsch un' frei woll'n mer sei!». Der Fraktionsgeschäftsführer von Pro Chemnitz ist Benjamin Jahn Zschocke. Der Maler arbeitet als Redakteur der neurechten Zeitschrift *Tumult* und lebt in Chemnitz. Eine Aktion von Götz Kubitscheks «Konservativ-Subversiver Aktion» galt der Rettung eines seiner Gemälde, er war auch selbst Mitglied dieser Guerilla-Truppe. Genauso wie der vom Verfassungsschutz beobachtete Rechtsextremist und Pro-Chemnitz-Chef. Beide bewegen sich seit über einem Jahrzehnt im Milieu der Neuen Rechten. Im Gespräch mit der *NZZ* lehnt Zschocke zwar Gewalt ab, freut sich aber über die Eskalation auf der Straße: «Für uns ist es ein Benno-Ohnesorg-Moment.»

Um 20:35 Uhr laufen die 5000 Teilnehmer des rechten Demonstrationszuges an diesem Montagabend in Richtung Innenstadt. Menschen zeigen den Hitler-Gruß, eine Gruppe Demonstranten brüllt, man gehöre zu den «Adolf-Hitler-Hooligans». Ein Dutzend dunkel gekleideter und vermummter Personen werfen Steine, Flaschen und ein abgesägtes Stahlrohr in das koschere Restaurant «Schalom» und brüllen «Hau ab aus Deutschland, du Judensau». Böller fliegen. Die

Polizisten bekommen die Lage nicht in den Griff, sie rufen Passanten zu: «Bringen Sie sich in Sicherheit!» Es herrscht Ausnahmezustand in Chemnitz. Und er ist noch längst nicht vorbei.

Am Dienstag, dem 28. August 2018, taucht im Internet die Kopie des Haftbefehls gegen einen der Hauptverdächtigen auf. Das Dokument hat ein Justizbeamter aus Dresden abfotografiert und rechten Aktivisten zugespielt, die Staatsanwaltschaft ermittelt daraufhin gegen ihn wegen Verletzung von Dienstgeheimnissen. Die neurechte PR-Agentur Ein Prozent versendet ein Rundschreiben und bezeichnet den Beamten als «Helden von Chemnitz», einen Edward Snowden der Rechten. Pro Chemnitz, Politiker der AfD und Pegida-Mitbegründer Lutz Bachmann verbreiten den Haftbefehl im Internet weiter. Neben Rechtsextremen von der Kleinstpartei III. Weg, der NPD-Jugend Junge Nationalisten und gewaltbereiten, betrunkenen Hools auf der Straße sind es auch AfD-Vertreter und Identitäre, die die Situation in den nächsten Tagen weiter eskalieren lassen.

Es ist Björn Höcke, der zum großen AfD-«Schweigemarsch» durch Chemnitz aufruft, in Gedenken an den getöteten Daniel H., den die Rechten längst nicht nur als Opfer einer Gewalttat sehen, sondern als «Merkels Toten» instrumentalisieren – es sind Flüchtlinge, die im Verdacht stehen, ihn umgebracht zu haben. Martin Sellner ruft auf seinem YouTube-Kanal dazu auf, sich an der Demo in Chemnitz zu beteiligen. Der Berliner Neonazi Sebastian Schmidtke von der NPD schreibt auf Facebook, auch er werde in Chemnitz protestieren. Die Splitterpartei Die Rechte twittert an ihre Anhänger: «Unterstützt die kommenden Versammlungen, tragt den Widerstand auf die Straße.» Die Mobilisierung zwischen den bisher getrennten Milieus funktioniert plötzlich reibungslos. Die Videos und Tweets von AfD-Politikern und Rechtsextremen – hundertfach geklickt und geteilt – führen dazu, dass sich Höcke und seine Kollegen bei ihrem Marsch durch Chemnitz über 8000 Menschen anschließen.

Gleich neben Björn Höcke marschieren Siegfried Däbritz und Lutz Bachmann von Pegida durch die Straßen. Die beiden sind nicht die einzigen Unterstützer aus dem äußerst rechten Spektrum an diesem Tag. Weiter hinten läuft Götz Kubitschek. Martin Sellner und Brittany Pettibone marschieren mit, auch einige andere Identitäre und Mitarbeiter des Instituts für Staatspolitik. Zwischen den Neuen Rechten läuft Maik Arnold, der Kopf der mittlerweile verbotenen Neonazi-Gruppe «Nationale Sozialisten Chemnitz». Und auch Yves Rahmel reiht sich ein, der einst Musik vertrieb, die die Morde der NSU-Terrorgruppe verherrlicht. Mitglieder der rechtsextremen Parteien III. Weg und Die Rechte laufen mit, NPD-Funktionäre und ehemalige Mitglieder der verbotenen «Heimattreuen Deutschen Jugend». Pro Chemnitz organisiert am selben Nachmittag eine zweite Demo, auch hier erscheinen Dutzende Neonazis. Irgendwann laufen die Pro-Chemnitz-Demonstranten geschlossen zum AfD-Schweigemarsch über. Diese Zusammenlegung sei vorher geplant gewesen, sagt ein Vertreter von Pro Chemnitz dem *WDR*.

Es ist der Schulterschluss der AfD mit Pegida, Identitären, teils vorbestraften Rechtsextremisten und nationalistischen Hooligans. Vorn läuft schweigend die AfD-Prominenz, hinten grölen Rechtsextreme «Frei, sozial und national». Ganz offensichtlich ist diese Kooperation für viele in der Partei kein Problem mehr – in den Tagen darauf regt sich kaum Protest. Auch lässt sich die AfD nicht davon abschrecken, dass weite Teile der deutschen Gesellschaft in den Ausschreitungen einen rassistisch motivierten Großangriff auf Ausländer sehen. Im Gegenteil: In Chemnitz erodieren die Grenzen zwischen Neuen Rechten und militanten Neonazis. Im Rundbrief von Ein Prozent heißt es in diesen Tagen triumphierend: «Es scheint gerade so, als wäre ein weiterer Meilenstein auf dem Weg zur patriotischen Wende erreicht.»

Nach den Ausschreitungen meldet sich der Chef des Verfassungsschutzes, Hans-Georg Maaßen, in einem Interview mit der *Bild*-Zeitung zu Wort. Er habe «keine belastbaren Informationen» darüber, dass in Chemnitz eine «Hetzjagd» stattgefunden habe – die Bundeskanzlerin hatte das Wort wenige Tage zuvor mit Blick auf die Ausschreitungen benutzt. Die Echtheit des Videos, auf dem die beiden Afghanen gejagt werden, zweifelt Maaßen an. Es lägen keine Belege dafür vor, dass das im Internet kursierende Video «zu diesem angeblichen Vorfall authentisch ist». Der Geheimdienstchef stellt sich damit ganz offen gegen Merkel. Es sind diese Worte, die die Bundesregierung in eine neue Krise stürzen. Weil Maaßen für seine Behauptungen keine Beweise vorlegen kann, fordert die SPD seine Entlassung – und droht damit, die Große Koalition aufzukündigen. Einige Tage später beruft der damalige CSU-Innenminister Horst Seehofer den Leiter des Inlandsgeheimdienstes ab, Wochen später wird er in den Ruhestand versetzt. Die politischen Druckwellen von Chemnitz erschüttern die Bundesregierung.

Fast alle Kapitel dieses Buches sind zum Zeitpunkt der Ausschreitungen in Chemnitz bereits fertig. Während Rechtsextreme in der Nähe des Karl-Marx-Denkmals Flüchtlinge angreifen, schreiben wir gerade die letzten Sätze. Bei jedem Blick auf die Nachrichten aus Chemnitz jedoch kommt uns der Schulterschluss der Rechten wie eine traurige Bestätigung unserer Beobachtungen der vergangenen Jahre vor: Die AfD kooperiert nicht erst seit Chemnitz mit Rechtsradikalen, sie stellt sie sogar im Bundestag ein. Und zieht trotzdem immer mehr Wähler an. Die Stimmung im Land ist so nervös wie lange nicht, kaum jemand diskutiert mehr über Rentenpolitik, Pflegenotstand oder Klimaerwärmung – stattdessen dominiert in diesem Spätsommer 2018 das Thema Asyl die öffentliche Debatte.

Es sind die Neuen Rechten, die das möglich gemacht haben. Ihr Ziel ist die Spaltung, ein Riss in der Gesellschaft. Sie haben die hasserfüllte Kritik am Islam und an seinen Anhängern groß gemacht. Ihre Schriften, Reden und Gesetzentwürfe haben die gesellschaftliche Debatte verroht, den Ton verschärft. Und sie haben in wohlkalkulierten Schritten die Grenze dessen verschoben, was innerhalb des demokratischen Konsenses unserer Gesellschaft als sagbar gilt. Am Abend der Bundestagswahl hatte Alexander Gauland der Bundesregierung gedroht: «Wir werden sie jagen.» Ein Jahr später werden in Chemnitz Menschen durch die Straßen gejagt.

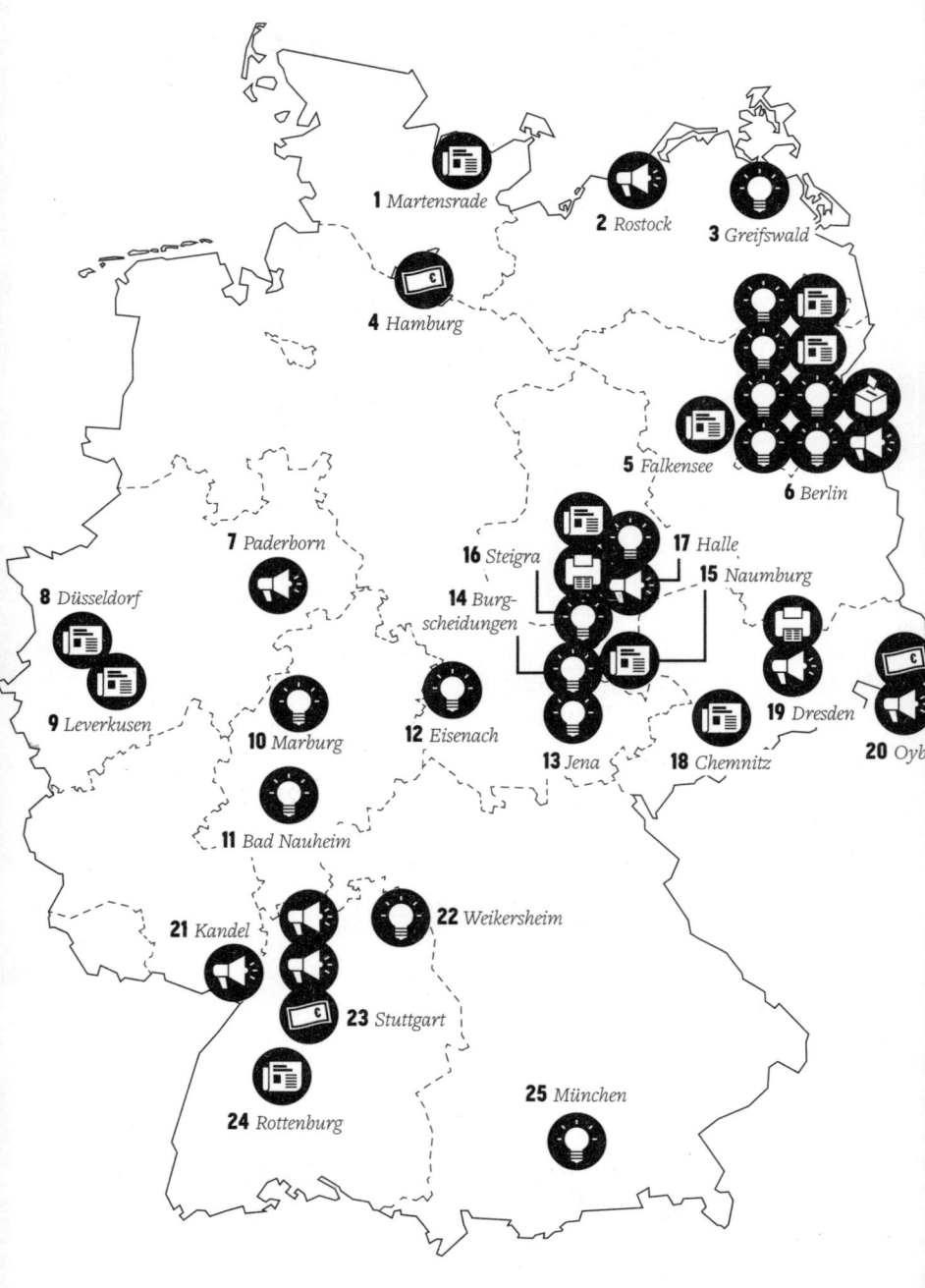

1 Martensrade

2 Rostock

3 Greifswald

4 Hamburg

5 Falkensee

6 Berlin

7 Paderborn

8 Düsseldorf

9 Leverkusen

10 Marburg

11 Bad Nauheim

12 Eisenach

13 Jena

14 Burg-scheidungen

15 Naumburg

16 Steigra

17 Halle

18 Chemnitz

19 Dresden

20 Oyb

21 Kandel

22 Weikersheim

23 Stuttgart

24 Rottenburg

25 München

Die Deutschlandkarte der Neuen Rechten

1
Zuerst!

2
Heimwärts

3
Greifswalder
Burschenschaft Rugia

4
Folkard Edler

5
Compact

6
Bibliothek des
Konservatismus,
Deutsches Zentrum für
Eurasische Studien,
Zivile Koalition,
Salon Baberowski,
Burschenschaft Gothia,
Desiderius-Erasmus-
Stiftung, *Cato*, *Junge
Freiheit*, Marsch für die
Frauen, Alternative für
Deutschland (AfD)

7
Identitäre Bewegung

8
eigentümlich frei

9
Arcadi-Magazin

10
Marburger Burschen-
schaft Germania

11
Titurel Stiftung

12
Deutsche
Burschenschaft

13
EIKE Europäisches
Institut für Klima
und Energie

14
Kyffhäuser-Treffen

15
Journalistenwatch

16
Institut für
Staatspolitik, *Sezession*,
Antaios Verlag

17
Kontrakultur, Halle-
Leobener Burschen-
schaft Germania

18
Blaue Narzisse

19
Pegida,
Jungeuropa Verlag

20
Ein Prozent

21
Kandel ist überall

22
Studienzentrum
Weikersheim

23
Verein zur Erhaltung
der Rechtsstaatlichkeit
und bürgerlichen
Freiheiten, Demo
für Alle, Zentrum
Automobil

24
Kopp Verlag

25
Burschenschaft
Danubia München

Medium

Denkfabrik

Partei

Kampagne

Finanzier

Verlag

Auf der Webseite zum Buch finden Sie eine interaktive Karte mit rund 150 Projekten
der Neuen Rechten und ihren Verbindungen untereinander: www.neuerechte.org

Dank

Dieses Buch gäbe es nicht ohne die Wochenzeitung *Die Zeit*, für die wir beide arbeiten. Darum möchten wir Giovanni di Lorenzo danken, unserem Chefredakteur, genau wie unseren Ressortleitern Holger Stark, Bernd Ulrich und Heinrich Wefing, die uns für die Wochen des Schreibens entbehrt haben und uns immer als Mentoren zur Seite stehen. Wir haben das Glück, mit den besten Kolleginnen und Kollegen der Welt zusammenarbeiten zu dürfen. Viele Geschichten haben wir gemeinsam mit ihnen recherchiert. Unser Dank gilt allen voran Fritz Zimmermann aus dem Investigativ-Ressort der *Zeit*, genau wie Lea Frehse, Astrid Geisler, Anne Kunze, Mariam Lau, Mohamed Amjahid, Kai Biermann, Martin Eimermacher, Martin Machowecz, Daniel Müller, Yassin Musharbash, Karsten Polke-Majewski, Tilman Steffen und Sascha Venohr. Großer Dank gebührt auch Stephan Lebert für sein ausdauerndes Mitdenken und weil er ein Vorbild ist, auch für das gute Leben.

Wir bedanken uns bei unserem freien Kollegen Nico Schmidt, der als Erster über *Journalistenwatch* berichtet hat, bei Sammy Khamis, der uns geholfen hat, Ein Prozent zu verstehen, und bei Boris Kartheuser, der mit uns die Geldflüsse der Szene durchleuchtet hat. Als kluge Ratgeber und inspirierende Gesprächspartner wollen wir unseren lieben Freunden und Kollegen Jan Jirat von der Wochenzeitung *WOZ* in der Schweiz sowie Katja Riedel und Sebastian Pittelkow vom *SZ/NDR/WDR*-Rechercheverbund danken. Ihr kollegialer Austausch hat viele Erkenntnisse erst möglich gemacht. Ein großer Dank geht auch an Anton Maegerle, der uns mit seinem riesigen Wissen über die rechtsextreme Szene unterstützt hat.

Nadine Ahr, Elke Taubert und Wilfried Grune gebührt unser Dank für die fabelhaften Schreiborte am Meer und im Wald. Christian Fuchs dankt Greta, dass es sie gibt. Ohne sie wäre alles nichts.

Wir sind dankbar und froh, dass uns Frank Strickstock wieder als Lektor zur Seite stand. Sein aufmerksamer Einsatz für dieses Projekt, seine Erfahrung, sein kluger Rat und sein Mitdenken sind alles andere als selbstverständlich. Jelka Lerche hat mit tollem Engagement und mit viel Liebe zum Detail die Infografiken gezeichnet, die jedes Kapitel zusammenfassen. Dieses Buch hätte an Präzision eingebüßt, wäre Jan Ludwig nicht jedem Wort mit seinem akribischen Faktencheck zu Leibe gerückt. Sollten Sie trotzdem Fehler finden, so ist das ausschließlich unser Versehen. In dem Fall schreiben Sie uns gern an netzwerkneuerechte@gmail.com

Eine interaktive Deutschland-Karte mit dem Netzwerk der Neuen Rechten gibt es auf der Seite zum Buch unter: www.neuerechte.org.

Namens-, Themen- und Organisationsregister

Kursive Seitenzahlen verweisen auf Infografiken.